鳩鴿文庫

近现代书信丛刊

004

浙江古籍出版社

近现代书信丛刊 004

董每戡书信辑存

董苗 编

图书在版编目(CIP)数据

董每戡书信辑存 / 董苗编. -- 杭州 : 浙江古籍出版社, 2020.5

（近现代书信丛刊）

ISBN 978-7-5540-1750-0

Ⅰ. ①董… Ⅱ. ①董… Ⅲ. ①董每戡（1907-1980）—书信集 Ⅳ. ①K825.78

中国版本图书馆CIP数据核字（2020）第073751号

董每戡书信辑存

董苗　编

出版发行 浙江古籍出版社

（杭州市体育场路347号　邮编：310006）

网　　址 www.zjguji.com

责任编辑 陈小林

版式设计 刘　欣

封面设计 吴思璐

责任校对 吴颖胤

责任印务 楼浩凯

照　　排 浙江时代出版服务有限公司

印　　刷 浙江海虹彩色印务有限公司

开　　本 787 mm × 1092 mm　1/16

印　　张 22.25

彩　　插 4

字　　数 220千字

版　　次 2020年5月第1版

印　　次 2020年5月第1次印刷

书　　号 ISBN 978-7-5540-1750-0

定　　价 88.00元

董每戡（1907—1980）

一

三国演义六题

（1）罗贯中撰《演义》的年代

董每戡

关于《三国演义》编撰者罗贯中的生存年代和《演义》编撰或脱稿的时间，文学史家们向来都含糊其辞，可是，近年读到了中国科学院文学研究所编写的《中国文学史》第三册第八三七页有这么一段话：

根据传说，罗贯中曾经充当过张士诚的幕客。明朝人王圻的《稗史汇编》说他"有志图王"，是一个具有政治抱负的人。后来明太祖朱元璋统一了中国，他改而从事《稗史》的编写工作。《三国志演义》可能是在这个时候脱稿的。

所谓"就是这个时候"，是指明太祖统一中国之后，我并不同意这个说罗贯中在明太祖统一中国之后才"改而从事稗史的编写工作"的论断，若仅说《三国演义》完成脱稿之期是在明初洪武年间倒是可以同意的，我为什么这么说呢？有三个理由：

《三国演义六题》手稿

西厢記論

一

（應為(一)作者和作劇的年代）

孔子作春秋，向被封建社会的文人学士們頌揚為了不起的業績；可是，元代人敢于提出和它相反[illegible]有諷刺性的作品，頌揚王實甫的西厢記為春秋，甚至是「推崇备至」。孔夫子自詡談大道可觀的，[illegible]戲劇為「亦足觀」的「小道」而已；元代的人民大众认為談「真正大道」的只有「西厢記」当之無愧，現代的我們，至少我个人完全欽服這种有眼識的創見，因為前者不過是一部記录大小奴隸主爭奪地盘和称霸的「相斫書」，后者則是歌頌新兴的自由意识和封建的世族婚姻的斗争史。元代劇家宮大用在「范張雞黍」一劇里就有了這樣的台辭：

《西厢记论》手稿

琵琶记论

我国戏剧之有较完整的文学体制，可说自南宋戏文始，向被称为鹘伶声嗽的永嘉（或温州）杂剧，简称以为南戏，始生于南方的沿海地区浙江省温州，流行于都下临安（杭州），迄南宋将亡，它也走下坡路；蒙古族统一了中原，反映当前的政治形势而要简洁，匀称，完整，统一的文学形式，于是由两宋杂剧和南戏文、北院本的雄厚基础上产生了一本四折，唱止一人的新形体杂剧。元初，南戏文虽还流行，不久便为北杂剧压倒了，传为时不过六十许年，到后期元顺帝的元统至元和至正那些年代（公元一三三五年——一三六七年），天灾人祸，与日俱增，干戈扰攘，四海汹汹，南戏文又随着人民革命的情势而复兴，反过来压倒了北杂剧，戏剧史上的一块里程碑，就在这时竖了起来，那，便是南戏故乡温州人高则诚所作的琵琶记。

琵琶记，一向被人们推崇为南曲传奇之祖原因何在？我以为并非因它绝大部分是纯以南曲组成且具有戏剧完整体制的最初一部传奇之

《琵琶记论》手稿

编辑说明

1. 本书辑录家父书信 148 通（含以家堂名义写的书信 1 通），均以阿拉伯数字编号。书信影印件依正文顺序，依次附在全书后，供读者参考。

2. 书信按照受信人所受第一封信的时间先后顺序排列；同一受信人的书信，按照写信时间顺序排列。

3. 文字照录书信原件，编者酌情分段，并对格式、标点稍作处理，以符合出版规范。

4. 原信中作者的省写（如“龄”写作“令”、“预”写作“予”、“彩”写作“采”之类），径予改正；漏字、错别字（下加小圆点标记）在“〔 〕”中补正。

5. 原信中涉及的人名，作者有用同音字者（如“世刚”写作“世纲”、“亦龙”写作“一龙”、“鎏弟”写作“流弟”之类），径予改正。

6. 原信中数字的用法依照原文，不作统一处理。唯信中提到物价的记数法，径予释读。

7. 原信中所引诗歌的作者自注，改为脚注。

目录

致刘黑枷* 6通

1

今晚有事者仅我和陈祖翼二人，对词可照常举行。闻胡博有演小东西意，望与白素兰接洽一下，她如肯演顾八奶奶，则胡演小东西，臧肯演翠喜，更好，否则，白露兼演。

每戡　十月廿七日（一九四四年）

闻刘玫又有演意。

2

黑枷：

前两天读到《三台东南行》，今天又接你的信。宣传确只有戏剧一武器，口头和标语完全无用，年来军政当局都知道这一点，只是不肯出相当的钱去实行，有许多队找不到人或经费过支绌致解散，在这上面也保存中国办事的风格！写剧评的陈君因证件及数理有问题，没有报考。胡蒂子来否尚未定，我的应聘书虽在昨日被金、陆二公逼盖公章拿去，实际的去留到月末始能决定。祝

笔健

董每戡　八月十三（一九四四年）

---

* 刘黑枷（1920—2001），辽宁沈阳人。1945 年毕业于东北大学（四川三台），退休前任《沈阳日报》总编辑。

3

黑枷：

信到，一周前胡仁自津来信说令尊去世，不幸的事总跟不幸的人接近，真令人长太息！我定五日携眷赴沪搭船返十数年未见之故乡，二月半后返女大。在京三月不忘耕耘，亦稍有收获。右手颤抖病剧，已不用，此信即个半月之左腕成绩，可以之写千把字短文，明春当可恢复写作，嘱写条幅拟于归后写左右腕字各一邮赠。白尘可能晤及（上海北四川路新祥里 33 号），但你的需要恐办不到，我知他走时连自己一切底稿均未带（他去，渝文协住房即由我住，曾见之），不过晤时当为询及。女大学生高者不能超过东大之高者，然低者决在东大劣生之上，一言以蔽之曰："平均。"我的学生有男大的，故可说是两校的教授。在此，精神上痛快，较东大为佳。你的窘状，使我默念，苦无能替你分忧！勇策、志彭等覆信早收到并转赵先生过目了，望告！我最近通讯处：浙江温州永嘉民教馆。东大文系有些啥子名教授？希详告！祝

近好

董每戡　卅一晚（一九四七年一月）

4

黑枷：

信到，李落来信曾告你的近状，我有一张字托陆先生转你，不知已收到否？日来正为金陵男大导《北京人》，定月末演出。在女大很好，同事间不来往，既少酬应之烦，又省人事纠纷，住房、客室、厨房共有四间，前有池塘花木之胜。目前女大月金七十余，神学院兼课二十万，也够生活，离家近，年终可回去过年，同学对我感情，一如东大，所以下期只要续聘，就不动了。《文汇报》说臧已辞职照准，确否？又载《传奇的学校东北大学》一文，知东大已为国内最糟之大学，真糟蹋了历史！赵先生住上海狄思威路 505 号，任东吴大学教授，兼武训专校课，生活极好，赵太太都穿六七十万元一件的大衣，足见比在东大好；丁易在北师大，杨荣国在桂师院，凡离东大者都不错。高兰先生前代

致候！祝

近好

董每戡　四月十一日（一九四七年）

勇策均此。

右手只喝酒后尚可写字，平时不用了。

5

黑枷：

《物调旬刊》收到。拙荆带孩子于十日离此返温州去了，我独留，拟整理旧稿。下月半赴沪治手疾，约住半月即返。下期决在女大，环境安静，值得留恋！但满两年后必得走，久在此，没意思，专替青年小伙子教太太，很难得一个将来在学术界露脸的徒弟，这在教书人是件寂寞的事。祝

近好

戡手启（一九四七年六月）

勇策均此。

小信速转陆先生。

6

黑枷：

信到，喜不胜！别后两度被解聘（东大，金女大），大病一场，困顿两年，右手颤抖，已不能写字，年来均赖左手了。秉箴在年半前回南洋去了。陆、冯、赵三先生都在青岛山东大学，很得意。我在上海河南中路商务印书馆当编审，下期或兼教上海法政学院的通史课，以后信寄商务编审部。而公、克基、徐放处望告知，不另函了。祝

近好

董每戡　八．十三（一九四七）

致陈中凡[*] 1通

觉玄先生：

久未笺候起居，歉甚！弟静养半年，病已痊愈，本期除商务继续外，在戏剧专校及智仁勇女中共兼九小时课。商务约写之两剧史，中国一册已完稿，西洋一册尚未整理，四月当可完工。《红楼梦》长文将于何刊发表？颇望一读为快，如未交任何刊物，不知愿给《中国建设月刊》否？稿费原为20万千字计，最近也许已加至三四十万。弟昨日亦交去纪彬兄稿及拙搞各一篇。女大待遇想已加，先生月入几何？祈示知！物价飞涨，文化人苦矣！弟月入千七百万左右（商务上午须去坐三小时，待遇改为80直乘每月指数），仍只够维持一家三口。拙荆携小犬返温度腊，本月底可回来，知注附闻。专此敬颂

阖第均安

后学弟 董每戡顿首　三月十二日（一九四九年）

---

* 陈中凡（1888—1982），原名钟凡，字斠玄，号觉元、觉玄，江苏建湖人。历任金陵女子文理学院、南京大学等多所院校教授。

致李世刚[*] 9 通

1

世刚弟：

我们的思想改造运动已在今日结束，因下期添办两班语文师专，所以忙于筹备工作，等于没有暑假了。古代希、罗文学史提纲，不知已重印出来否？极盼再为设法！近况何似？希告。祝

进步

董每戡　九 . 十八（一九五二）

2

世刚：

久没通信，但时在念中！中南院系调整，已决定调我到广州中山大学，只待中央批准，约八月半可前往。希腊、罗马及十九世纪以后的文学史提纲，仍望为我买一份来！同时问一下“苏联文学提纲”（不是俄国的）有否？你工作顺利不？教些什么课？有提纲否？如有，望寄一份来！我手病依然，但体健逾昔，可勿念！祝

近好

董每戡　七 . 廿二（一九五三）

你应致力于现代诗及新文学史，目前教这两课的太少了。

---

* 李世刚（1920—2007），又名李落，辽宁铁岭人。1944 年毕业于东北大学（四川三台），退休前任辽宁师范大学教授。

3

世刚：

信到。我调到广州时曾函秉箴，旋由肇庆专署退回，今知其去向，快慰甚！江春、志鸿在沈，有晤及否？纯朴先生已入民盟，甚好。中大广分部定八日公开，我负副主委责，故正在忙。“苏联文学”仅发提纲，附给你。手病愈趋严重，昨起试针灸。肺结核已钙化，精力故比在东大时强。广州月来始穿棉衣，年青人仍穿夹，就是这样微寒的天气，一年也只有个多月时间，所以四季有绿叶红花，与沈阳完全相反。明天新年，顺祝

年禧

董每戡　二月二日（一九五四年）

宇衡均此。

4

世刚同学：

信到，宇衡亦来信，我在复信中劝他虚心点，他说新任院长很好，我说既如此，该安心下去。外国文学提纲拟就后当寄给你。我原定暑假返里省亲，现因下期开新课“宋元明清文学史”须从头学起，决不走动了。我的两手已全废，写几百字的文章都不可能了，读书听报告都不能札记，只写黑板是毫无问题，喝了酒，用右拳握管才能写成这样的信，不喝酒就连此也困难。至于体健则比在川时好多了，两肺已钙化，风湿痛五年来未发，精神极好，可胜繁忙。唐院长不相识，原任教厅厅长，当系内行，沈师前途当更好。纯朴、晓村先生，江春、黑枷、擎洲诸同学，晤时代为道好。此祝

双好

董每戡　六月廿日（一九五四年）

今天是我的生日（五月廿日即六月廿日），满四十七岁了。

5

世刚：

信收到。教新文学不如教古典的，用处多多，综合大学新的仅文学概论及一个学期的新文学史两课了，余均并入了。古典文学史每周六小时，则自第三学期开至第八学期，分量重得很。欧洲文学目前由另一人开，未写讲义，提纲也还写不出，故无法寄。剧史的第二章（先秦）至第七（清代）已寄给你未？我忘了，告我！中国文学史（上古），中大的还好，已由教部交华东新华出书，可向新华购来参考。宇衡总是不安于东北，想是两原因：一觉得名义低；二认为找不到南方爱人。领导上能从这两点上说服或帮助，就解决老要走的问题。我身体很好，仍只手病严重，恢复写作似不可能了。这里还是夏天，穿汗衫、短裤，每天须洗澡。上课已有一周。祝

双好

董每戡　九．十三（一九五四）

6

世刚：

信到。搞宋元明清是好的，目前很缺乏此段人才。我虽在前年与王季思合开过，却因手病，未写讲义。现在王脱产与冯沅君在写，你可直函冯讨一份详细提纲。师院可以讲简单的，多分析一些具体作品。宇衡能调走也好，南京、华南、华中师院，听说都缺他那样的人才，南方人在北方生活上不太合式，你们领导应照顾他一下。我写的《琵琶记简说》因印刷排队，过了一个年头，现在才轮到排版，57 年二月间约可印出。

每戡　十二〔月〕（一九五六年）

因手病已至不能写作，只能用两手推写短信，拟学打字，机器缺货，定了未来。这半年无能写作，希望明三月起能以打字写稿，因早签了三个合同，在 1958 年底前必须完成：①《桃花扇简说》；②《金瓶梅简说》；③《中国

戏剧史》，共50万字。北京将出三个大型高级学术季刊，教宋元明清的必须定：《文学研究》《戏曲研究》《戏剧杂志》。此间明清部分讲义整理中，57年教部会印。又及。

7

世刚：

信到。宇衡到苏州时来过一信，迄未来第二信。教学大纲只教此课的先生拿到一份，所以无法寄你。师院与综合大学不同，自己选重点，重作品分析就行。此段讲义年底定稿，明年教部会印出。我在用友人诗人梁宗岱发明的“草精油”注射治手病，已露好转之兆，再注一个月也许能恢复写作。八月以前须把人民文学出版社约的几种东西完成。《琵琶记简说》印刷中，三月可出书。《琵琶记讨论专辑》已见未？如未，应向剧本月刊社订购，初版18000册一下即光，拟再版中。《三国演义试论》须向上海新华书店总店定，读者要求多了才再版。

戡　二月十二日（一九五七年）

8

世刚同学：

你信到时我正在病，故迟复。我已于5.4上午回到广州中山大学，行前适有高亨和陆先生的研究生颜学孔同志新到湖南师院，特来看我，才知陆先生已于三月间去世，我和冯、陆交游五十年，闻此耗自然哀痛！我也快满72岁了，还想活十年把“文革”期中失去的百几十万字手稿重写起来，十年来因藏书全失，成为废人，现在回中大，这条件是有了。

往日东大同学在辽师的想还有一些罢？你的爱人蒲同学（名已记不起了）也在辽师工作吗？三台那几年的生活，我常想起，那一段，是我恢复教学，又坐下来搞学术，对我来说是最重要的一段。

这几天忙于写几十封信，暂不详谈，只将近几年的诗抄几首在此，你可以大致知道我在苦难中还有迈往之志。

清晨过赐闲湖古井口占

心非古井岂无澜？伏枥多年未卸鞍。梦里驱驰绝大漠，醒来犹欲上层峦。

自嘲

雪鬓霜髭镜里知，弯腰驼背铁弓姿。精神饱满豪情在，小住韬中敢自卑？

《中国戏剧发展史》定稿喜赋（依《词韵》）

八亿人中一戏迷，独尊小道志难移。穷原索委通今古，究柢寻根辩是非。日食三餐甘粝藿，身衣百结胜轻肥。砚田自力多新解，笔挟风雷立说奇。

董每戡　5.8（1979）

9

世刚同学：

信到。黑枷已通过信。我自 1947 年在南京金陵女子文理学院任教开始手颤抖，改用左腕，至解放后左手又抖，用长锋羊毫以右拳握着悬肘写小字，53 年院系调整，由湖南大学调到中山大学，56 年起又不能用了，改为右手横握钢笔，左手一指顶住钢笔尖部分推着写，58〔年〕起在长沙写的百数十万字稿子都是推写成的，现在还是如此推书，写条幅已无法办到了。今年 5.4 到中大，整三个月，全休养病，每晨在林荫道上散步，打几下太极，然后转个大圈回家吃早点，体健已比在长沙时好多了。因患“增殖性肺气肿”，气喘，所以不便于行，动辄喘气，拟到秋凉开始整理幸存稿。《中国戏剧发展史》60 万字六六秋已失，想在两年后重写。十一月中大纪念建校 55 周年举行科研论文讨论会[①]，须把一篇《论〈长生殿〉的情节结构》整理好提出，届时印出会发给你一份。宇衡前日来信说你关切他的工作，现在辽大已派副系主任到成都为他推荐川大或成都大学，想不久会成功，那时会给你信，他被折磨得老了。白尘同志56年夏在北京一见，别来已廿余年，俟稿印出后当也寄给他一份，开始联系。秉箴居然成为大胖子，变化真大，在三台时读政治系，只因跟我搞戏，在此任文化局戏研室副主任已十八年，这个变化也不小。你最好集中精力搞先秦，搞这部分的人会越来越少，以稀为贵。祝

进步，康乐！

董每戡　8.4（1979）

① “周年”前原衍“年”字，今删。

致胡忌* 12通

1

胡忌同志：

信、词到。我想为你改上片第八句为“更何劳覆雨翻云手”。王先生表面不芥蒂，内心却未必不信助教们的话，我们的貌合神离恐由此始，也只好听其自然。二北先生不知几时到沪？我无法碰到，怅何如之！《宋金戏剧考》如出，望即寄来！我的《琵琶记简说》下月可出，届时当寄你与赵先生各一册。市汇演忙到正月五日始了，我已弄到精神萎顿，手仍注射中。

董每戡　二月廿二日（一九五七年）

2

仲平同志：

昨接任先生去年九月发的信，始知大号。最近得任先生一信，曾复过。你的文章已看过，我意犯不着登在少人看的学报上，还是在《文学遗产》增刊上发表为妙，如何？望告！我人在中大，都不大想为该刊写文章。前次事，主要的恐是汪君所说，事已过去，不必再提。闻你将赴京戏剧书店，如此甚好，暑间也许可在京晤面。我三个月来为了戏忙乱，一字未写。省、市党政看重我，自己对此又有兴趣，也就花上大部时间与精力。潮、汉、琼剧及赣剧快来，

---

* 胡忌（1931—2005），字仲平，浙江奉化人。曾任中国戏剧出版社编辑、辽宁省文学研究所研究员和江苏省昆剧院编剧。

四月又得忙。手病好了些，但药用完了，须等到六月才有，故已停注射。《三国演义试论》在此见不到影子，大概是重印册数过少之故。

握手

董每戡　三月廿一日（一九五七年）

3

仲平同志：

复到。学报是个冷刊物，我都不大喜欢，所以觉得你稿以不给它为妙。这是我主观的想法，俟与王先生谈后决定。拙著曾重印 8000 册，一下即光，我自己在此买不到，托上海友人跑遍各店也买不到，不知最近能三次印不？得机，祈侧面打听一下！你去京最佳，时有戏看，且我与你也易见面些，去京开会的机会总会有的。二北先生文未详看，把戏推到前头，说有故事即是剧，与我相同；但听说贻白不满意，却不知指那〔哪〕些论点？周文看法比往日进一步了，我以为任、周都比往日进步，我们看法都接近了。

董每戡　四月二日（一九五七年）

4

仲平先生：

已有几年没有通信，但知道你在戏剧出版社工作，不过几年来变化很大，不知你仍在出版社否？试写此信。

我们在 1958 年的国庆前十天离穗来长，养病；他呢，主要是闭户著作，中间也病了一场，到现在止共写了两部东西达 75 万字，并增修一部往日已印的达 17 万字，总算有些成绩。

你的近况如何？时在念中！任先生在 58 年底通过一次信，也一直没给他信。（任先生的近况知道否？有通音问吗？听说已转好，不知确不？念念！）从前跟你很要好的夏同学还有通信吗？不知他现在何处？希望你能复我！如

果此信能收到的话。信可径寄我现住处：湖南长沙东区堂皇里 30 号楼上胡蒂子，或写给孩子苗收也可。此祝

著绥

胡蒂子 10.11（1961）

5

胡忌同志：

中大转来你信，使我喜出望外！我过去问题虽已于去年五月解决，八月底中大派来两人，其中之一是你认识的苏寰中，要我全家回去，当时我答应了。他们九月初走，到现在仍未再来人，所以我依然在住了 20 年的长沙。20 年面壁，“文革”中被两度抄家，所有衣物、藏书、手稿（三部及其他另篇共 120 万字）全失，仅免于死而已。这个年初起各省都开动复查工作，听说中大有 240 人，也在搞。京中公安部 63 人全“改正”，今广播中央党校 97 人已“改正”93 人，样板既已拿出，广州当也快了，我决心再等几个月。十多年来无书可读，成为“废人”，幸存几十万字稿被群鼠争啮，致体无完肤。倘不久能回中大，有了做学问的条件，还拟赶出七八十万字（六种，《五大名剧论》及《说剧》）作为建国卅周年献礼之用。我喘病发，坐在床上写此信。希望告诉我以 20 多年来的生活情况为要，顺便打听孟超同志怎样了？他是我同班同学，常惦念他。我爱人有心脏病，58〔年〕提请退职回长，我因已被“撤消原有职位”，故请准随爱人离校。董苗在此一工厂当五级机修工班长，今年 35 岁，近才找到对象，拟在我走上岗位之后结婚，二十年来我们凄苦的生涯，可以想见，于此不备述了。祝

艺祺

董每戡 1.24（1979）

湖南长沙学工街二条巷 12 号。

6

胡忌同志：

复信读到了，冯、周去世，早已得知，傅归道山，才知；黄紫岗退休回湘之第二年亦病逝，搞我们这一行的真寥若晨星了！任老仍在川大，虽已过八十，闻健旺得很，59年以后，我们未通信；如去信景深先生，希代致拳拳之意。中大前日来人，说在三月中派人来接我，若真的“二十一年还旧国”，当重写所失各稿，十多年来因书籍被抄没，成为废人，时时想写，动不得笔。幸存单篇中有一篇《从〈南词引正〉说起》，是谈关于魏良辅、昆腔、昆山曲派的，也许你们院刊可用，约近万字，如要，拟寄给你，告我！季思二十年来似无新杰作，近听人说近将早年发表几个论元剧的单篇集成一册印行，且由去年起带五名“中国戏剧史”研究生，去年仆仆风尘，大做报告云。孟超兄之耗，你告我始知，一直以为沫沙兄活着，老孟当也健在的，可痛惜！文化部正筹备为“四条汉子”平反，惊悉已四缺一，田老大已不在了，我和他交五十年，固尚未肯定属实，我和他三弟已相对哭过几次了！你我都饱经忧患，不死就是大幸，正应抖擞精神为四个现代化而努力。祝

俪福

董每戡　2.21（1979）

7

胡忌同志：

复信到，我那篇文是65年写幸存下来的，别无底稿，如采用，望给我几份“抽印本”，将来还收入《说剧》。周贻白认为以前未上午〔舞〕台成戏腔，我并不同意，疑在元代已作戏腔，因拿不出明确的实据，所以避而不谈，只说成“水磨调”后始能夺得南戏帅旗。昨接中大信云，因住屋未安排好，所以延到月底派人来接我，要我作好搬迁准备。你问我有否小件，等到中大后抄些给你消遣。这里一位朋友赠我《送别》一律，我很喜爱，因写实贴切，

录给你欣赏：

忽报金鸡颁喜讯，知君乍听泪还倾。廿年思过惭妻子，四海传疑到死生。久废得逃三字狱，甚哀不梦五羊城。此行何限临歧恋，湘水无情却有情。

二十年来王君到处就传我已死，故友人有第四句。当年我落井，他投大石，直到现在他得机还要投，真是小人！我到校后会给你信及任先生信，你若去信，望将我返中大一点告诉他为盼！祝

艺祺

董每戡　3.18（1979）

8

胡忌同志：

我已于5.4上午到中大，颇有化鹤归来之感！中大人比往日多几倍，住屋紧张，我住的比往日少了三之一，质量也差些，从此过半乡村生活，养病，搞科研。以后信寄“广州中山大学西南区77号甲之三楼下”。中文系教师绝大多数住西南区。我今后决不参加任何社团如民盟、文联、剧协、历史学会。少说话，少交游，多写作。生活总得半个月才能安下来，在此暂不多写，俟生活安定后，再给你信。祝

康乐

董每戡　5.5（1979）

9

仲平同志：

任先生告诉我以你的地址和字。最近我应省社会科学联合会邀，赴肇庆游“星湖”并座谈学术为“四化”作出贡献问题，玩了五天，回来读尊札。拙稿正好将来交《学术研究》用。此间剧协定十八日开到廿五日，知我身体

不好，只要我去半天和大家见见面，我答应了。这里气温曾到过 33℃，现只 31℃，夜间 27℃，须盖单被。我每晨在林荫道上散步，比在长沙健多了，只是气喘还未好。中大十一月开科研论文讨论会，纪念建校 55 周年，请国内外人士来参加，九月半前我须提出一篇论文，因而月底须动手整理被老鼠咬了的幸存稿《论〈长生殿〉的情节结构》，约三四万字，印出后会寄给你和景深先生乞教。你爱人也在昆剧院工作吗？《关汉卿》上演后若有剧照，我希望能给我几张！祝

双安

董每戡　8.16（1979）

10

仲平同志：

手书读到。《学术研究》尚未发行，已嘱中文系资料室为我买，到后即邮上。潮剧将到泰国、新加坡各演一个月，回来过了年到香港演一月。年青的成长了，蔡锦坤的徒弟演《闹钗》很不错，姚璇秋还可以唱，带《陈三五娘》《苏六娘》及小戏《井边会》《闹钗》《闹开封》去。我近忙于整理人民文学出版社为我保存下的《说剧》稿 30 篇，年内付印，出书后寄给你。第四届文代大会定卅日开至十五日，蒙中央不弃，以我为“特邀代表”，我廿八飞京，大会廿八报到，卅开起至十一月十五日。祝

近好

董每戡　10.23（1979）

戏剧书店明年恢复，知道吗？

11

仲平同志：

文代会归来后病了一场，住院半月，出来一直在疗养。我因气喘走不得

路，未往看半塘老人，想见的老友，也有不少未晤面。《学术研究》寄给我的，都被人拿走了，所以昨才看到第六期，我那文未改动就发了。《说剧》新稿共30篇，已交人文出版社，俟下半年出书后，自然给你一本。许翼心原在省文化局戏工室当干部，今夏调暨大中文系了，寄“广州暨南大学中文系”好了。潮剧出国前我看过一晚折子戏，且为之写一短文，想已回来过年，还再赴港演一月。我已不像往日常看戏了，因行动困难，中大离城又远。唐湜即王季思之甥，在温专区工作。我的科研论文《论〈长生殿〉的情节结构》才抄完蜡纸，不久校方会直寄你一份请提意见的，约有四万六七千字。

教部就80个重点大学派卅许进修剧史的来中大（讲师或副教授级的），季思这些年是以剧史专家号召的，还有四个研究生，要我参加，我曾谢绝；二月间这卅许人就要来，他内心有些着慌，大前天晚九时夫妇到我家来解释前嫌，有道歉意，我不能不表高恣态，我说：“过去的不提了，我从未放在心上。如果以座谈方式，我可参加讲一二十分钟还行，讲多上气不接下气，吃不消了。”他满意地走了。他这些年，仆仆风尘，到处“讲学”，是广东红人，文代会后又到开封、郑州讲学。他年比我大，“文革”中被打断两肋骨，割去胃三之一，依然有好食量，体健很好。（“文革”中老师参加极左派的只有他，挨打，人说活该，“四人帮”粉碎后属“风派”。）

我心想暑中返温州一次，后到杭、沪，最后到北京住几月看各剧种资料，想把丢了的《戏剧发展史》重写起来，不知能如愿否？昆曲史该写，将来《大百科全书》的戏曲卷定会要你写这一条的。纸尽，不多写了，五期《学术研究》我当托买给你。

董每戡　1.2（1980）

正字还和白字合在一起，省已拨五万元给正字独立，专区拖延未处理；西秦如何？不知。

12

仲平同志：

正送《学术研究》的一位年轻编辑走，托他设法弄第五期，因资料室龙同志没有设法弄到（条子附），我想这一下定会弄到。我那篇东西就是从你那里寄回的，没有改动什么，所以可不必给你了；论《长生殿》文还未印出，俟印出后定寄给你（已嘱校方寄）。我在京看了《大风歌》，以为比《王昭君》好，你们演可以卖座。《羊城晚报》春节复刊，我把《人民日报》都停了（它加价，且没什么可看的），等《羊城》。你们剧院也该定一份，可知广州情况，广州确比别省重视文化些。该报指定我写一阕贺词，久不弹此调，到今天还未写成。

我的身体还不好，仍在疗养，坐在走廊上晒太阳，想过了春节再说。暑中想回故乡一趟，九月初经杭、沪、宁看戏后上京住些时，读一些戏史资料，计划如此，能否如愿？还难定。如到宁，定走访，还想看看你们的戏。任先生处仍未去信，你去信时，祈先代候！许翼心到暨大后，我还没碰到他，他大概还在钻研戏剧这方面。我的《说剧》是交了人民文学出版社，说六到八个月才能印出，也许在暑中，共长短有卅篇。祝

撰安

董每戡　1.24（1980）

致冼玉清[*] 1通

冼姑：

奉手教，得知因病住院，未悉患何疾？念何如之！拙著之告白终限于告白，不曾出书，故我的生活益困顿，年复一年，来日大难。然尚能想得开，顶得住，虽影响健康，尚能勉强支持。兼之每晨锻炼，仅两鬓苍苍，髭须间白如七十岁人耳（今夏满58岁）。七年来杜门却扫，自59至63年完成《中国戏剧发展史》《〈笠翁曲话〉论释》《五大名剧论》三著，共110万字。增修《〈三国演义〉试论》《说剧》两旧作，共40万字。64年迄今搁笔无言，惟温习往日读过之古籍，以排遣无聊之岁月。拟休养一个时期后，重埋头写作《明清传奇十论》及《中国戏曲通史简编》，信心未垮。去春曾作一绝："腕底风雷依旧存，眼前自展锦乾坤。毫锋益锐文心健，不负年来雨露恩。"假我时日，当可兑现。

中大诸公消息全不明，前在报端知陈序经先生调往天津，仅此而已。而我和爱人常怀念詹、吴、容诸先生，尤其念念于陈寅老及夫人。希您出院后晤面时代各致拳拳为幸！吴公退职，想系数月或半载前事，如在"23条"后想可幸免。詹公病肺不可怕，五十岁过了一般不怕肺病。总之，胸襟开朗，可驱除百病，我有些经验。长沙入春以来多雨，比去冬冷，近一周始放晴，温度上升，依例，很快便到盛暑，向来无春秋。广州想春意正浓，花香满路。遥望南天，怀想曷已！专此敬复，祝

痊安

董海湛顿首　三月十八日（一九六五年）

---

* 冼玉清（1895—1965），广东南海人。著名女诗人、画家、文献学家，曾任中山大学教授、广东省文史馆副馆长。

致任世评、任锡周、董素心* 45通

1

评：

数日前接你和你爸复，放下心，因目前还没有什么足告的事，索性有一点写一点，等半月或一月发出此信。你在三溪革办呆一时期比马上去教书好些，慢慢来，料想再过几个月一切会有不同的气象。玉燕病该进医院注射，我见过，且自己也送过一个朋友的爱人进院，只两针就治愈严重的神经失常。你爸信中说你还亏二百元债，并说其中欠我的一笔，这是我没想到的，因当日寄公债时，我和你大妈都没打算要你还，望以后不必把这件事放在心上！近趋势越来越好，拟等两三个月看有何好处到我？（5.4）

你爸提起“再起”一点，也只看今年如何，不过我是从未泄气的，有诗为证：

雪鬓霜髭镜里知，弯腰驼背铁弓姿。精神饱满豪情在，小住韬中敢自卑[①]？

述作雄心未肯灰，多年伏枥待春回。此情若得邀天眷，日暮苍龙行雨来。

十五年来多二毛，问天懒学首频搔。纯钢也得千锤炼，杰士何能百

---

* 任世评（1941—2012），浙江温州人，作者的表侄，任锡周之子，温州三溪中学一级教师。任锡周（1915—1980），浙江温州人，作者的表弟，退休前从事会计工作。董素心，1937年生，浙江温州人，作者二弟董国荣之女，退休前任温州市医学科学研究所副主任检验师。

① “韬”后括注云：“弓衣。”

折挠？一事无成余浩气，三生有幸少牢骚。埋头诂戏消长日，义不容辞岂惮劳？

市委一把手换了人，开始办七年来的各案“落实”，邻街就揭了被扣上地、反帽子的五人；本屋也解一个被开除大〔戴〕帽送下乡三年多的老邮工。要普遍还得在六月里，总算是开了端，还算好。（5.14）

信还不拟马上发，无事做，索性把前月做的两首诗也抄下：

平生百事不如人，日蠹群书尝苦辛。未学柳韩和李杜，年来落笔亦惊神①。

午夜醒来，惜失稿，痛亡友，百感交集，吟此抒怀

八亿人中一戏迷，独尊小道志难移。穷原索委通今古，究柢寻根辩是非。日食三餐甘藜藿，身衣百结胜轻肥②。偷生为国存元气，菩萨低眉我亦低③。

这里下雨近三个月，现还在下，我穿卫生衣裤还加棉衣裤，仍是冬天。全世界气候都变了，不知温州怎样？大字报多起来，下边抗拒落实才形成催逼现象。治安近大成问题，偷、扒，最流行是拦路抢手表、单车，因而伤人、杀人。温在打击投机倒把，此间对此歪风想不久也会有措施。81号文件中有处理各案办法为外三条内八条，精神是“大事化小，小事化无”团结，已告诉名弟，他和她事都可乐观等待，本屋老邮工恢复工作、名誉可为榜样。（5.25）

我的健康正常，现在无事做，有时读读一个青年——苗的朋友小朱为我设法来的书刊，有时考虑提高保留下来的两部稿子《说剧》和《五大名剧论》（仅有这两部共70万字了，失去110万字），因为前阶段手脱臼病了两个多月，不久阴雨，整整六个多月足未出大门，休养得好，且早晨最近恢复了锻炼之故。她虽已比去年好了百之八十；然心脏病与肺气肿是无法根治的，所以现仍服“柏子养心丸”。素心不像阿戎，最近寄来茶叶和炊虾，二医由于“林毒”，全下农村，后阿心回到音〔应〕道观巷防疫所工作，现在二医全奉令回城，

① 杜说李“笔落惊风雨，诗成泣鬼神”。

② 轻裘肥马。

③ 支、微、齐三韵同押，依词韵，自由灵活。

再成立二医中。柱南（老二）将于下月初出差来此看我。

81文不知你处内部已学习否？据云中有“自五五年以来”一语，都要纠，且着重谈“五七右”的处理，望设法打听详告为盼！这是“72”字81号文件，系公安部拟的处理意见，经国务院批准去年八月即发出的，只是下边舍不得办，始拖至今有不得不办之势时才办。你和老邮工都是依“外三内八”处理才能解，此间下边还是抵抗，所以大字报多起来，听说有个大厂军管的想走，群众不放；有厂的革委会出不了大门，群众要他们把撒的滥竽擦干净后才能走。我道听途说来的是说[①]：都由原单位重审，所说的话属于个人牢骚的不够右格，平反；半思想半牢骚的解，也可恢复工作；全属思想的也解，给出路。不知确否？所以望打听81文中如何详谈57案现该如何重审的。这里只做过依据81精神的报告，且听者只限于处级以上干部，所以虽有一鳞半爪的传闻，究未详细具体。（时又隔三四个月了，想近日处以下的也知了罢？）为了“落实”，区革委必学习过了。“外三内八”已抄出来也因此。（27）

并传右有十种情况的都可解，我记得两种：大革命七年中守法守纪者；高等知识分子……确否也待打听。柱南已到此。（29）

湛　31日午刻（1973年）

刻接弟信云柱石与你谈过。现在她的“准迁证”大致有望拿到了，你准备怎样助她好了。又及。

2

评：

因一切如恒，毫无好转，故不写信，但对你的近况放心不下，还是执笔。前要秋嫂转告的话，想你会听取，“埋头工作，闲事不管”。中央对温批示，此间街上已贴出来，近当安静一些罢？此间一直正常发展，并未出岔。落实工作，正在进行。秋嫂最近可拿到“准迁证”，日内当寄温迁户口。三弟事

① “我”后原衍“的”字，今删。

虽未轮到复查，我想只拖一下时间，迟早会有结果的，他的主要问题还是病。我好的是去冬不像前几年冬天必病，恐行“甩手法”有关，尤其睡眠好极（每晚睡九小时，而且深沉），食欲旺，大便通，似乎任何病都没有，如此看来，还有几年活。近借到范著《中国通史简编》消遣，见解和目前流行的相反。有时把劫余稿考虑增改，就是如此过活。她心脏病服“柏子养心丸”已四五斤，有效，但无法根治。苗照常上班，早出晚归，进30岁了，因负担重迄未进行婚事，我们痛苦的在这一点。你爸处不另去信，代问两老好！接信望详告你们和温社会情况为盼。

湛　4.29（1974）

3

世评：

居家无聊，就想写信给你，但等你再来信后才发。我自从那年元旦看到你起，就想我若能脱出厄运，拟带你当个徒弟，教了几十年书却不曾带个徒弟，真希望有个传衣钵的人，可惜事与愿违！未知他日尚有可能否也。几个月来日夜下雨，冬衣脱不下，甚至，有时还得把火炉提进房，气候坏极。有个姓朱的年青人，好古典文学，常来我家，我就靠他去设法借书来给我排遣无聊的岁月。《〈三国演义〉试论》的增改稿20万字早失去，近间或写点加进去，因去年此间图书馆又将它陈列出来供人阅读，不得不再予增改，备有朝一日用，但有关资料笔记已全失，无能像往日那样多增了。等发信时想附两段给你读读（有空抄留，将底稿寄还）。虽然现在当教员以不通为贵，使良心得到安宁，还该多懂得些为佳。尤其马列主义文艺理论所说“艺术真实高于历史真实”的意义该懂得。（5.6日立夏）

刻读你信。此间直下雨，涨大水，我家不远处就浸在水里，已稍退，但雨仍在下。月前来了冰鲜黄鱼，四角八一斤，虾皮九角一斤。长沙肉多，九角一斤，外地人都带肉走；鲜鱼极少，近年连咸鱼都没有了。秩序混乱，近稍好了。这儿只有蔬菜自由市场，也都是一二角一斤的。子蟢〔鲚〕是梦想多年吃不到的，我以为温州的子鳝〔鲚〕（别处有，但无子）、蚕虾（全世界虾都硬壳）天下第一，不知何年月日能吃到？名弟家大女阿贝在无锡一工厂工作，已离婚，带一子。大儿在大连一厂当技术员，有一女。二儿有一女一子，三、四已有对象，未结婚，都在洛。名弟腿已失行走能力，以躺床时为多，病是无法治了（李白即死于“腐胁病”，现在叫“脓气胸”）。文萩仍住二儿处，做好菜送给名，饭，他自煮。二媳带一子一女在江西南昌电台工作，她叔在军区任参谋长，她转业后在电台。苗连对象都不找，因需养父母，且我们未脱厄运，他只能忍痛牺牲，所以精神极痛苦，刻已进31岁了。近晚上练习德文译成中文，完译一本小说《异国王子》，约十万字。你说讨论《琵琶记》文未见，在什么报？《文汇》吗？（下信告我何报、何月日。）有可能弄到，我非看不可。又使你破费——实际是敲你一笔竹杠，想包裹明后可到，继续写完此信投邮。（25）

黑女青年非偷扒便当野鸡，好打架，都带刀，本里就有，只有几个判刑的。偷扒、打架、杀人等在此常闻，已成“家常便饭”。周前立决6个年青的反革命及杀人犯；至于一批十几个高干子弟五毒俱全，光奸女人百卅余个，一个不立决，只判点刑（此之谓“刑不上大夫之子女”）。前日本里一少年白日抢行路人手上衣物被抓去，今天本街三少年持刀打架被抓，都是所谓“家庭出身好的”。（26）

怕过重，不再写了。最近体健不差，读了李卓吾《藏书》《焚书》百几十万字。包裹到了。（29）

你区安定团结，那真是大好，当干部自然忙，读书只能挤时间出来读。附稿如对你有点好处，回信后当再附几段。不必急抄寄回，因目前反正不用。你存着，等有朝一日要用时我写信告你寄还。

湛　（1974年）

4

评：

这么久未给你信，是因“乏善可告”，虽七月间传有文要解决那一类问题，后又搁起，直到如今，寂然如故。然而我无时不挂念你，只希望你听我的话而埋头工作，不管闲账就好。温州情况，大致得知，是亦龙兄滞杭所发信中得知，他离家近两年，欲归未得。金、温是最突出的地区，此间极安静，街上连大字报都少见，穗、汉都不及这里，供应虽比前几年差，但还算不错，尤其猪肉多，自由市场以农产菜蔬为主，间有鲜鱼，别的没有，价格只比国营的稍昂。去年茶叶百之七十靠你供应，那时柱南爱人在南昌寄来两斤婺源茶，吃完后，吃你寄的，到年终才了，接吃素心寄的到现在。我的瘾大，她也不小，苗则不大喝。我的身健，去年可说是七八年来最好的，第一个不病的冬天；她虽常病，比往年还算好些，在这方面说，似已有些好转，可毋远念！你爸、妈和你夫妇情况，希告我！附诗，供消遣，晤你大伯时，望代致拳拳。

① 败而不馁刘玄德，老而能读曹阿瞒。二公型范垂千古，困学多年得自安。

② 莫怪春步忒蹒跚，春来自有许多欢。“才人”群起呈才艺，岂独东山老谢安？

③ 友谊亲情在酒肴，杯干馔尽有分教。难忘翟老书门语[①]，安得人间见石交！

湛 1975.4.16

5

周弟：

我在接到世评寄来茶叶后即复一信，并附稿两篇给他读；前月25日又为告名弟噩耗发给他一信，也附稿一篇，迄今未得复，甚为念念！难道两信及稿都失落了吗？前月16日名弟还很正常，发信给我，不料18日子夜突发心

① 《前汉书·郑当时传》：“先是，下邽翟公为廷尉，宾客亦填门，及废，门外可设爵罗，后复为廷尉，客欲往，翟公大署其门曰：‘一生一死，乃知交情；一贫一富，乃知交态；一贵一贱，交情乃见。’”

悸，仅历一个半小时即逝世，医云他病了九年，精竭力尽始如此，我弟妹四个，至此全了，使我悲怆难已！我和蒂子的体健，近来都还好，我每晨六时到附近林荫道上甩手，散步至七时返家吃早餐，争取能多活几年。你和爱人的生活情况，常在念中，望详告！世评和玉燕的工作地点都是巨溪吗？长沙一个月来都在整顿，自由蔬菜市场限月半为止，饮食店夜十二时前不许关门，服务各部门人员调动，后门风稍杀，工厂迟到早退记分扣工资等，市级厂且发了每人两张纸互相检举多用多占，打击的运动似一步一步要来了。浙江“安定”情况不及湖南，这里一切比附近几省还好些。世评一心一意工作，很好。今下午如仍不见复，明晨即发此信，收到即详复为盼！祝

阖家安乐

海湛　7.12（1975）

6

评：

收到茶叶后即复一信，并附一稿；六月下旬为告舍三弟突然逝世消息又给你信，也附一稿，久不得复，最近才直函任桥你爸，几乎天天盼复，不料半月余仍不见只字，念极！现拟再等几天，如依然，就发此信。（八月三日）

信到，放下心。你爸又提欠我钱，以后勿提，你爸实和胞弟一样，我一直以为是“满弟”（湖南话，即川语幺弟），所以名之噩耗首先告你父子。稿再附，抄存，我用时会要你寄还的。浙之乱，确全国闻名，中央下决心以“快刀斩乱麻”，好得很！读剪报，说高则诚镇压浙闽起义人民，胡说白道，毫无依据，捏造罪状，不禁口占：“原是无知装有知，长篇大论骂人辞。江潮退后当追悔，苦脸愁眉涕泪垂。”

清禅师可惜算不中自己的一切，六月下旬又传有上命关于清一类全好转，不料一月多又无所闻了，老是挂起来。前日成一绝：“生逢盛世罹奇厄，只惜当年耿耿心。猛虎辞山常欲啸，苍龙失水不哀吟。”

另给一与温州话有关的小文（我有存，不必抄）消遣。你爸说十工分只

八角，在湘省最富的队始达八角，一般都只三四角，浙省毕竟富裕。你与玉燕收入共多少？此间开始整理各行业服务员态度，煞后门风。（这只能稍煞，永难根绝，问题在有权者不肯放弃法权，不止开后门，甚至送上门，同“伴手”一样难医的病。）多懂世故，自然不欲管闲事，你努力工作，这是极好！这次等信不来所以急，是怕你又受波及。工作忙，稿目前勿抄，反正我有用也在半年或一年之后，不时读读，至少可多点常识。秋嫂昨将我存名弟手的《西厢记论》《桃花扇论》卅万字许稿寄还我，拟在秋凉时整理。我每晨五时半散步到附近青年宫（现为体育馆）锻炼至七时返家，已月余，体健有增，争取再活十年。你爸也有 60 岁了罢？你妈可能年轻点，你大妈和名弟同年，只少九个月左右，62 岁了，我已进 69 岁。《三国》，将来还附给你⑤。下了几天雨，三伏似深秋，怕的是还有二十四个秋老虎。我想温州打击走资者总不远了，情况好转后望来信告我！

湛　8.6（1975）

《三国》（二）（五）下次附，先附和温有关的两文，都有底稿，可勿抄。十日。

7

评侄：

老是念你的信，放心不下，想你不至于狂热。此间安静如恒，仅蔬菜一度紧张，肉类稍减少（现每户月可买四次，每次二元，两斤多）。苗出差过宁乡一次，供应更好。落了一个半月雨，秧烂在田里，本周始连晴三天，农业户口自然缺粮。（18）

对清师这类人已有两年多不问不理，月初忽来问一下，似乎有点好转之兆，但又命途多舛，现又挂起了。待看下月有何动静。不过我估计至早也须在夏秋之交。（22）

23 日得亦龙兄信，知道了温州近情，说起物价，我真不知人民如何过活。此间确比各省都好些，在安定中进步。天气渐热，肉改为月买八次，每次一元（九

角一斤无骨的），五一节每口加半斤。到了咸黄鱼，也只几角一斤。（5.1）

看来，最近两三个月内，我的境遇是难有转好之望，仍然只有耐心等待，好的是我们身体都健，除经济仍不宽裕之外，一切尚可，希勿念！天气转暖了，等晴定后（现还不时有雨，棉衣还得穿）拟每日出去散步，已有九个月未出大门了，苦的是无书可读，最近才重读一次《水浒全传》，稍有所得。拟再等一周，如无你信，当将此信投邮。乡下人都拿鸡和蛋入城换粮票（母鸡，六斤粮换一斤；一斤粮换两个蛋）。近本省粮票黑价增至二角五、三角一斤了，全国粮票则越控制紧起来，极难弄到。你表妈总算弄到了二十斤全国粮票，就寄给你和爸妈各拾斤。

湛　5.19（1976）

8

评：

端午得文萩信，说你出差北京，归时过杭去看她。苗5日出差上海，也拟返时在杭下车去看三婶。我们一切如恒，乏善可告，惟体健还好，可慰远怀。日来借到《旧唐书》，正在读，以能学"老而能读"的曹操为荣，"不伏老"的心情也一如既往。近有几首绝句，录如下：

有感于刘禹锡"莫道桑榆晚，为霞尚满天"壮语而作

俗说"人穷志不穷"，为霞散绮满天红。手中一笔堪驰骋，余勇犹能立战功。

百炼千锤心尚雄，苍茫独立战寒风。精诚坚可开金石，文苑花时重建功。

韧性当师不老松，风吹雨打自从容。华年狂想依然在，豪气如虹尚满胸。

天地生才秉至公，人间未可计穷通。当年豪想匡时意，犹在依稀梦寐中。

我估计月半前会有你信，先写点，存着等读信后再写。（6.6）

刻读你信，从“体会”看来，现在当体会到我往日说你当了“呆大”是没错的罢？就此一点觉悟，便大可贵，至少不再狂热了。在你面前热泪盈眶的友人，想也是觉悟后始有的感情，很好！白被单，证实“公道自在人心”，非呆头们能压得住的。还是相信我“弩末”“黔驴”的预言为要，迟早会证实的。我在 5.19 寄你 20 斤粮票，如何来信尚未提到？该在 5.30 前到玉燕手的。茶叶是我所望的，海蜒在混乱的温州不易得，花钱太多，使我不安，不该为我费这笔钱。此间可说安定，就是谣多，如男变女、女变男之类，至于铁树开花，倒是真的，天心公园展览，你表妈也去看了。等包裹到后发此信。（6.7）

天气渐热，夏至后大概真热起来。我还算健康，每夜可睡九小时，午睡一小时，只饭量不及去年，健忘。因为乐观，尚能活些年。近把幸存而重写起来的《西厢记论》及《桃花扇论》（共 30 万字，认为平生所写各稿中之状元及榜眼）重读一过，甚为得意，“文苑花时重建功”及“余勇犹能立战功”，即指此。

今后能否有出差湖南的可能？前日师院友来说带学生到宁乡某公社去搞开门办学一个月，昨走了，他回来后会告我以那边乡下的情况。还是当干部好，勿教书，至少在目前是当干部为上。区委当有图书室，抽空读点书，肚里有点货色，做任何工作都会吃香的。24 史已标点了陆续出书，公家定购置，古的“四史”及近的唐宋元明史必须读。中国人必须读本国史，否则，对不起人。元代蒙古人把读书人排在第九等，只比丐高一等！现在也是“老九”，真是“无独有偶”！苗因在高中一段学得扎实，数理化都是百分，所以在厂还吃香，原搞“热镀锌”，并厂后当钳工，搞“维修”，近要搞新产品，调他到技术室搞化验，这次封他为“技术革新组长”，和书记及同事七八人赴沪参观并买设备。我是个强调读书的顽固老头，总以为你们还有几十年活，必须读书。昨夜我梦见母亲，这还是第一次。春节阿戎来一信，我懒复这个“酒头人”。包裹收到了。

湛　6.8（1976）

9

评侄：

你信都收到（提收到20斤的及6.27发的）。苗6.5赴沪，过杭看过三婶和秉杕，并约在古方的秉经到金华会了面，秉经也给我金华的雨前茶两斤，苗在6.25回长了。阿贝本月若到杭，我当给她一信，还是52年我到新乡去看三弟时见了的，俯仰之间25年了，和你爸爸一别也整二十年了（56〔年〕在京做了《琵琶记》专题报告后回温的）。我以为廿四史新印了标点本，你机关必购一套，所以要你读，苗厂图书室都买了，否则，不说那话，你只要读范文澜的《中国通史》就够了。我的《五大名剧论》由于二弟打气，于74年就重补完成了，共50万字，以西论、扇论为重点，这两论就是卅万字，成为我一生著作中的"状元"和"榜眼"。我以为能活到"文苑花时"（估计不远便来），虽然体健不佳，劲头依然如四五十岁时那样旺。昨忽得十多年不通信的一老友信云上月满70岁，退休了（华东戏剧学院教授，我们有四十多年的交情，56年经沪就住他家），想以余年游览祖国。我是上月开始进70岁，比他少一岁。若以我的意志论，该活八九十岁，身体条件恐不能，倘再有十年活，失掉的《中国戏剧发展史》及《〈笠翁曲话〉拔萃论释》，当能重写出来。半月来每晨6时到附近绿荫路上锻炼，散步一小时。《旧唐书》还未读完，只有一位老同事（湖大）隔天便来坐坐（76岁，退休了）。《水浒》该读，《三国演义》也该读，其他如《儒林外史》也得读。《西游记》前半也很精彩，孙悟空是了不起，所以成为佛教的护法神祇，五百罗汉堂总塑他的立像站在正中，我前年有一首"感赋"，不知曾写给你否？是："八卦炉中笑丹火，五行山下暂低头。紧箍除后显身手，护法威名震九州。"此信不马上发，还想续写。（7.4）

温州若能到了"军管"，只有好处，混乱现象才可煞住。这里老呆们最近也有叫叫喊喊的，但无作用，人民已厌弃，想有往日的威风是不可能了，只说明自己呆到底而已。社会秩序、物资供应都正常，徒然弄得生产不能上升，对国家有何益？各级一把手几乎都不露面，不是进院疗养，便是出差参观去了，大概是采取对付哭闹不完的小孩子的办法，时间能止哭止闹，须有点耐心。刻打油：

故乡风物最宜人，膏蟹鲜蜻味可珍。凤尾鱼怀满肚子，蚕虾软甲世无伦。

故乡山水有佳名，雁荡幽奇海内惊。昨夜龙湫飞入梦，枕边忽起撼天声。

谢池春草年年绿，月夜花朝入梦频。我固有家归未得，痛心追悔负慈亲。

平生错在识之无，今古排行未少殊。定制元人喜得偶，依然老九属群儒[①]。

所谓“追谣”，早成过去，此间传非副厅长，系杭一工人。年青人唱黄色歌，传抄黄色小说，此间是前几年时事，今少听说了，淫盗杀人减少了，开后门、偷扒依然盛行。

昨夜大雨至今无停意，盖棉被，天气和历来不同，头季稻未黄，二季秧快老，正在担心。雨已连二日夜不停，气象台说明天还落。年初预测合肥会有地震，弄得疏散人口，居民半夜出来睡空旷地帐篷，迄今安然无事；近又预测成都会有，正在同样处理，出来的火车如抗战时那么拥挤，且不用车票云。总之各有不同事实“惶惶不安”，其实，人只要看得透彻，一切都可不放在心上。

（8）

这信拟至迟到15日发出。朱委员长忽去了，又是一件值得痛悼的事，九十高龄，无法避免自然规律。她弟用27斤粮票换一鸡给我，今开始生蛋。营养品以蛋为最，你家有养鸡的条件，应该多养几只。苗也许还会出差上海，昨已去了两人，上海人喜吃赤豆，到上海去洽工作就带几十斤赤豆及金针攀交情，把这里无人吃的赤豆（此间吃绿豆）买光了，真是各地各乡风，此间缺木耳，而上海缺金针，听说上海的猪肉是百分之卅由长沙供给的，北京、

---

① 元代分人四等：1蒙古，2色目，3汉人，4南人（南方汉人。最后被征服的，最受压迫）。又分十等：1官，2吏，3僧，4道，5医，6工，7猎，8民，9儒，10丐。

天津也靠湖南，出口国外的巨额猪肉也是此间多。连五日未晴了，房内潮湿不堪，近饭量大减，她心跳气喘。雨还会下，江边马路已浸水，有涨大水迹象。此刻水已到离我家不远的街上了。成都还在地震威胁中，使我记起十二三岁时初三坐船到你家拜年，船到仙门附近，坐在船里头发晕，到你家始知是地震，你家多处墙与柱拆开一寸多了，而大家都不惊惶，说明不懂地震之可怕，居然也有好处。鸡瘟来了，这只鸡仅生两蛋，已三天不生了，拟在起伏杀了吃。后天十五拟发此信。此纸还有很多空白，随便谈点读书罢。人的记忆力最强是在四十岁以前，悟性则在卅以后才强起来，悟性和实践有关，实践多了才悟性丰富起来，六七十岁的人记忆力差得惊人，但悟性特强，所以不因为记不得而不读书。当干部是忙，还得“忙里偷闲”读书。可惜我的命运太差，我若有点办法，将来总买些书送你。我国文化有悠久历史，书多，可惜生出的儿孙只会否定前人，而自己呢，以作品论，不但卅年来，这七八十年就找不到令人想读两遍的东西，好在那里？前人是不至于“自惭形秽”的。事实还是事实，荒谬的狂妄是不能永恒的。（13）

文萩自杭，柱南自洛都来了信。你说阿贝比你还大，你今年多少？我复文萩信提及阿贝婚事，年龄不能等待她慢吨吨的，我要她勿过分选择，“拣过拣，拣个破灯盏”，要拣，但不能过分。你给我海蜓，有大用处，和去年秉经寄虾米一样，因我全家好吃面食，经常蒸馒头，包饺子、馄饨、面片、面条等，或和肉一起剁，或放在汤里，吃饭时如做汤，也用它。茶叶存的多了，秉经去秋寄来两斤，此次又交苗带来两斤，文萩年初也寄来一斤，阿心不久又会寄，实际上喝不完，你的到时我分二两送给经常来的莫教授的爱人（78 岁了，老习惯，吃茶叶），她说叶子又嫩又绿，好吃极了，莫说她当宝贝似的包好慢慢吃，秉经的也好，还不及你的，我不吃，只喝水，你表妈有时也吃叶子，这在世界上只有湖南人如此。男的吃叶的较少，但田三、小朱来也是连叶子吃掉，于是分秉经的二两给田三爷夫妇。湖南人重视“伏”，起伏必吃老姜、紫苏、路边荆、酒炒公鸡。我们多病吃不得公鸡，17 起伏拟母鸡分小半炒姜，加还保留着的少许木耳，大半清炖。故乡混乱有好转时，即给我信！下午或明上午莫夫子来坐，此信给他带去发。（14）

湛　（1976.6）

10

评侄：

复信8.17到此，正常德有过小地震（三级），倘级高则宁乡、长沙都如京津；成都附近之江油、松潘、绵竹有过大震（传系7.2级），北京震时是整日倾盆大雨，传川震则下雪，天变如许，奈何，奈何！法家王安石说“天变不足畏”，然而那些自诩为法家者不少东逃西窜以避之，反是非法家的清禅师依然每晨到青少年宫外绿荫道上锻炼、散步，悠然自得，原因是已无财产，仅有生命，不足惜也。近读《旧唐书》将完功，对李世民及唐初诸名公愈加敬佩，自然感触良多，受益不浅。苗6月中旬出差上海，见到三房二姑妈，特赴杭看三婶及杕表哥，又约秉经表哥在金华见了面，7月初返家；7.17又出差上海、嘉定、苏州，因贝在杭，故未去无锡。宾弟因黎明调令已下，特弯长沙看我，翌日由长直赴南昌，云廿四五约在杭州打电报给苗到沪站接他们，苗直等到月底不见电，到苏州玩了三天，8.6回长了。（19）

刻始知常德三级震时长沙也二级，南区有些感觉，我们没有；广东湛江也震过。贝信说三爹常说大爹是有学问的人，我复云：确自信有一点儿学问，但近似觉悟了，写了一绝：“劝人不必读诗书，多读诗书成蠢驴。考试只应交白卷，官封常委有车鱼①。”可是又劝世评抽空读书，无异以己矛攻己盾。她说要找知识分子、搞科研的才结婚，我说很赞成，不过知识分子是臭的，又是矛盾。有矛盾才有发展，看将来究是臭抑香？所以你得到“二拍”读，是可喜的，肚里有点货比“空空如也”的当好些。

你所剪《文汇》文说高则诚手上沾满浙闽人民血，不知何所据而云然。因而在存稿尾补三百字为高氏“落实”，同时打油两斤：

随流批判作英模，加罪之辞何患无？一旦报刊显身手，封官得禄喜山呼。

假冒马恩与列斯，长篇大论骂人辞。江潮退后应追悔，苦脸愁眉涕泪垂。

---

① 坐有车、食有鱼也。

还是以忠厚之心度人，恐此辈终不能悔。十多年来我打了很多油，为数不下数百斤，有感即哼，哼过即了！从不录存，惜无复记忆耳！本季度计划配购的猪油（每月每口三两，共二斤七两），说恕不兑现了，援人过多乎？农不养猪乎？不明所以，不禁油然生感了。（20）

肉、肥皂都缺起来，今见排队买肥皂，打架；肉须四时起排长龙，九时即售罄，龙尾往往不得肉。古人说老人非肉不饱，足见古人生活过得好，大概是扯谎吧？封建社会还有什么好的，当然是现在好。事实，这里一切比温州好，虽然不如前几年。晨又打油两斤：

中华有史三千年，代有才人光史篇。但哂后生轻薄惯，自夸自大蔑先贤。

数十年来创作多，千篇一律斗争歌。人分两类正和反，奉旨书成懒琢磨。

又得打油自嘲五绝一斤：

家家少肉吃，独我打油多。坐废无聊甚，暂将岁月磨。

目前日有地震传闻，人人惶恐。下月起每付食品卡只能买四元肉，我家是希望如此才隔四天买五角来吃，否则，永难吃到。预报扬州将有八级震，京沪一带惶惶然。拟在明日将此信投邮。阿贝说得对，勿寄物去大连，你们自己都困难，且邮费太贵，有此心是好的，寄，实不必要。

湛　8.24（1976）

11

评：

以为月底才有你复，不料很快到来，但我此信拟迟到下月半前发，说不定那时有些新话可说。甩手有副作用，尤其高血压、心脏病、肺气肿的人不宜，故长沙已不见人在甩手了。学简化太极拳是好的，玉燕可学了在家打。我是自搞一套，有太极中有的，所以我的腰、腿都健，只因气管支炎〔支气管炎〕肺气肿，走路喘气，只能慢步。王大懞，我认得，动辄用武的人，为了钱告其父，才听说，以前知是为其父三娶夫人（大兆母是原配，发妻生一女一子，分居，每月给赡养费，未办法律手续。她徐家堂妹是二房，死了。59〔年〕回温又娶一个姓汪的姘妇为妻，大兆告他遗弃发妻及儿女）。至于首屈一指是吹牛，有点学问，但无才智，死学没有学好是事实。55〔年〕评级，校提他（沾当时为系主任的光）为二级，我为二级（全国排队，中央决定），他降为三级（三级以下校有权决定）。现在该系只有两个二级（一为系主任，都是古文字专家，80来岁了），校中两个一级（一平阳人姜老，数学；另一是史学权威）都去世了。你说那个分析与估计，分析估计者定是呆大，否则不会那么估计的。（9.21）

仍常打油，中秋日所得两首是最好的，如下：

我本人间一蠢驴，坐无车子食无鱼。此身之外无长物，却喜胸藏万卷书[①]。

昔年曾效唐生哭[②]，今日谁怜范叔寒[③]？困踬幸能留锐气，兴来上市买新鞍。

我想还有兴来之日，当买新鞍配老马驰骋于战场也。大懞原在南京一文工团为团员，和同事吵嘴，记不清是用拳或武器捅进同事口里，因而犯错误到中大父处住，常看戏写短评，经季思（父字）改过投《羊城晚报》，大懞名利兼收。懞而猛，在华侨中学教体育吗？其父是个不讲道义的利己者，我和他本无仇隙，他利己就害人；但过去了，我并不记恨，且关牛棚便是报应过了。若有一日我的《西厢记论》能印，也可证明他是不是“首屈一指”（他注过《西厢》，便自以为专家，其实懂得皮毛——字句），乐观地估计，

---

① 书一卷，像画一轴，不等于一本或一部，像《旧唐书》新印十六厚册，就分二百十四卷。我正在读最后一本。

② 唐人唐衢。白居易赠唐衢诗：“贾谊哭时事，阮籍哭路歧。唐生今亦哭，异代同其悲。唐生者何人？五十寒且饥。不悲口无食，不悲身无衣。所悲忠与义，悲甚则哭之。……”

③ 战国时范雎。唐诗有“尚有绨袍赠，应怜范叔寒”句。

1977年或许有可能出笼（约十四万字，系统而详尽地谈《西厢》，有些疑题是600年来所有专家未知或未谈的，自以为平生著作中之“状元”）。我能否好转也看这三个月内。（9.23）

阿贝信说阿宾已动切除手术，我想在大连日人培养的好医生当还有，结果定是安全的，三弟就因不动大手术，才卧床九年，这种病保守疗法是不行的。我有三个友人，一与我年相似，一比我少十多岁，一比我少廿多岁，至今都健在，没有什么不好，前两个都是48〔年〕以前切除的，后一个现四十来岁，58年切除的。昨此间枪决了七个，其中一个是媳用剁猪食的刀剁死弟家娘的，一个是在汽车上用绳子套人玩，把行路人拖至半死（圈脱了），另一个只建议勿用绳用石子打，判十五年，七个有五六个是出身好的年青人。

多猪肉的长沙也紧张了，八月我们一个月没肉吃，因不愿夜间起排长龙，九月份限量，每户卡可买八次，每次一元；肥皂发票每月每人减半，只一块了，鸡蛋、鲜鱼难得见了，火柴靠上海来的。但湘省供应好，为全国之冠。“各地各乡风”，你们对自捣煤球有意见，这里这几天抢着买散煤自印“藕煤”，湘人特勤劳省俭，一向多自做，只我家一向买机制的，因苗懒得打。反了《女儿经》后，此间曾出现口头的《男儿经》，中有“打煤一千斤，洗衣一脚盆”两语。

夜四时许似梦似醒中得一绝：“千秋事业付吾曹，愿与前贤共比高。坐废廿年气未馁，手中紧握解牛刀[①]。”以前曾抄给你那首“自喜暮年豪气在，一刀尚可解千牛”，显露了自吹自擂，不及这首含蓄。国庆加计划配购每户猪肉一斤，鸡蛋一斤，好烟七包，每人茶油二两。四十来岁切过肺的来，我问他切后有无不好现象，他说58年在重庆切，至今不感任何不好。

又有赠欲治古典文学的某君一绝：“昆冈玉石莫俱焚，糟粕精华定要分。鹦鹉能言无可学[②]，独陈己见始为文。”此信拟在10.8日发。（9.30）

又得《戏题〈西厢记论〉稿》一绝：“初探西厢粗有知，敢为古作释群疑。

---

① 用庄子“庖丁解牛”典，指写分析作品论文的笔。

② 此句旁括注小字云：“人云亦云”。参见第203页影印件。

人生七十童年始[1]，恕我胡言欠审思。”

刻接文萩信知柱天未动手术。拍片后知左肺空洞闭合，右肺却有新病灶，仍治疗中。苗不久又得出差上海一个半月。已是秋凉，夜盖棉被。此信就在5日发出。

湛　10.4（1976）

12

评：

“难穿”“技穷”一偈兑现了，人心大快，清禅师果然言中，你再回味一下该偈语罢。故乡目前当已军管，混乱局面当得到肃清，“除四害，人心大快！”国家有救，大好形势还在发展，料想十一二月定有许多新猷。这一个月来我的体健有增，越来越乐观了。（10.25）

前月底作过一首《仿李义山〈无题〉诗而作〈无题〉》：“昔为炼师看丹火，炉空丹杳已无踪。于今仙阙多鸡犬，人隔蓬山几万重。”如今鸡犬都一一落网了，这样快则非我所料。

本月初又成两绝，一慰己：“历劫沉沦湘水滨，天公岂负苦心人？精神抖擞忘年老，双眼犹馋待好春。”一怀人：“遥念东山老谢安，秋风始厉好加餐。敲棋未定待毋躁，纵有热场冷眼看。”老虽老，不伏老，其禅师乎？近又有一绝：“人生七十童年始，今后更多少壮时。整顿旧鞍旧辔蹬，犹能斩将且搴旗。”

前柱南在此为我摄影，归洛后放大了寄来两张，抽出一张给你。希望月底有你信，下月初发此信。前信我有一句说看这十、十一、十二等三个月，现也不落空，比我所料的还快些到来大好形势。（10.31）

昨有老友夫妇来坐，告我昨参加了一个十五年来都不邀他去的会，是省统召开的，到了近二百社会知名之士，且都是历次运动挨过各种各样整的（他在60年就脱帽的“右”），看来是真正要团结了。这是个好开端，如清者（据

---

① 俗说“人过花甲，又成童稚”，我已七十，尚在童年，故云。

说近统计全市尚有 546 人）也许在夏历元旦前有望。（11.3）

故乡想也如上海军管了罢？只有军管才能解决问题。此信原等立冬 7 日发，刻提前将此信发出，到后望即详复故乡近况！

湛　11.3（1976）

13

世评：

天天等你信，希望得知故乡情况而信不来。我病发卧床近月，至立春（2.4 日）好了，得四句："迎春之日愈沉疴，蓦觉身边生意多。还我廿年才九十[①]，龙吟虎啸好高歌。"口气还不弱。

素心说你说我工作问题也有望解决，不知是猜想当然？抑看到了什么文件？望告！两个月前有人在汉说看到文，云一月底前全解决（全国待解者以千计以万计），现又被拖过去了；不过我信再拖总拖不过今年上半年罢？写信给心之便附此纸给你，接信后望来一长信！

你表妈还在病，天气转暖才有望好转，因室内都冷到〇下四度，是湖南从未有过的冷。阿贝坐公共汽车摔伤腿部软组织，现在杭文萩处养伤。此间公共汽车有请解放军开、民兵卖票之议，也因秩序太坏之故。一个月来蔬菜供应紧张，至于猪肉仍是每户卡可买八元，春节每人加一元。

苗忙得很，常加班。

湛　2.7（1977）

14

世评：

春节前复素心信之便，附一纸要她在永投邮，不知收到未？因久不见你

① 今已七十。

信，甚为念念！去年因寄我以茶叶的人多，所以除夕才开始喝你给的。海燕迄今尚多，因温此物和别处的不同，少鲜味，别处的是大两三倍的小鱼，较鲜。以后勿为我花这笔钱，只寄茶叶好了。阿心说你对她说，我的工作问题也会解决，不知系猜想？抑见到什么文始有此说？切详告我！

我所知是原定元月底前所有的全解，现又成泡影，这是说谎的习惯，本就少有人信它，看来一拖又不知何年月日，都是些“自己肚饱，不知人家锅漏”的家伙。想再等几天发此信。春节供应，湖南、广西最好，其他中南、西南各省都不行，江西、广州、湖北许多单位都开卡车来争购南货及猪肉。因天气特冷，蔬菜奇缺，我们有朋友帮忙从外县搞来一点，才每天有白菜、萝卜、红菜苔之类少许上桌。温市情况如何？极想知道！接此信复我时须详告我！（25）

仍不见你信，不知何故？那信里我附“迎春之日愈沉疴”一绝，在立春前数日曾有一绝，索性也录给你：“一病廿年贫到骨，三番四次死逃生。全家尚在寒风里，须借钢刀斩棘荆。”

以上是三月四日“元宵”写的，刻读你信，猜想当然不能实现，即见文件也会成泡影，因素来反孔，不能如他那么顽固——重信也（我说“元月底前全”，倒是有人见了文的）。你爸也病哮喘，和我及她同病，我特严重，即“肺气肿”，湘人土话叫“气满”。我发得严重时，小便都“失禁”，我曾服过一“单方”，稍有效，这几天，我正在蒸（前两年每年吃过一个），是：“柚子”（勿太大）一个，刀切开顶，塞进冰糖八大两（如无，用最好白砂糖，同；塞不了，放在边上，顶又盖上，放碗里隔水炖），须多次蒸（每吃时又蒸），至于稀烂如“果酱”，用调羹挖吃（吃多次始完），并放进“伏姜”（伏天晒的，恐温无此，故特附自晒的几片）。还有大发救急用具是（上海医药公司有卖，价不到两元一个，温州医药公司也许有）名“气喘气雾剂”，向口内喷几下，即止。

你说“古历除夕给信”，迄今未见，是阳历元旦前罢？建房事，我不大同意，要柱石设法，更不同意，不是时候，“谨小慎微”是必要的。文萩他们对药品很有办法，你热情过分了，她们生活不错，至少，比我（向来）好十倍，不必为她们担心搞不到东西。我就不赞成她离开三个儿子去住在杭州的（我未对她表示过此意，只对你说起而已）。春节前有人在温出差，急于回长过春节，自温至金的黑车票花18元5角；又说见国营店营业员内部分到花生（三四角一斤）就在店门口摆地摊卖三元一斤，都出于我的意外，以为早该归“化内”，如何仍在“化外”？

此间一切确比别省好，目前整顿市容，扒手减少；公共汽车（仅几路）请解放军开，民兵售票，因而其他几路也逐渐好些了。秩序及供应之坏，现在数武汉了，而广西最好。我上月（每月八元，约九斤多）猪肉都给友人买去支援在汉的两个女儿，闻只有咸萝卜有卖，一分钱“骨牌大的”一片下饭。贵阳是素来苦的，不消说起，江西也极坏。昨“元宵”，托友人子水磨了两斤糯米粉，自制汤园〔圆〕，湘人是重视吃“元宵”的。她病仍服药，只基本好转了。

苗今（5日）、明、后三天在厂开职工代表会，三个晚饭不回来吃，忙得很。他被封为厂的“技术革新副组长”“机修班长”，厂及北区的“先进生产者”，“升官不发财”。我事被拖就影响他找对象结婚，全家为此而痛苦多年，依然不变，真想不得！温用钢筋水泥大盖新房者多，切勿羡慕，此账他日必算，所谓“他日”，必不远；此间过去多做几件木器的都怕算账。我每年暖、热天都健康些，且也每天出去走走，寒冷的冬天必病，去冬特冷（室内零下四度），刻已升到十二三度了。做饭的藕煤炉仍在房中，到阳历四月才可移出。希望故乡在最近能完全改观，本月底能得你告好转的信！

湛　三月五日（一九七七年）

下班归家读读书，少与人交往是最上策。多读书，我仍相信将来有用处（快则一年内，慢则三年内，必重视肚里有货而厌弃草袋的），有学问，对得起国家、祖宗，也对得起自己，张铁生之流决不能重上舞台。拆旧屋建新房事，切勿再动念头，要做，也得等一二年再说。又及。

15

评：

发出复你信后二日，收到你除夕写的信，不知何故反而迟到？

你大伯不是比我大一岁，即几个月，我生日是丁未年五月二十日。做人实在乏味，他走了也好。所说黑市价太惊人了！去年初秉经托普陀友人以黑价一元八角一斤买了八公斤“明府”给我，火车托运被偷了三公斤，那五公斤送人及自己吃，至今还有三四个。此物湖南人最喜吃“墨鱼炖猪肉”（这吃法比温人凉拌、红烧好，汤极鲜），所以年节都配购（去年起才没有了），今年要吃的都买温岭出品“墨鱼丝”，价等于温黑市三元八角一斤。这种吓人的价钱，犯不上吃，切勿为我费这些钱！

我想起给你看的《无题》——即“于今仙阙多鸡犬”一绝，想当时你未明所指鸡犬即“四人帮”罢？现在可再吟味一下。既然，全垮了，如何黑市场依然？我不懂这内中道理。钢筋、水泥是国家控制的一类物资，苗笑柱石如何有能力帮人搞几吨，他说恐是“吹牛”。不管公家弄到与否，以勿搞为上。温只要走上大治之日，盖了洋楼的必被清算，此间向来不许盖私房，旧有私房，也不准私自买卖的。

我现在喝的茶叶是你寄的，因保存得好（在原塑料袋外加一只苗的塑料雨套裤，又放在铁桶里），完全像新茶。因茶叶多，今春新茶迟点寄也可，寄少点也行（秉经和素心寄都还存不少）。此信拟等到“春分”后付邮，看看有否新猷。“白鸡冠花”买到了，为此马上发信，免你去找它的麻烦。

湛　3.11（1977）

16

评：

复信到。我不是完全反对你拆迁房屋，只是反对在目前就盖新屋，且用钢筋水泥，只望你等一年或半年再说，整风必包括政治经济，尤其经济不会放松。《光明日报》已开过教育座谈会，强调了“尊师爱生”；《参消》载日本报导我国要两腿走路：保留招工农兵学员；重点就中学选优升大学。重考试，这是一切要改的先声，四月起必有许多“新猷”出现，可拭目以待。此信不拟急发，等到四月初旬发。（3.24）

十多年不与京中诸友通信，近给出版社一友信告以失稿，幸存的也被鼠啮“体无完肤”，他赠我一绝，题为《答海湛翁来书》：“不遭鼠啮即成灰，天意茫茫遽可回。雨粟未闻闻鬼哭，群愚终日望惊雷。”我打油以答：“无声处必有惊雷，只待春临发出来。莫笑群愚空盼望，人间当见百花开。”对发展趋势，我确是乐观的。

《列国志》可读，因对历史很忠实，可以增加历史知识，当在家塾时我是拿他辅助读《左传》的；在艺术上说（作为“演义”来说）是不及《三国》远甚的，“原形现出是妲褒”的妲、褒就在此书中出现。我是不存任何信件的，阅毕即火，这习惯望你学学！不过，我的诗可抄录保存，因我自己也不录存，倒希望有人代保留。我二十四岁前专于词，曾有《永嘉长短句》，柳亚子先生为我作序，郁达夫先生为我写跋，后不拟印，日久就失去了；可是三表弟爱我的词，代抄下来，解放后拿来抄了一份，66 年又失去了，终于不留一阕。

你给我的茶叶才开始用，阿心的喝了一半，现还有一半（斤左右），秉经的也还有斤左右，所以你今年可以少寄。你经济不宽裕，勿为我多花钱。有一件东西到处买不到，价是不高的，今后你丈人也许可以弄到，就是“木耳”，有则，为我想法！（“木耳”不易得，不急需，等将来有时再说。）

你爸哮喘，和我一样是支气管炎引起的“肺气肿”，照理在温州不易得此病；在此土名叫“气满病”，本地人有十之五得此病，外地人十之七八，我家三人全得了。此病无法根治，发时注射“青霉素”五至十针即好，服药慢，“四环素”及“长效磺胺”（S.M.P）也有用，不过须服数十片才行。到冬天你爸若发，则望注射青霉素！有机〔会〕，平常弄几针留在手上备用。我现在只有此病威胁我，动、走都气喘，其他如少时即有的周身神经痛及肺结核好了已多年，胃痛偶发，不太严重。因为长期不出大门，少见太阳，近虽胖些，有如浮肿，实则是健康不差。

第十、十一号文件想已传达到区了，人们挂念的事已有了大致的答复。近来故乡当好些了罢？等到黑市绝迹的时候，我那时若有些好转，自然会汇款托你买明府、虾米之类海味的，现在不去想它，而你也是经济困难的人，不必为我破费。切切！这里传最近可能学上海杀一批流氓阿飞似的杀几个贪污、盗窃、投机倒把的，温州迟早会把黑市商人及盗窃国家财产的搞掉几个的，“治乱国，用重典”，绝对必要。此信还想再等几天发。（4.5）

阿贝很热情，设法些四川当归寄来了，使我想起了一个故事：安禄山之乱时，唐明皇偕杨贵妃逃往四川，问一行法师将来能不能回长安，法师给一盒子要他将来开了看，后由蜀回开了，盒中只一只〔支〕“川当归”。她的带病虽每日还有少许，可说百之八十好了，且因服当归已达一斤，其他如杞子、党参、苡〔薏〕米、海螵蛸也服过不少，虚弱算补起来了。

近来干旱地区多，湖南支援任务又加重，第一季度每户的猪油就不配了，茶油很缺，用糠油，有说以后用棉油。猪肉每月每户八元减为每口二元了，我家只六元（肚内物也归计划内，以前是专为开后门卖的，在我说来倒好，否则吃不到猪肚、猪肝、排骨）。总之，物资越来越少，除长沙外各地春节以后就没肉吃。急想知道温州近况。此信不拟等太久，明后天拟发出。温州若能买得到“川芎”（一两），（因服“当归”必须放此药少许，才使肚子不觉气胀。）另治心脏病的“枣仁”（二或三两），望买寄，此间已多年买不到了。（6）

“白鸡冠花”又缺货，你有，那末和“向日葵杆”同寄（各三两），还有一样也缺了，是“海螵蛸”（乌贼板）三两。总起来是：

川芎一两、枣仁三两、海螵蛸三两、白鸡冠花三两、向日葵茎三两。

湛　4.7（1977）

17

评侄：

天气转暖，不过雨多，晴天28度，穿单；雨天18度，仍穿棉。遇晴天，我已开始在绿荫道上锻炼，散步一圈回家。阿贝来书说她妈已回洛，因老三生了孩子，夫妇上班无人带，她去带孩子了。我以为你这几天会寄来“白鸡冠花”，所以先执笔写几句。（4.28）

这里早已开始打击贪污盗窃、损公益私……运动，今天西区就判了一批十多年到二十年徒刑的。想故乡当也一样。苗已忙了一个月，晨七时工作到夜十时始回家睡，无加班费，不补休，白干。所得是“77·4会战优秀战士”赐盖枕毛巾一条，奖状一纸，1、2两天休息，四日去参观“井岗〔冈〕山”，约六天来回。又是连雨，气温低到13—17度，棉衣又上身。我的信想早在十一二到你手，不致失落，这几天不见你复，或因药未买齐之故罢？闷得无聊，又写几句。（5.1）

这次要你买的药，主要是“白鸡冠花”，分两〔量〕越多越好（三两以上），其他只川芎1两及海螵蛸三两目前极需要；枣仁是治心脏病的，目前不急需，希望急需的能马上付邮！如果到5.9仍不见你信，只怕是我那信失落了，拟发此信。因“白鸡冠花”是此间无法再得的而又是主要治带病的药，你能弄到多于三两的话，就多寄些！早点寄出！（5.5）

虽还多雨天，毕竟晴天多了，这几天早晨我都出去锻炼后转一圈，苗已于5.4出发去“井岗〔冈〕山”了。她因服了一个月的补药，健康得多，惟带病仍未完全好，寄希望于“白鸡冠花”，如仍无效，非去检查是否癌症不可。你若进城，望过绸缎店问一下有否“华丝纱”（或“香芸纱”），有些什么颜色的，每尺多少钱。此间没真丝的香芸纱卖，有人托我打听。晨得一绝：“斩棘披荆二十年，朝朝盼见艳阳天。老来应了平生愿，重吐胸藏剧史篇。”看来艳阳天是会有的，不过还在遥远处未露面，至早在三四个月后罢？急于要“鸡冠花”，不等了，马上投邮。

湛　5.7（1977）

前信（四月六日左右发的）要你买的药是：

川芎一两、海螵蛸三两、枣仁三两、白鸡冠花（多多益善）、向日葵茎。

七日上午收到复信，我估计你出外工作去了，正对。枣仁尚存一些，不急需，慢慢设法好了，向日葵杆也可无，因第一专治药是鸡冠花；若仍治不好，则试向日葵杆，我盼望的，以后再寄些鸡冠花！迁屋重建事，我前说的话一点没错了，今后已建的非挨整不可，决不放松，此间近对贪污、盗窃、损公益私的都判十或二十年。西、北两区判了廿几个，接下恐更多。你下乡搞一年工作，好得很，是得锻炼，四十来岁的壮年人，正该如此。阿贝乐观得好，我喜爱那种性格，人在精神上必须坚强，垮不得，我的处境可说到了底，但精神永不垮，最佩服刘备的“败而不馁”。这几天又在琢磨《西厢记论》，就因气不馁。包裹单到后再写。（5.7）

温州“青黄不接”，自然供应有问题，这里最近也十分缺，鸡、鸭、鱼、肉都缺，尤其鱼，没鲜的，连咸的都买不到。猪油没配了，很伤脑筋。过年时她的侄女送来一只鸡，良种鸡不生蛋只长肉，来时只三斤，现在六斤多了，拟“四月初一”苗生日杀了吃，苗 9 日可由“井岗〔冈〕山”回来。

“乌贼板”可以不制作，以后洗净了存起来，有便就寄给我。此药补肾，可制“胃病药”，现在所谓“204”“胃溃灵”之类药主要成份就是它。我的胃病大大减轻，即发了，也不厉害，就因几年来吃过不少“乌贼板”制的药片。我有一个斤多重的“明府干”舍不得吃，套在塑料袋里，因想起拿那块大板入药，才发现老鼠咬破袋把明府干吃去大半只了，真可惜！苗昨旁〔傍〕晚回云“木耳”井岗〔冈〕山有，惟作装饰及卖给外宾的。实则外宾未必吃它。包裹已收到，勿念！

湛　5.9（1977）

18

评：

信到，教中学事现在起可以考虑了；不过拖到明夏也可，只教育被破坏得最彻底，总需两三年时间才能上正轨。你终身的事业，该是教书，可以从扭转混乱局面后几年走上岗位，到那时学生树立起“读书有用”思想了。趁未恢复教书时抽空多读几篇古文，无书，则从《古文观止》里选来，“四人帮”搞愚民政策，凡是民族的优秀文化必破坏，“文化大革命”既然以宣布砸烂“四人帮”胜利结束了，以后中学重国文，且尊重古文。几个月来教局办进修班，选文颇多是《左传》《庄子》的，当然，连我处也有高中教员来请教了。清查“四人帮”还在继续，有“除恶务尽”之意，那些被隔离、停职者都是“有明其妙”的。（8.29）

各大学也许都停招生一年，加强中小学，我看十年后才能有真够格的大学生可招，你走上教书岗位更可慢慢来，迟两年再说也可。阿心说温州供应还是困难，究因何故？这里也不如往日，尤其是鲜鱼缺。扒手仍然多，打杀事件也还有，恶习很难改。

华主席政治报告离末了不远处，有一段说审干中遗留的问题都须尽快地安排、做结论的话，也许是指廿多年来所有遗留问题，不仅止大革命期中的罢？我如此猜想，幸而猜中，则禅师在年内也会有望。两月前传武汉集体解了在农场劳动二十年戴右帽的六十余人，在各单位及街道尚有数百未解，据说也将集体解云。近得在合肥的表弟信云，他的姨妹及其夫，在农场，也有很快解的消息了，而此则毫无动静，共还有五六百人。（9.1）

这信拟等些时发，但估计最近不会有新鲜话可说，要是生活上会有什么变化，至早也在年底，那末，此信就在一周内发了。你在乡工作约在何时可了？这一个月来温供应有些好转否？（9.11）

这里拟重办“进修学院”，正在寻能教古典文学的老师，证实此后能教古文学的人吃香，切盼在诗、词、文上用一年功，将来去教书，一定吃香。因一学生（中大史系毕业）要我教他，送来《庄子》《史记》《李杜诗选》《杜牧诗选》等，因之有书可读，越读越爱。这里各高中都缺教语文教员，就为原有的都不能教文言诗文。此生现教英文，想进修语文，将来设法到中学教师进修的学院去当教师，前年我教过他一部《文心雕龙》从头到尾，又教过《唐宋词选》及其他文。

我还算健康，只齿已缺五六个，视力一年来大衰，不能看最小的字了（去年还能看《辞海》上小字）；她病仍未好，苗工作忙。有人才从北京、天津、上海、杭州玩了回来说，只北京供应尚可，他处都不及长沙。天气忽冷，22度，夜盖薄棉，快到秋分，月底住房可能放大一尺，板壁改砖墙，又得多花十几元招待泥木工，不过，长沙已定自四月起房租减半，我住两间，月有二元就够了。人们都翘望着五届人大，开过后，料想一切都更好些，新猷必大展。存稿已整理一过，共约七八十万字，希望年内能好转，则明春可望出手。(9.15)

正想这几天发此信，刻接你爸信，附复在此，有便转去，免他悬念为盼！

湛　9.18（1977）

19

周弟如握：

正拟发给世评信，你信到来。近有点传闻，据云要集体解，非一个一个地办，所以一直不想去报告；又闻邓副总理有一“讲话”极好，可惜此间未传达，不知区委会有听过传达未？评如听到过，望告我以关于高知的话！我给心信所说是极乐观的看法，并非真有把握，估计年底可能有望解，至迟明春（明春二月或开全国科技人员大会，参加的五千人云）。苗婚事，只要我事结束，必立刻就办，目前只有等待。

向评连襟打听一下，该厂出蛋粉、奶粉否？价如何？这里买不到，有人想买。亢凡处我久未去信了。明年在子鳝〔鲚〕、解〔鲜〕江蟹、蚕虾上市的时候能回温，就算大幸，今年底是不可能了，现在还在“只听楼梯响，不见人下来”阶段。即使我能重起，已不能登坛讲学（因得肺气肿病以来，喉音嘶哑，且讲20分钟话就上气不接下气了），只能搞科研了。只望再活十年，把失去的著作重写出来就大好了。

前写给评的一首诗，改了两句，抄下，可见我是乐观的：“廿载徘徊湘水滨，无才无德作闲人。高瞻远瞩忘年老，双眼犹馋待好春。”昨写《西厢记论》序中有两句反用李白《梁甫吟》首两句“长啸梁甫吟，何时见阳春”意：“梁甫吟余，阳春在望。”我确是乐观主义者。

湛　9.18（1977）

20

评:

10.25收你信，先写点，拟等11月半发出，因还在等待。文件不必抄，大致我都能看到。已做起教员来，也好，班主任最好不当，教研组长可当。你的国文底子还算是好的，古文，可读《古文观止》，我认为选得不错。李君来，我就得为他花半天功夫，现教《左传》，确难读，非教他不行。今后古文至少占3%〔30%〕，“教学相长”，你教一年后便知有进步。

想不到温州物价高，这里比温还好些，肉每月每人一元八角，可买两斤；鲜鱼每斤八角到一元两角，不过少有；鸡蛋八角，自由市价一元两角一斤。母鸡一元两角一斤。（10.26）

郭溪中学是否办在张润玉那座大屋里？那是郭溪最好的一所房子。此间师院中文系未解者仅一人，昨解了。看最近会不会全开动搞解的工作。仍然希望在年底或明年一月有可能就好！（10.27）

顷友人得武汉友信云“闻诸右公不久统解的消息”。即长沙近也有类似传说，有说“长沙县为试点，十一月初即进行”。十一月半省人代、政协开会，已见之于毛书记之报告，那末传说也许有点可靠，自然，真轮到才算数。（10.29）

刻得知解事已定，长沙县为试点，下月十日集中某区学习几天。（31）

正在扩大住屋（放宽一尺，木壁改砖墙），一周时间大致可完工。传说可靠性愈多起来，本月底或下月底也许有行动。（11.5）

忽冷，已穿棉衣。下了几天雨，屋未完工，恐还须五六天才行。乐观消息频传，有人甚至说年底肯定有望，此信拟再等月半左右发。此间省人代会、政协都在十日起开到二十日。（11.9）

泥木工真正工作每天上下午各只两小时，拖至今天还只完一小半工，尚须一周才行。我所希望的事也一样，仍不可捉摸，开完人代会（20日）看如何。（13）

修房事一延再延，泥工已了，明天木工来，有一天可完工，了却一事。教部及《人民日报》文（批“两个估计”）想你们在学习，估计形势大好，教育一点大扭转，当影响其他跟着扭转，不过，真好须看明春两个大会（人代及科技）而定。她病初步检查非癌症，但老是不好，仍在服药，你如有办法，望再为她设法三味药各三两：白鸡冠花、柏子仁、枣仁。（11.20）

都说我事快要解决，但仍难捉摸，只有等待。不管怎样，此信在本周先发。我只有气喘病，一到冬天就重起来，天气开始冷起来，已有点要趋重的影子了。初一至高二国文篇目已看到，共59篇文言诗词文，比五六年的浅易多了，容易教，你可以胜任愉快。想想，此信不再等，索性发出，望你在下月初给我复，详告故乡近况，尤其供应有否好转。下月半复你时也许有点新鲜话说，本月是不会有了。

“明府干”价怎样？望告！这里供应不及往日远甚，过去逢年过节总有冰黄鱼、带鱼、乌贼，今年各节都没有来。苗出差衡阳四天才回，昨又去了，约后日回，说衡阳有紫菜，十元及五元一斤的，虾米（次等货都得五六元一斤）太贵了，摆着看，无人买。形势看来会大好，精神上放松多了。

湛　11.22（1977）

21

评侄：

复信到。改百四十多本卷就够忙了，不过教虽忙，自己会因而提高，自比当干部有益。高中文仍选《三国演义》里的“失街亭”一文，往日教此课的都参考我作的《试论》一书中的谈“空城计”一节（尤其湘省各中学教员），我补的《艺术真实和历史真实》曾寄给你，可参考。温州吃“明府干”都凉拌，牙齿不好，吃不得；湘人很得法，喜吃“墨鱼炖肉”，鲜美，且齿不好也吃得下；我有时和肉红烧，也烧得很烂。由温到巨溪已有公共汽车，前不知。三溪应该把各高中并为一个，集中师资才好，分散是不好的，集中后图书馆也可充实些，潘家屋很大，作高中校舍相宜。过几天发此信。（10）

你原来每月工资多少？苗原为区办厂四级工，月41.60，这次限于年资，本没加，因搞革新有成绩，党委负责提出加一级48.50，连附加工资2，米贴1，

营养费3元，将共有54元五角。今天开始喝你给我的茶叶，天气已冷，火炉进了房。此信拟在“冬至”后发。（16）

12.22（冬至）忽在区委集中区办厂及街道的37人学习三天，解了六人，说这是第一批，春节前有第二批，数字会多些。各区共约200人，约共解二三十人，而区以上各单位反未动（如高等院校的），不知何故？这次动是十五六年来第一次，是好趋势。除夕此间省参事室共还有十一人，也解了八人，余三人据说是“顽固者”，还得稍等；并“追解”两已故者。春节前后如何？翘望着！（1.3）

阿贝来信，把你的信也剪附来，知你也加了七元，算教育第几级了？温州指数当比长沙低，47元不易，此间中学教员非院校毕业的都只有卅几元。楼梯响了一阵，我事又寂无声息了，“少说空话”“多做实事”的号召似未兑现，说是“五大”前后会下楼来，恐也只是好心人的空想。此信再等一周看，2.7号是春节，春节前一周总投邮。（1.14）

此间开始“一批两打”（续批“四人帮”和打击投机倒把及贪污盗窃）运动，据说把大革命初期打砸抄抢包括在内算账。前天处决四个，判刑十多个（是以前判了未执行的）。这几天想发此信，估计在一个月内不会有好转迹象，即使有，也在春节之后。这里人只爱吃明府干，任何海味都不流行，望设法点！天冷，下过雪，我因气喘病，有时不下床，整天坐床上。此病讨厌之至，我饮食、大便、睡眠都很正常，好像任何病都没有，只动不得，洗脸都喘。有效的药如“复方安茶碱”“复方新诺明”，药房没得卖，医院控制严，无法弄到。你若有机碰到素心（或托蓓蓓转告），希望她在医院为我各弄几十粒来为感！我的腿力走五六里路是不成问题的，但因气喘走二十步都困难，就是动不得，不动就是好人。周围有此病者数十人，想因湖南气候之故，苗子也开始有了。形势是越来越好，乐观比往日增加，运气好的话，三两个月内必解决。

湛　1.20（1978）

22

评：

23 日收你信，想今明你也收到我在 20 投邮的信，你们对我们的热情，使我全家感动。明甫干三元四角，与此间卖温岭出产的“墨鱼丝”价相同，正想赶发一信要你勿买，可是看到末尾你说寄出了。药齐，够了，可不必再想法。我在等，因所有“高知”未有一个解，反常的，“非知”倒解了四十余，所以只有等，说是春节前后解，传八个字：“全摘（帽），少平（反），安排，调整（学非所用的）。”不知确否？“卅年代”的老友们也一一出头露面了，甚至很多要重掌“文柄”，有些书也开始重印，趋势是好的，真见到“阳春”，总在最近的“人大”及三月间的“科技大会”之后。教书是最好的，切勿回办公室，教着学着，逐步提高。只要我能出来，一定设法寄些书——如《古汉语》之类给你。我坐着是好人，一动是病人，洗把脸都气喘，无事就琢磨旧稿，总想 1978 年能拿出 80 万字（大部著作）。（1.23）

你爸对我是好意，但错了（幼稚的想法），幸阻止住了，不然，“弄巧反拙”。真的到了三月仍没份，我才（向中央）上书，目前只有等待，尤其旁人更不可轻举妄动地写文去，那样做于事无补，而且有害。我唯一的希望在 78 年上期若能如愿，则可再起，明后年也许可以重写失去的著作。阿贝春节由洛返厂后，苗会出差无锡去看她。气喘（肺气肿）无根治药，前信要素心设法的是能治标、使减轻的药。“气喘气雾剂”是临时止一下的（元五角一个，可买一个给你爸救急时用），总之，营养第一。正在等你寄的包裹，来了却是素心寄的，也写“炊花”两字，把我搞糊涂了，索性再等你的来了，一起去拿。

湛　1.26（1978）

这两天暖，气喘轻一半，立春后定可好。饮食、睡眠、大便都正常，勿念！素心寄的是炊虾两斤、治气喘药一瓶。你寄的大概本上午可到罢？ 1.27 晨又及。

包裹拿来了，谢谢！ 29 又及。

23

评：

复信到。“明甫”在你看来不多，这里只要有就欢喜，温岭出发黑的丝都缺货半年了。我把小的送两个给她弟弟，自己吃过一次红烧，一次清炖。阿贝特热情，也寄来拾元，三月间苗可能出差无锡去看她。这一周特冷，下雪，气喘每年到“立春”好转，现虽冷，也没有加重。你为我弄到“复方安茶碱”，更好，可留一半给你爸，每天只须服一粒，可保十二小时（如果是一边白一边咖啡色的；大小的则配着服）。寄给我时切再买“药水棉花”几两一起寄，这是此间两年来没得卖的。（15）

天气转暖，明日“雨水”，气喘已减轻百之七十，“安茶碱”迟些时寄也可。今天稍暖，气喘轻些，过了“春分”也许可以出去走走。“人大”将开，必有“新猷”。此信拟在3月初旬发出。你最好能设法弄到中华书局印《古汉语》（王力编，共四厚册）来读，用两年工夫，以后教高中国文就够了。王原系中大同事，后被北京大学拉去，任语言系主任，留法，译法国文学作品时名“王了一”，“了一”即“力”字之切音。年龄比我稍大些。如我有了办法，一定买来送你。（2月22）

天渐暖，喘渐减，但还有“倒春寒”，故火炉仍在房中。昨出去试一下，初步可以走一小圈了，想“春分”前后会好。总之因年龄关系比去年重了，过了5.20（阴历）满71进72岁。能否好转，就看这三个月内，所以此信拟在20左右发出。（10）

关于我等事，尚寂无所闻，信就发出。望告故乡情况！（15）

湛（1978）

24

评：

信及抄件到，抄件早已看过。据说另有详细办法，我想是真的，因仅据此文不易作具体安排，事情办起来快不了，到今天止街道尚未普遍传达，不过已人人知道了，所有当事人都未得到通知，起码还得一个月才有人下来谈。我在等着，温州谚语，长沙同样，可能我会回到原处，可是恢复一切我才去，否则，请给我退休（不照原薪，减低也行）。徐凤苞是我的拜把兄弟（同年龄，他比我少几个月，同学，庵下人），英文在温州也许须翘大姆〔拇〕指的，半月前已在二中代课，他是60年摘帽的。近来一天到晚招待来道喜的朋友，其实我笑不起来，创伤太重了！我今年恐还不能回温，因冬天温州和长沙一样冷，明年清明大概有可能归扫墓。唯一的希望再活十年，把丢了的著作重写出来，并希望在返温前使苗子结婚！苗在上月二十回到长沙，曾到无锡看过贝姊。（5.3）

那四首绝句气还壮，再活十年是有可能的。八十万字（六种）手稿快整理完毕。《李自成》作者现红得发紫，是我老友，他也是60〔年〕左右脱的，44年我荐他教书，和我同住一屋。近有友晋京，昨来信说现在朋友都才知你还活着，老友们都以为我早在泉下了，真做了一场大恶梦！此间领导小组已成立，首先是须把流散的找回来（许多被送下乡后离乡东流西荡了），办起来问题很多。天热起来，气喘已停，可以慢步走一小圈了，我只有这个病，热天仍像好人。这几天新华门口排长龙争买《古文观止》之类书，风气变了。望好好教书，至少二十年内老师是被人尊敬的。廿年来不进剧院，昨晚开始看一场电影《野猪林》，走去走回并坐看三小时，不觉累，因几个一流演员都是相熟的，而且李少春56年一别，去年逝世，真可惜！此信等有了什么新动静后发。（5.6）

市处理“右”案办公室才成立，开始办专业工作干部的学习班，也许一周后会开始办理。我事究由原校抑此间办？尚未明。本市四区各不同，东南两区快，且将所有人员出红榜，到这类人家放鞭炮，我们北及西区还丝毫不见动静。总之，21年等过了，再等三两月，不妨。（5.10）

戢　5.12（1978）

25

评：

不见你信和茶叶，是否因忙和大女病之故？念念！这里忙于“一批两打三整顿”，我们的安排事又停摆了，想各省都为此一二三忙，据说我的安排归广州原校办，上月底我给中大去一信，迄未复。月初此间有人来我处了解了生活、能否工作等情况，尔后未有动静，那个人总算说了一句同情话：“总算还好，你没有死。”我的愿望实不高，只望有足够我两人生活的费用；有几间空气好、环境安静的住屋；有可参考的书籍借用，便下三四年工夫重写丢了的120万字稿子。至于回原校抑留此都行，其他事都不想做，已看穿了。在此住了21年，原怕上火的胃变为怕寒了，服附子泡姜之类热药都恰好了，胃病发就得服“附桂理中丸”，过半月进72岁。久不进戏院，最近总算看过《野猪林》《十五贯》，下午还去看《红楼梦》。（6.11）

附信交蓓蓓或素心转唐家表娘！安排事恐须等领导班子调整后才办，也许还得等两个月。望来信告我以故乡近情。此间行行搞“展销”，仓库多年积存统拿出来卖，南货、百货店门市兴旺，猪肉不限量，依然排长队。

戡　11下午（1978）

26

评：

昨是我满71岁生日，巧得很，早晨一在农学院教书的（中大毕业的）学生来问《左传》，带来桃子十多个，接下一个邻人送来一个西瓜（这两人都不知是我生日），接下包裹单到了。苗的舅舅和小表弟来吃午饭，主要菜是他在前天送来的四斤半重母鸡，鸡到我家就生蛋。旬日前邻居嫌一鸡不生蛋，我买了，巧在翌日即生蛋，因此吃了一个，还养两鸡，每天各生一蛋，到晚上想上床睡，又有苗的朋友送来蛋糕（这可能是记得我的生日），看来等安排不久会得到落实。不过各省都未安排，京友来信说也一样，因中央未有具

体指示，都在等。（26）

包裹取来，有那么多明甫，出我意外。素心曾给我几十个，你经济那样困难，又为我花这笔钱，使我们心难安，从此以后，我没钱寄给你托买什么，切勿寄东西！一个熟西医，后又学中医的，说气喘病服西药只治标，还是中药补肾药及食物补肾的有效，温州有条件，要你爸平时吃蛎勾、鲭子、乌贼、淡菜、蚌肉等东西，到冬天服些补肾药如海螵蛸、五味子、兔〔菟〕丝子、金樱子、党参、生地、熟地之类，对眼睛、牙齿都有益。写到此，送来包裹单，是素心寄茶叶来。（27）

托转我唐家表妹的信想已转，刻附给素心信，有便转去，再等几天看有否你信？街道搞卫生，今天杀一鸡，可惜了一肚子蛋。你信来了，子鳝〔鲚〕即使有也勿寄，天气太热。明年可能回温吃。（7.1）

戡

这里面馆真会赚钱，所谓“瑶柱面”一元六角一碗，吃的都是青年人，其中大半是扒手，舍得吃，瑶柱即“干贝”。电影早五点开始，夜十二点完，每天加很多场，永远是客满，青年人被弄得似醉如痴，足见文娱之重要。附给苞信，看了后封好投邮。

（1978）

27

评侄：

复到。恢复了原50元生活津贴，正安心地等待中大来人，看来趋势好，十月份会有人来。我只要回到中大，才好把一些万或万五千字一篇的论文寄出去，预定战略是先“四路出击”——即寄给所有的一级刊物发表，一为了通知人以我还在人间的消息；二为了显显身手，我国真治戏剧专史者仅我和周贻白，他已去世了。当然，“挂羊头，卖狗肉”者是颇有几个的。你能否像以前去抄来“11文”那样把最近的“55文”内容弄到？极望你设法来，越快越好！免得有些话重复写，仍要费你四分邮花把给阿苞信投邮，原谅我病手推写太吃力。

在教高中一点上，你是能胜任的，胆须大，心须细，勿太老实，路是人走出来的，只要努力干就行。我有一绝不知已写给你没有？可以看出我还是“雄心勃勃”的：

千秋大业付吾曹，愿与前贤共比高。余悸余生贾余勇，春来又试解牛刀。

戡　9.29（1978）

28

评侄：

信和抄件收到，中大尚未再来人，想不久会有人来。至于我去不去，看抄件后倒犹豫起来了，因我是“保留公职”的，但“离职”后（62年）说我是“作自动退职论”；你表妈是“降级降薪”后请求“退职”的，按抄件得照“第二条”办理，那末，前和中大来人说“我无条件地回去，她则请改为‘退休’处理”，恐有问题。老实说，我不恢复原二级教授及原工资，我并不愿去；她呢，有望得“改正”，因原无“右”的实据，全因我牵累的。“改正”的附件虽未见，但已知，甚至，我也不够格，不过，要本人提出申请改正，我是不提的，二十年都受了，还提它干么！昨晚有人来说，又跟着下达一文了，但不知内容如何。“55”号除有“关于改正问题”一项是新精神外，其他和“烟台会议20条”大致差不多，好不了多少，想以此调动积极因素是困难的。我估计我去纵不是原二级工资，也只能降为三级，如是，我才去；降多了，则不去，请退休。近体健很好，还可以搞十年。安置事想至迟在年内基本完成，耐心等待着，离此到校后必立刻给你信。

我原来想像是：复职复薪；她退休；说不定会像往日一样要我物色一个“助手”，那末，调你来作“专家助手”，为了你着想，可以在中文、历史两系听几门课，等于上大学，三年以后你回温教师专或医专的语文。当助手一年有一次探亲假，另外，我若每年返温一次，你同走，这样，可以和玉燕年会两次，不至于“长相思”了。然而，想像不是现实的，但不可没有。照情况来看不是绝无可能，一因中央决心要完成“四化”，急于调动积极因素；二因中大已招了五名“中国戏剧史”研究生，若认真，周贻白死后，真治此专史者只我一人了；三因前次校方已来过要我回校的人。快则本月底，慢则下月中会再来。

苗的婚事动了，已有七个介绍，就中选了一个，他正在接触，是我好朋友的侄孙女，满 29 进 30 岁了。倘能定下，则明年春节行婚礼。

戡　10.14（1978）

29

评侄：

复信到，未见 65 文，务望设法来！有说是安排的详细办法，不知确否？我走看来快不了，总还得几个月罢？苗的朋友，前天出差杭州、上海、苏州，约十天以后回来，将来一定寄照片给你，我回中山〔大〕成后，他才能结婚。

你说几个“右”友，组织已通知六九年起复，是否“六”系“七”之误？因补薪是不大可能的事。如指明年“七九”起，那末为何不由现在便起〔起便〕复职复薪呢？不解，望告。一般传闻是从 78 年四月“11 文”之日补起。

近有两首打油诗：

北京市委宣布 76 年天安门事件完全是革命行动，感而口占

昭雪群冤正及时，“四人帮”已堕泥犁。是非黑白终分晓，血洗天衢祭相师[①]。

66 秋两度抄家情景，78 年某夜又入梦境，醒后心有余悸，打油纪实

浩劫临头遇二黄[②]，扬言造反理应当。新颁谕旨“破四旧”，顺手牵羊抄抢光。

---

① 宰相兼导师也。

② 二黄者何？非余所爱之“二黄腔”，乃黄口孺子与黄毛丫头也。

温州供应不好，不必寄海味，将来如有可能，仅“明甫干”一物就好（小的好，大的老）。我们安心等中大再来人，也许十二月有可能。

戡　11.28（1978）

30

心侄：

天冷，喘病发，坐在床上写此信，阅后加封贴四分转评侄，省得我另写。北京公安部“改正”样板出来后，传中央有（75）文下来，强调百分之百“改正”，但未知确否？希评侄打听，有则抄寄！广州友昨来信说“传中大共有240人，正在复查”。如此，则我至早须等到一、二季度才有可能走了。

你给我的“复方新诺明”，只剩十粒，今又开始日服四粒，拟请一熟医师来注“青霉素”。如有法想，望再设法“新诺明”，寄时附些药棉，她要。

此间供应甚好，有自由市场，就是猪肉多，我这个年过得比去年好些，可以勿念！温州市场好转未？你和戎家情况如何？剑霞病好些吗？大表妈行走正常了吗？你妈身体怎样？统在念中，希详复！趋势大好，今后必越来越好，人民的生活必逐步提高，国家有救了。

伯字　1.21（1979）

检验方法托人设法，始终弄不到。

鎏弟回温过春节，附纸祈即交剑霞娘转鎏表叔！（23）

31

心侄：

昨收你信，今上午中山大学派人来，我答应月底可以走，那时再派人来接。苗留长沙，拟在四月结婚，我和你大妈不回长，由他舅舅主持婚礼。我到中大后会给你信，药和药棉可不寄了。世评处，望即以此纸转给他看。

我气喘已减轻，因天气转暖故，到广州后一定更会好些，近一周胃痛，也在服药中，到校后一周当给你信。苗想趁未婚前有十二天探亲假，那时和她（姓莫名扬）同到广州玩一趟（约三月下旬），回长后结婚。附给亦龙、凤苞信阅过投邮。

伯字　2.19（1979）

32

评侄：

强力霉素及棉花收到，不知是心侄托你付邮抑你设法来的？天气渐暖，喘好得多了，胃痛也停止了，倘中大十日左右确派人来接，想不久都会好，因此间还穿棉衣裤，广州已穿夹衣。我理想的是得到“改正”，恢复原职原薪，她则办退休，苗子留长结婚（已扯了结婚证来），调职事等再说，中央规定必有一子或一女在身边，只要他愿去广州，随时两口都可调去。看来今年八九月归里不大可能，一因新复职有许多事须办（包括彻底检查身体、治病、镶牙等）；二因表弟七八月会经穗赴美，拟留他住半月；三因经济复苏也须时日，很可能延到明夏始成行，赶吃子鳝〔鲚〕、鲜江蟹、网钳儿。（3.5）

下面给心侄：

听说近中央有文催落实，传有几点：百分之九十几“改正”；三月底基本完成；改正后复原，工资从去年十月补起。此间院校有一些已照办了，有些正在落实。如十日左右仍未来人，或索性应湘潭大学聘，第一书记兼校长曾亲自登门邀请，十分礼遇。总之回中大是照“哪里跌倒，哪里爬起”原则办；留湘是“宁为鸡口，毋为牛后”，可是天气实在不宜于我，此间到四月才能把火炉移出房间，春冬多雨，冷。听说戎对你妈不好，索性住你家算了。你三叔家四个儿子没有一个像他那样为人，阿贝和你同，很好，董家的不幸就出了他。半个月后我再给你们信，此信阅后转世评！

伯字　3.8（1979）

三角草大床席价几何？肉松每斤多少钱？望告！将来会汇钱给你买。

33

周弟：

70元早到，你老是记得公债，以后切忘掉这件事！20元送礼我收了，50元到校后即汇还给你。我自4月5日起病在床上，打针、服药直到4月15日停止，这两天算正常下床了。中大派的人到了，但他还有事要办，到江西去一趟，月底方能回到这里；5月3日我们离此赴广州，那时再给你信。我去恢复原职原薪，不上课，暂不带研究生，医病，搞科研；她复职后办退休。苗子送我们去，便于为我买东西，做点事，一周后返长，下月内结婚。知你们念，就写这一点。

戡　四月20日（1979年）

34

评：

你爸复信及你寄茶叶和信都到了，我大病一月，才好。先注射青霉素退烧，并服白人参等中药一周，却控制不住肺气肿，又用猛剂量——每日上下午各注射青霉素两针（80万单位）、练〔链〕霉素各一针才控制住了，好得比去年夏天还好些，走路喘不厉害了。此病只有如此治，任何口服药都无效，不过发时每天服四环素四次、每次二粒有点益处，主要靠营养，最低限度，每天须吃两个鸡蛋及其他。我现在是：蜂乳浆、鸡蛋、牛奶，并吃田鸡、甲鱼之类东西，你爸，蛋、甲鱼、田鸡、泥鳅、鳝〔鲚〕鱼之类在乡下易办到。我三日走，车票已买，苗送我去，到广州后不易有此类高蛋白食物（广州无甲鱼、田鸡，即使有也贵得怕人，蛋两角六分一个，肉二元二一斤，白菜一角五一斤，一切比此贵两倍）。到后会马上给你详信。

戡　4.30（1979）

35

评侄：

5.3下午七时半开车，5.4上午十时到广州，校已派车来接，现住“中山大学西南区77号甲之三楼下”，信可径寄。房三间，另有厨房、厕所兼洗澡间，坐北朝南，前后都有树木，且有小坪可养鸡、晒衣，阳光空气都好，过一周安下来，再给你详信。你爸爸病只有注青霉素控制，并须吃点营养东西。肥〔服〕任何药都控制不住气喘，这次我全靠注射和营养。

每戡　5.6（1979）

36

心侄：

到此后即附信在给世评信中，不知已看到未？苗子17下午搭车回长了。这一段时间我休养，什么事都不管，一、二把手赴美未回，等他们回后我才出户看看同事们，现在只每晨在房前走廊里打几下太极，在附近散步转圈子。我的主观愿望是永远专搞科研著作，只怕明年起不可能，因中大是全国80个重点大学中18个特重点之一，校答应教育部就各大学中文系选二三十个付〔副〕教授、讲师来进修“中国戏剧史”，那时，只怕推卸不了任务。不管怎么样，今年是会让我休养、写著作的。

这里是十类地区，比长沙高四类，物价也高两三倍，而工资二十多年来不变，物资供应又特缺，吃不到海味（鲜的），真奇！每口每月只配二角钱鱼，连咸鱼都没有，淡菜（干）最便宜，元8角一斤，明府四元多一斤，这些需肉配，肉月只斤半（1元一斤），议价肉二元多一斤，吃不起。蛋二角一个，皮蛋二角六（咸蛋同），香肠二元八一斤，幸这些都可由长沙寄。我要你办的只几样，先将价告我，等收到钱后代我办：①三角草大床席，②肉松，③牛油（白塔油）。茶叶勿寄，这里客来不一碗的泡，是用壶斟，用茶叶有限。

廿一年在长沙，现在看来是大幸，若在此，即使不死也被打伤，我没有受冲击，因廿一年不出门，当隐士，没有人知我在长，所以只“扫地出门”破产。外省朋友都传我已死，可是我还争取活十至十五年，系中五六个老的，我年最轻，三四个都八十以上、九十以下了（他们都挨过拳打足踢，甚至用铁鞭抽），我连劳动都没有，他们都进五七干校劳动，我真是陆定一同志说的“有福之人”。此信看后转给世评。

伯宇　5.19（1979）

广州中山大学西南区 77 号甲之三楼下。

37

心侄：

前给你信要你勿花钱买海味，怎么又寄来明府干？这里自由市场上海味不大缺，以后勿再寄东西为要！这里蝤蠓是一年到头都有的，我生日那天花一元五角买来两个，只是太瘦，无膏；今天买了一张干的巢鱼白，只花三角五。近来每晨在林荫道上散步，打几下太极拳，转个大圈回家吃早点，体健转好些了。校里医务所设备很好，我的血压、肝、脾都正常，X 光透视，照大片，只有“增殖性肺气肿”；又做超声波心电图，懒得去看诊断结果，我自信和血压一样正常的。鋆表叔如月底（六月）未得其女来信，拟请一个月假到我家小住，你要买的什么酶用正楷写来，我交他。温州有元青纺绸及白华丝纱卖否？多少钱一尺？望打听来告我，要真丝的。

我全休，任何事不做，正式休养，先把身体培养好再说，到秋凉才开始写作，主观愿望是专写作，不干其他如培养教师、带研究生之类工作，问题是到明年能否推得了？因教育部想在全国 80 个重点大学里选派二十多个副教授、讲师来进修“中国戏剧史”。

你大妈身体太坏，病了我就没饭吃，因买东西都得坐车去买，所以七月一日起请女工，工资 25 元，连吃，每月得花四十五元左右。你大妈七月起退休，月可拿七十元左右退休金，我因还债，到明春经济才松动，苗子结婚得花几百元。他和莫扬九月会来看我们，住十多天。世评处暂不去信，可以此信给他看。

你妈在戎家抑你家？大表妈、剑霞表娘处代候！明年八月如我身体好，会和你大妈同回温州住一个月，我怕的就是从金华到汽车站一段路，气不喘才能走。刚才接你信，你说的席不知是否可以折的什么“三角草”做的？记得娘娘在时寄来一床4.2尺的好像16元，只怕11.22元不是那一种，是像台湾席，比台湾〔席〕好看，白色，有绿或红格子的，最好你去看一下，当年也许是阿戎去买的，问他一下好了。牛油不要了。你信留着等鎏弟来给他，他不来就寄给他，同时，我可以托学生在港打听，如有，你所可直接去信什么公司联系买。

伯字　6.30上午（1979）

16元，也许我记错，总之是可以折成四方、牌子上写明“三角草”的，不是那种只能卷、不可折方的就行。火速来信告我，寄钱给你买邮。又及。

“三角草”附在此，若一样，就买两床：一红格直寄长沙九尾冲兴无化工厂董苗，一绿格寄给我，都要4.2尺的。

6.30下午（1979）

38

评侄：

明府干收到，以后勿再寄吃的东西，海味这里有，每年只寄茶叶就行。我的身体已大大好转，每晨仍在林荫道上散步，打几下太极，转个大圈回家用早点。透视后又照了大片，证明只有“增殖性肺气肿”，心脏描图，结果正常，血压、肝脏都正常，如果肺气肿气喘能治愈，就全身健康，这点可以告慰。目前依然全休，拟到秋凉开始整理和补写幸存稿。

你表妈已办了退休手续，进行了体检，也有“肺气肿”，心跳是因动脉硬化引起的，医说不要紧，血、胆固醇等都正常，只血压低得出奇，高90，低60，由于极虚弱的结果。这里和温州一样，极易上火（热），吃不得补药，目前注射B_1及B_6，先增加食欲，俟秋凉后吃中补药。两年来的带病未停，在长检查，非有癌或瘤，最近拟再检查。中大卫生所设备完善，比长市立医院还大、还好些，加之医生都熟，长期治下去总会好的。我有两个女弟子在港，对我极关切，正为我寻治肺气肿特效药，若有，当即寄给我。经济方面，到明春才能好转，年内须办苗结婚事，自己样样东西须重置，收入虽多，只够支出。

鎏表弟，我约他在赴美前来我家小住一月，也许月底会来。苗子、莫扬九月来作为旅行结婚，回去时只至亲中办几桌请一下就算，免铺张浪费。现在赶漆木器（是他舅要两个表妹夫做的，一出木料，一出工，计有大床、大柜、中柜、桌、凳，自己漆）。长沙租房比找爱人还难些，就用我原住的两小间。你爸爸妈妈前代问好。

戡　7.20（1979）

39

世评：

信到，鎏弟上月28来，已将你信给他看了。苗上月27出差开封，事毕转洛阳看三婶和哥弟们，正好文萩接母由杭回，未说起到过温州。我只知她对阿戎不满，不知和素心有意见。什么六号文，我不知，因三个月来不出校门，且与校内人也少接触。刻接省社联邀于十日到肇庆星湖玩五天，每天上午开会，就“学术界应如何贯彻五届人大二次会议精神，努力做出贡献”这中心议题展开讨论，交流思想。我去开始与学术界知名人士见见面也好。写至此，她卖〔买〕菜回，“河虾”“黄鱼”，昨吃“巢鱼”。鎏弟定廿日赴衡阳看其侄后回合肥。系里送来一册《中国文学史话》要提意见，自然，我也学乖了，不提什么。还想买本已由出版社印行的《古汉语》一起寄给你，在星湖回来后寄出。（8.8）

鎏弟进城，《中国文学史话》托他投邮，我明动身，回来后还得（19—25）开“剧协”会，知我身体不好，只派车接我去参加一个上午讲讲话。（8.9）

应“社会科学联合会”之邀，10日赴肇庆市（专区）游“星湖”“七星岩”“鼎湖庆云寺”，并座谈学术如何为“四化”作出贡献，今（14）傍晚返校。行前要鎏弟将《史话》先投邮，想已到，此稿颇多“庸俗社会学”观念，备参考之用而已。才到家，省文化局戏剧研究室（主任是我1943〔年〕在四川东北大学的学生）派干部来先打个招呼，说“省剧协”定19—25开会，知我坐不能久，只选一天派车来接我去讲讲话坐一个上午。因我54—57〔年〕在此主持戏剧工作之故。在庆云寺吃了一盆“红烧豆腐皮”，妙的是放有少许“发菜”，这是我28年在温州吃“发菜鱼园”以来第一次重吃，广州有牌价（6.5〔元/〕斤）无货，因香港卖60元一斤之故，国内吃不到了。肇庆市蚊子少，凉爽，我夜盖呢毯。广州仍是29—31度，长沙、开封、洛阳都39—40度。

戡　8.15（1979）

鎏弟定20日赴衡阳看侄子，月底返合肥。

40

评侄：

两次寄书给你，《中国文学史话》及《古汉语》到巨溪中学，收到没有？这么久不见你信，念极！素心去天津学习后来过信。我近较忙，因出版社催我整理《说剧》旧稿，安排付印；校指定提出一篇论文在十一月讨论会用（已赶出交了）；接着须整理和补写《五大名剧论》。八月10—14日应“省社联”邀游肇庆专区“星湖”，并座谈，最近《南方日报》登了报导，因此廿多年关心我之存亡的朋友和学生纷纷来信，为此忙于复信。鎏表弟来我家住了廿几天，回安徽了。苗子和莫扬本月十六日来，定国庆后一日回长作为旅行结婚，回长后请亲戚吃一顿算完成了喜事。我的身体除气喘病依然未能治愈外一切正常，最近也许有必要出去走动一下，几个月来都在颐养，最近一月才忙上述整理稿子，开始了就停不下，须到明春才完了，往后就着手重写《中国戏剧发展史》工作，专搞科研，要我担任的指导研究生或教讲师、副教授（别的大学将派廿多人）事，我已谢绝了。因你久不来信，才写此信，望到后即复！

祝

全家安好

董每戡　9.27（1979）

41

〔评住：〕

信到，玉燕病好些没有？不至于要开刀罢？念念！你需要的书只要我能弄到，就会寄给你。能者总是多劳的，今后只要有好成绩，党不会让你吃亏的，年内各级学校都有百之四十人加工资，任务重，有贡献，都有加，贡献大的更有加。像你工资本低，当然属于四十之内，像我工资极高，就贡献大也不会加。

我最近忙于整理人民文学出版社为我保存住的戏剧史专题研究论文集《说剧》，已毕，共得 30 篇约 25 万字，日内就交去安排付印，明春也许可印出。最近中央宣传部来文说第四届全国文代会决定我为“特邀代表”出席大会，省委宣传部问我坐“飞机”抑坐“软卧”，我告以坐“飞机”，并要作好“大会发言”的准备。对我关切得很，我正为此，天天打针、服药，控制气喘并增强体力，可能月末或二十左右会出发。我走，蒂子返长住，因在此老是不服水土，瘦弱甚，想在长吃点要吃的东西，这里花色少，且样样贵。苗夫妇是九月十六来的，十月三日回长，中秋节请亲戚好友吃了七桌，算完成了婚事，仍住二条巷 12 号，房子弄漂亮了，但你写信还是寄“长沙九尾冲兴无化工厂技术室”，他和莫扬的休息日都是星期五（两厂前后只隔一墙）。

名弟落实，文萩已告我，后一步是为贞贞呼冤和她自己请求生活费，中下层都是顽固的，还须多跑才成。像我在此，就有几个英雄反对改正我，敢于违抗省委命令，至今未落实，但压我不倒，省委重视我，中央也对我好，所以我一直不表态，“骑驴看唱本”——“走着瞧”罢。你爸爸妈〔妈〕好！

戡　10.12（1979）

由京返后移住新建三级以上教授住宅，质量较高，外国来宾可以看得的。有四间一厅，约七十多平方，地铺瓷砖，壁下半也是瓷砖的。我免得爬梯，也仍住楼下（共四层）。共四栋，已落成两栋。

42

周弟：

承中央不弃，以我为这一次全国文代大会的“特邀代表”，会是在卅日开起到十一月十五日止，我已定于廿八日坐飞机晋京；老伴在此总是不服水土，因之廿八晚搭车回长沙小住调剂一下。你要登报寻老科长，如《湖南日报》有服务栏可登启事，她一定去登，不过以前是没有这一栏的。气喘妨碍我行动，否则，会到天津看一下在那儿进修的素心侄女，因有一个四十年前的老友在天津当了二十年的司令员，他要我去玩，恐怕行动不妨〔方〕便，只好不去。世评能力强，工作得出色，我很欣慰！他要的书，我能买到的都会买来寄给他。最近我忙于整理人民文学出版社为我保存下的戏剧史专题研究论文集《说剧》，约卅篇共二十余万字，年内可付印，明春印出后会给世评一本。你的落实事，我想会落实，趋势确实很好。你若能吃猫，杀猫吃肉及肠子治气喘罢，有些熟人治好了，我怕吃。祝

双安

董每戡　10.23（1979）

附给苞信，代投邮。

43

评侄：

我十月28飞京，十一月17飞回，不料20左右就病，住院十多天好了回家，因现实使我兴奋，所以精神仍好。此次当代表出我意外，尤其出一些校中在位的57英雄和“文革”中爬上来的意外。他们表面对我客气，内心忌嫉，还想压，他们知中央和省委都对我好，只好假装尊重我。我不是傻瓜，决心今后除中央和省要我做的我不推，校里事一概不管，拿钱养老，搞科研。昨

要我明年带研究生，我以健康太坏为辞推了。这个月需要好好养，苗在长沙已为我买到海参和冬虫夏草刚才寄到，想明日买鸭子来炖了吃。过了年才能动手整理稿子，已整理好的《说剧》已交人文出版社，年来印刷慢，恐在六至八个月后才出书。经济方面到明年上期才能好转，总之 1980 年我还得奋斗一年才行。本想暂不给你信，今天精神很好，趁给素心信之便就写这一纸由她转给你。你爸爸妈妈前代候！

戡　12.6（1979）

我暂不迁东北区新屋，因分配给爬不得楼梯的老人都是“一楼”，窗无铁栅，所以都未搬去住。中大几年来治安大成问题，所以等装好铁栅后才迁，恐得过了年，因中大职员有千多人，真做事的没有几个，迟迟未办。这现象全国各大单位都如此，一个和尚和三个和尚的比喻最有典型性。又及。

44

世评：

最近专在疗养，吃得好，所以健康大增，想一直疗养到春节以后，开始整理工作。温州朋友想要温州师专请我在暑中回温讲学，可以不自出飞机钱，我说已不能连续讲一小时的话了，不能敲这个竹杠。

最近教育部决派卅来个（各大学选派的）讲师、副教授来进修，二月廿四日就来，王君大概内心有些着慌，某夜夫妇来我家解释前嫌，有道歉意，我不能不表高恣态，我说：“过去的不必提了，我早不放在心上，可惜我已不能做报告，你一定要我参加，若采座谈方式，我参加好了，发言一二十分钟我还行。”他满意地走了。

这个进修班到七月半结束，如我健康和经济允许，想结业后飞温（因由金坐公共汽车回温须走一段路，气喘恐走不动）住一个月，蒂子回长住一个月，等我飞杭时，她由长到杭，同亦龙玩几天，看几晚绍剧和婺剧，赴沪住几天，看越剧和沪剧，到无锡和阿贝碰一下面，北上至北京住至国庆后返校，为的需读一些资料，将来重写戏剧史。计划如此，如愿否？未可知。

最近我会寄些我和讲师、副教授们的科研论文（关于汉语及新文艺作品的和我自己的论剧的）给你在寒假中读（直寄巨溪中学）。阿贝春节结婚，有信告诉你吗？在京时一友人子（在北京影片公司的）为我拍一照，附一张给你。你爸和妈健康如何？望告！苗子来此过春节，莫扬已有孕，我要她勿来。校分配新屋给我，不合我的（两人都有风湿关节炎）用，我不想搬，其他人也一样对分配有意见，故停下来，所以最近不会移居。

戡　1.14（1980）

45

评：

我胃痛发躺在床上，收读你信和明甫干。以前要你不寄茶叶之外的任何东西，不是客气话，一因明府类海味这里都有；二因我和你大妈的“胆固醇”偏高（305），我的“血三脂”都高，其中一项高到500，明府、肥肉都吃不得了。以后千万勿寄，只要“茶叶”。

暑假（七月下旬起）中很想回温一趟，须看那时的健康状况而定，若回去拟住五马街一带的旅馆，不知现在五马街有旅馆否？价格如何？顺便打听来告我！我想在温住一个月。温州还有人力车没有？北京、广州把三轮车取消了，真不方便，有说会恢复。我在北京开会时就为了无三轮车，任何好友都没去看。

你教课不能那么多！领导如何不顾人家的身体？我本有一袋参考资料给你，因等我自己的一篇迟迟未印出，所以未投邮。部派一些高校老师来进修“中国戏剧史”，二月廿六到校，我已答应在座谈时出席，这样，新学期就添点麻烦。刻汇壹百元，还你爸前寄的70元，另10元给你爸爸妈妈过春节买点东西吃，20元给你三女孩各做一件花衣穿。因这里也〇上七八度了，索性不下床，胃痛已好，气喘未好，也难得好，每天服“哮喘片”。我的论文未印出，以后另邮，先将其他寄出。校方认为我的论文水平高，另一“右”讲师的也高，拟将全校最高的集为一册，送国内外有关的单位和人。校三日起放假。祝

阖家康乐

戡　1980.2.3

你爸事就此算了，云南起义的，不少遭遇比他差，过去我一邻居团级，60 年被折磨死了。

致林亦龙[*] 26通

1

龙兄：

忽得手教，喜极！弟仍健在，惟困苦逾昔。66年华盖临头，书、稿（百数十万字）及一切衣物统失去，等于火烧，不幸中之大幸，仅未受其他冲击而已。六七年来靠苗工资月入四十余元度无聊岁月，真是鹑衣百结，饘粥难继。名弟更差，一言难尽，秋在横屿已数年，问题仍悬而未决，他的一切，当嘱由他亲告。名卧床已五六年，挂瓶流脓，至今未愈（脓气胸疾）。他第二子柱南当工人，住“洛阳市老城东大街55号”，兄可去信，他收下会转的（不必写名之名，董柱南收好了）。大子在大连某厂任技术员，下放农村，近得上调，惟不知分配何厂；三、四两子各在洛当工人，小女肺病，则在横屿。

近此间开始贯彻知识分子政策，各院校已在做，前日报上整版登载各院校报导文，不知何时能到街道？一切在好转。急于回信，不能详告我的一切，拟明后将手教转名，我自己则等你来第二信后详告六七年来种种情况，先发此信，让兄早点为我释念。我进66岁了，除齿牙落了几个外，余都如常；她有心脏病及肺气肿，近稍好；苗健康，德文这一二年松懈了，能看作品、翻译。此祝

康乐

弟 湛　十月十七下午（一九七三年）

---

* 林亦龙（1901—1990），浙江温州人。早年与作者共同从事革命活动，后长期从事教育工作。

新街名：长沙北区学工街二条巷十二号。

龙兄：慌慌忙忙此信封面忘写“解放南路”四字，刻退回，计来回共六天，因此把已写好的两纸一并寄出。23 下午。

2

龙兄：

十七得信即匆复一笺，未及详告音问断后一切情况，刻先写点，免第二信来后不能多写。失物时间是 66 年深秋九月，书千几百册，稿百数十万（《中国戏剧发展史》五十余万言；《〈笠翁曲话〉拔萃论释》二十万言；《三国演义论》二十万言；其他零稿及所有研究资料等）。未失稿有《五大名剧论》（五十万言），却又被鼠啮其半（现已补，未完者仅《桃花扇论》最后部分），《说剧》二十余万言（其半存出版社，后增的失三之一，已补完），这就是说劫余仅此两种共七十余万言而已。衣物尽失（床、椅、眼镜、皮鞋都在内），犹如水洗火焚，穷困之情，不言可喻，一息尚存，痛苦万分。幸能达观，兼每晨室内运动半小时，故往日病痛悉已痊愈，惟因气候不宜，新得胃病（今已不发）及轻度肺气肿。两鬓及髭五年来顿呈白色，目力因老、近对消，比往日好些，每饭两碗，睡眠好到八九小时，记忆力则大衰退。写字虽仍用两手推，却能写蝇头小楷，精力尚可日写三四千字小楷，看来还可活五至十年。缺点是无条件继续写作，穿、用物之破烂不堪，生活尚不够，无力添补穿、用物。如此困厄，实非始料所及。

舍弟情况，除前信所告外，是由当“黑鬼”起直到被撵出校，且分文不给（连应补的都不给）一点未告，将来兄去信后会直接告你。亦寒兄在 68 年即有传闻已自经去世，未知确否？秋几次想去看你，因恐不便，故中止。凤苞亦早已无通信，不知近如何？我又失其通讯地点。千里之女的地址亦失去，均望为留意打听！（苞知她家一切。）令爱当仍在西安，令郎今在何处工作？希详告我！名之大、二子均已结婚，各生一女，二媳系一老红军（将级）〔侄〕女，在南昌电台，后下放农村，近正接洽调洛中（其叔现任某军区副司令）。

柱南（老二）极能干，在厂虽为工人，等于技术员地位。名所患之“脓气胸”，据郭老说李白即死于此疾，名“腐胁病”。名脓流量至今未减，颇可虑，加以精神压抑，困状可知。秋与小女在66年亦被害严重，强她们回乡，不久街又扣以“地”，迄今挂着。

弟家不幸中大幸者即无此种噜苏，所失者惟身外物，而痛苦者为经济奇窘、数米而炊及半生心血结晶荡然亡存（尤其《剧展史》为王海宁开山以来近八十年能写自上古迄民初的剧史，此为创举）。幸《五剧论》勉强存下，其中《西厢记论》自许不恶，解决五百年来难题颇多，全稿十四万字左右。倘还能活十年，并有书可读，则或能重写剧史，阿门！（名为我保存下《曲话论释》之初稿约十万字；已印《戏剧简史》可作《剧展史》之基础；已印《演义论》也可作基础再增。）弟之所以苟活，仅恋恋于欲为学术尽力，耿耿此心，未审能得谅鉴否？

忆57〔年〕深秋曾作呈寅老一诗云：“书生积习总难忘，酒后常疏戒履霜。长日空怀心耿耿，连宵深悔视茫茫。浮名已为多言误，大错宁成致命伤？枕上排愁歌代哭，群蛙声里起彷徨。”今寅老已归道山（寅老抗战时失明，62年疯〔风〕瘫，硕学通儒，66〔年〕亦不免被抬出斗，且为该校之第一人），不胜感慨！

弟有为《剧史》立一完整体系之雄心，原定1.《剧展史》；2.《五大名剧论》；3.《说剧》；4.《〈笠翁曲话〉拔萃论释》；5.《元人杂剧选论》；6.《明清传奇选论》；7.《戏剧通史讲话》；8.《老树新花录》。共二百万字计划，自59至65〔年〕完成了百五十万言；余后四种五十万未写，假我以年和条件，当仍了此宿愿也。

弟 湛　23下午五时（1973）

附《说剧自序》供消遣用。

3

龙兄：

等你回信不来，很心焦，刻来了，又不能即复，因10月29跌交，仰翻在地，右手掌整个脱臼，幸接好，天天服药，迄今基本无问题了，但多欠了 30 元债，不成残废为不幸中之大幸。未晤苞，不要紧，只须告我以他的通讯地址就行。兄信，我转舍弟了，所举陈朱例可供参考故。以后封面请仅书“董苗”二字（去“子”字），尤其勿写温人自造之“苳”字，邮递员常为此孔老奶奶造的不满。今世重正义和道义者不多，故沉沦十多年不向人乞援，建议尚须斟酌。近各方情势似渐趋好，再等半年，也许“船到桥间”。这儿也抓出一条似南萍类大鱼，落实政策则大、中学几已都办了，其他单位却如“冷灰地里迸火星”，东一下，西一下，点缀而已，恐要拖三五个月才能“皆大欢喜”。手还得半月才能如常，不多写，将另一序文附上供消遣，此稿近五十万言，幸存，仅尾部一二万字将来须补写。此间温度低到 10 度，有时高到 18 度，近来“天无三日晴”，冷时为多。温州将吃酱肉、鳗鲞，真比莼鲈更美，不知何年月日能到市楼对饮？惘然。

弟 海湛　十二月六日（一九七三年）

4

〔龙兄：〕

读尊复，知苞在搞基建，不知是自己找到在某单位工作而搞基建？抑被动地要他去搞？且搞的是那〔哪〕一项吃得下的劳动？回家又须搞家务，难道爱人不在温吗？均疑而念，希详告！

我因未有变化，最近不拟给他信，估计在三五个月内或能稍好转，那时再去信。手因没有接好，右边骨节突出，变了相，现用力按它仍有痛感，故仍贴跌打膏药，且服云南白药，似减轻，也许再有十天可以全愈。反正目前天冷并无书可读，不写什么，炉边养伤，气候已至 7—10 度，今“冬至”，半月后也许会冷起来到 4、5 度。

昨亦接名信，云正在“三停”（不调干，不收新党员，不提拔新干部），此间虽未有所闻，想亦相同。并云正在开“三级会议”，酝酿实施落实政策工作。此间则传中央有人下来分坐在东南西北及河西区各一大厂（计五厂）和一校（干校）搞落实典型，然后铺开。最近放出一批造字头头，看来似真要开始解决矛盾，对老五类也放松得多，有说“今后无五（右）”，不知确否？此信待元旦前后发，当续写。（22）

刻得两绝，录其一：“荒芜文苑长蓬蒿，古典何能尽粕糟？吾辈崇真应辟谬，老庖重拾解牛刀。”又《纪梦》一绝：“梦中花发千千树，春绣人间万艳图。笑上征鞍试身手，老来犹及壮年不？”又《书怀》一绝：“述作雄心未可灰，多年伏枥待春回。此情若得邀天眷，日暮苍龙行雨来[①]。”（25）

又记起旧作三绝，一并录存：

成《中国戏剧发展史》后作

王氏开山止两章，宋前元后未能详。年来试为通今古，谬妄尚期硕学商。

王氏开山八十年，多人继武缺犹然。穷源索委通今古，愿续新华铺绣篇[②]。

无题

平生百事不如人，常蠹群书尝苦辛[③]。作嫁卅年（27—57）多傻劲，老来笔底愈奇神。

记忆力大衰，诗、词、曲韵书全失，不敢言诗，因动辄出韵。今18日，仍等一周，看有新鲜事物可告者，续写发出。去年七月起中等学校的旧老五几乎都解决了，高校反一动不动，直到本月初湖大、铁院各解一个，其他院校仍无。虽系点缀，自62年以后这还算初次，也是好的，或仅系起点罢？苗厂也解一个，尚有几个未轮到。目前最大的问题恐是年青一辈人不听话，持刀行凶、行路抢劫、打群架等等，时有所闻，且各省都如此。近传贵州白菜六七角一斤，猪肉元八角一斤，鸡蛋角八一个。云、贵、川供应都紧张，此

---

① 用顾炎武“日暮苍龙还行雨，老树春深更着花”诗意。

② 《发展史》六十万言，自上古迄清末民初，补王国维氏之缺，惜全失！原拟续写解放后“百花齐放”盛况之《新华铺绣录》。

③ 恐出韵，试为查对、改易。

间还算比附近几省好些，然好得也有限。刻附一篇《说剧》中某篇的“附说”，因有关温州，供兄消遣。惟只此一份，消遣后附复中还我，等些时候有话说时复，不急。

弟 湛　一月廿一日（一九七四年）

5

龙兄：

示奉到。知伤腰，我们真是老了。我的手虽尚有微痛，无大碍，自去十一月起到本月初止，服过不少补药，健康有增，可释念。

温物价惊人。昨买到冰冻鲜带鱼（四角八），过去来的黄鱼（五角）、乌贼（三角二），今年尚未见此两种。带鱼前几年湘人怕腥不吃，现在人人爱吃，故常运来。湘人素爱吃明府干炖肉，所以逢节有配，今年连配购都没有了。此间供应虽比不上去年远甚，但为中南几省之冠，广州、武汉都不及此，近物价也涨，惟稍涨，不惊人。去年不许点电灯，今年有电了。本月有地震之警，长非中心区，纵有也不至于烈。雨则已连下几月，还得下，每月只有三两天出太阳。上早在去年夏天重视往事，一再下文，惟下舍不得耳。且看今夏秋罢？

长沙马王墩汉墓彩色纪录片，务祈你和苞去看一下，丰富多彩，技艺惊人，当掘出时女尸经〔二〕千一二百年仍如生人，注射药水，肌肉突起一块，渐渐散而平复，轰动世界。当时（去秋）日本考古专家们仅凭新华社报导及几张照片，便大写论文，出了专集，而我国那时连《简报》尚未出来，中央始知落后远甚，要大力发展“考古”，近拨百万元给长沙，拟续掘第二、三号墓。然落后岂止这一门？说不定明年古典研究也会被重视起来。

中大前几年文系被冲重点是容庚（今年81），去年冬三次被召上京，又得重视，中央要他把《金文续编》整理出来；史系是刘节，原已瘫，近稍能走几步了（今73），都很乐观，发现《资治通鉴》标点颇多错处，他正在标点（自动，非上交任务）。这些是新去过中大的一个往日学生告诉我的。

弟虽穷困之至，仍然乐观，只苦无书可读，既不能提高，也不能新写什么，苍龙倘有行雨日，当重写《剧展史》，这是最大的愿望，就是为这愿望而活下去。只要老兄能为我浮白之日，几年之内，依然可以完成二百万字计划。原来自许《剧展史》是我一生著述中之“状元”（惜全失），《说剧》为“榜眼”，《五大名剧论》为“探花”，《演义论》为“传胪”；72年春经舍弟打气，把“五论”中之《西厢记论》整理，意外地提高到成为弟手中之“王牌”，已取《剧展史》的“状元”地位而代之，因多道五百年来专家们所未能道的。此信拟一周后看有何好迹象可告时，续写发出。（12）

温人只吃明府干丝凉拌，极笨，湘人用肉炖汤吃，较聪明。我这些年也爱上了，只用二或三个明府炖一斤肉，连汤可够四人吃，鲜得很，望试试！现在是产地吃不到土产，如红枣，洛阳都见不到了，黄鱼在北京也只五角一斤，炊虾往年常来，近一年不见了，价比温贵得多。此间肉多九角（原八角），不限量，鸡蛋八角几（原七角八分），不易买到，鱼如鲤、鲢、草、熊（大头鱼）半年多来也少，据说都出国留学了，若有都只五角左右一斤。广州每人每月肉一斤（元五角，自由市场为二三元），广、汉人到此都带肉走（香肠元六，腊肉元六）。（3.21）

午夜醒来，惜失稿，痛亡友，百感交集，吟此抒怀

八亿人中一戏迷，独尊小道志难移。穷原索委通今古，究柢寻根辩是非。日食三餐甘藜藿，身衣百结胜轻肥。偷生为国存元气，菩萨低眉我亦低。

希为查微韵有误押否？刻接廿九发手札，挂号稿早到，因等待有善足陈时复，故迟迟未发此信。近此间也已连晴三天，气温骤高至28度，今又雨，跌到15度，这样时冷时热，必须过了“冻死鸭的四月初八”才有定准。忽到暑天，因向无春秋，只有冬夏故；不过火炉已于前天出房了。

上周省委开过扩大会议动员“批修整风”，完毕后始能开展“落实”工作，恐至快也得在五六月罢？前些时盛传有81文件（中央专为解“5”问题而发的），往事被开始重视，也许是事实，惟到实现恐还须半年时间，好事总是慢迚迚的，目前只对待的态度上客气些而已。

湛　4.3（1974）

刻得确息：京中旧“5”全解，条件仅一：大革命六七年中没有跳者（守法者），待看此间如何？苗明日出差洛阳看三叔。

4.6（1974）

6

龙兄：

复奉到，即苗自洛返家之日（17），这次他在洛和叔及二、三、四三个兄弟聚谈了一周。他叔独住，自做饭，问题是瓶子永不能拔掉，每日仍流百多CC脓，食量倒接近正常，目前困难的是经济（比我们还稍好点），事则等待到六、七月能“落实”有份否；兄信，我拟在廿外发信时附给他。我记不起你说的叶君了，像那类事年来到处出现，大致都和温那样宽待到家人，仅此不同（本街即有一例，家人仍旧贯，毫无改善）。

那首律诗内容自己满意，索性照《词韵》例。用韵自由是进步，平水韵把支微齐分开不一定正确，我曾在失去的《〈笠翁曲话〉拔萃论释》之《音律章》论过。我认为最进步的还是艺人们创造的“京剧”只分“十三道辙”，比《词韵》更少部数。最糟的是明代人的《曲韵》，越分越多（《洪武正韵》），所以连曲家都不依照，仍依《中州韵》（主席诗有时也采自由用）。兄体老衰，目力又不好，不必抄韵目，弟给我《辞海》一部，以后可查了。（18）

在川的一个卅年前的学生见诗，也来书说最好不为韵牵掣，又说最爱“日食”“身衣”一联，那末就索性依《词韵》好了（恰同一部）。一个在参事室的已八年不来我处的朋友昨忽来坐，备表关切，并说该室如清的共有18人，去年五月解四人，近将有更多的得解。又说大革命中该室清洗出队的卅余人，近也全部收归队了，足见趋势大好也，且看党生日前，或迟至国庆前如何。（28）

前作“平生百事”一绝后两句现改动如下：

平生百事不如人，日蠹群书尝苦辛。未学柳韩和李杜，年来落笔亦惊神。

在横屿之小侄女已于四月廿三病逝，秋更孤寂了。兄腰伤，不妨试我多年来随时实行练功法之一："两足稍分开站立，转腰，扭屁股。"所以我腰腿都健。此间一太极教师，无事时就扭。近由上海传来治百病的"甩手法"，本屋就有几人在练，我也开始了。站法一切与幼三之"定劲"同（定劲太静，易出毛病，我往日就因站而颜面神经抽起来，后不站了），这站而甩手就静中有动了，前后甩（算一下）由每晨甩百下到三百下，一周来，我已增到二百下了（两手向前平举，向后平举，口中数数，据说由一住院癌症老人甩好了才引起推广）。

两周来东、南、西三区各有一条街解 12345 不少（13、17、15 人），仅北区尚毫无动静，这非谣传，系被解之一人来说的。另一传闻可靠与否未明，是说省委据 81 文件精神另下一具体文（专对"5"而言），有：① 二八开（话属于个人牢骚的，不够"5"格，平，恢复工作）；② 对开（话有属思想的，够"5"格，解，可要求原单位安排工作）；③ 八二开（十分够格的，解，给出路）。等一个月看如何。（5.3）

自我解嘲一绝一律

雪鬓霜髭镜里知，弯腰驼背铁弓姿。精神饱满豪情在，小住韬中岂自卑？

十五年中多二毛，老来贫病债台高。纯钢也得千锤炼，杰士何能百折挠？一事无成余浩气，三生有幸少牢骚。埋头诂戏消长日，义不容辞岂惮劳？

第二句不知这好抑"问天懒学首频搔"好？两联都自喜爱。不过现在叹贫，也属牢骚，不如用"问天"句，兄以为如何？意外地收到手抄韵目，见兄兴致之高，腕力不弱，又心地善良，素重友情，有此四点，皆寿征也，活到八十多是无可疑的。

昨接素心信，知医院全由农村撤回，足见温市执行新政策比此快得多。前周省委正做了大报告，刻学习中，催落实的大字报早上街，昨又多起来，有警告违抗迟不执行者的口气，且看下回分解！名之第三子四〔日〕夜离洛赴温省母，这几天想还在温；第二子出差苏、沪、杭，云下月可来此看我。此信拟在星六发出，留三天也许还可续写。（5.9）

甩手逐渐由五十下，增到清晨三百下，下午或晚一百下，似有好处，很简便，望兄实行！拦路抢手表之风日盛，已至因而伤人杀人者。但也有些好事，如房租减百之二十，有些老年需要吃饭钱的得到安排，不过一切是“急惊风遇慢郎中”，不普遍，慢迍迍的。总之上面是要做团结工作，据说内部曾开过“团结计划”会议。这几天也开始处理由68—71的各案，本屋就落实了一个（因造而被开除戴帽送农村三年多的老邮工）。邻近一街解了被戴1、2、3帽的五个，那末，“落实”步式会快起来，然轮到处理旧案，恐至少还得两三个月。

弟湛 5.12（1974）

7

龙兄：

自西安发的复教早收到，这个时候想已返里。离立冬又只一个月了，天气刚转凉，室内20度左右，想故乡也如此。写至此又搁了一个月，因想兄未必很快回到温州故。刻接十一月六日手教，就可复了。

先说三弟处境依然未变，仅文萩户口在前月中已办妥，但仍住二儿柱南处，吃的东西做好送去，弟只烧烧开水。有时坐着小孩坐的车子，由她推往南处坐窗口，看街上人来人往而已。这里自上月始得中央八条指示，才安静下来，然青少年犯罪事特多，最近可能予以打击，用重典。关于清事，到最近颇多传说，近证实确有其文，是六月下的“20号文”，内容七条，又一拖被拖了几月，听说由省统办，因人员未配备齐，故尚未动。如此看来，纵开动了也须到明春方可完成，因须与原单位联系，文来文往，便很费时。说是十七年来没有错的都解，且安排工作（复职复薪），只好再等待。弟之健康还马虎，身上只有枝〔支〕气管炎肺气肿。蒂子也有此病，因她心脏有病，气喘发时比我严重。今立冬，精神上，较前好些，主要原因是有了“20文”。

前些时曾有两绝：“少年心事当拏云[①]，老来拏云心更勤。但哂儿曹轻

① 李贺句。

薄惯，鹦哥学舌好为文。”“独留冷眼看沉浮，亘古江河日夜流。自喜老来身手健，一刀足可解千牛。”

阿构大概也有六十三四岁了罢？只要不死，我们当有重逢之日，万一在明春真能起蛰，明下期当回乡。我以为温州已安静，既然仍乱，想也不久可安定，因主席说“大革命已经八年了，以安定为好”。近读了一些法家的文章，其他事都没有做，工具已全失，整理旧稿都不可能，自然谈不到新写什么了。兄晤构时不知有提起我没有？

去年奉呈的一律，因最后两语已改，重抄在此：

八亿人中一戏迷，独尊小道志难移。穷原索委通今古，究柢寻根辩是非。日食三餐甘藜藿，身衣百结胜轻肥。砚田自力多新解，笔挟风雷立说奇。

弟湛　11.8（1974）

8

龙兄：

6.16日名弟发信给我说你离杭经沪回温，托你转给构、苞信请接济我，事先未对我说，16才写信告我；不料18收到该信，他18子夜一时许就去世了，无异一闷雷，使我悲怆难已！苞自己也不裕，居然在七月一日兄去他家后即汇来60元，足见够道义，石交也。（7）

以为最近会有兄信，至今不见，索性再等几天。我和她的体健还好，可勿念！

近遇一熟人，始知三年前上有命将“5”统解掉，他便照办了，近三年他调一中央厂里，故不知为什么别人都不照办。这就是成为夹缝里的牺羊，如不再夹，或能从墙上取下来办，也许年内还有点希望罢？你离杭后，听说杭又出了事，所谓“安定”还有待。温市除自由市场猖獗外，没别的惊人事故罢？名弟病情自三月份起趋坏，只想到杭和兄见一面，可是不能走，你有一信附诗的，他读后便嚎啕大哭。他61年特来长看我，而我在这些年限于经济不能去看他一次，终于重逢无日了，这是我终身大憾！我和蒂子近来健康，我清晨五时半即到附近青少年宫森林里甩手、散步，七时返家，虽近，来回也有五里路。信到后，希即详复。

弟湛　7.18（1975）

上午写成此信，拟明晨散步时投邮，下午即得 14 日手札。名之逝去出我意外，以为还有一二年活，不料已油尽，灯自然灭，好在四子均已能自立，他也已年过花甲，不能算夭了。不过和你、和我都不能在生前见一面，不能不使活着的想到就痛苦。下午又及。

所云“无物不……，无事不……”两语是确切的，不过比起此间还不及，几乎月月有奇闻。前些时出现了一个“幸福团”，一个“快活团”，成员全是“高干子弟”。前者十三个年青人，光奸女人就有百三四十个，结果是“死刑不上大夫之子”，只判点徒刑了事；后者十七个，不知如何发落，人们都懒得提了。本里仅五十来户，偷扒、盗窃、打架、杀人的二十来个（有一两个已判刑），大致都是关进，放出，有十进十出的。因为出身优越，女的当“驴子”（暗娼），十三岁到十八九岁的，据说有牌价三角、五角一次，地点是防空洞、下水道等。都穿“的确良”“三合一”之类衣服，父母都装作不知，也是以好出身的为多。十二三岁女孩“打胎”的常有所闻。年青人开口就是骂娘的粗话，女的也同，极时髦。我们这批六七十岁的顽固脑筋是看不下去，但也许这些都是“革命行动”。天气很热，一般是 34—37 度，只供应比附近几省好些，工业生产是排倒第二，倒第一推贵州，贵阳几年来黑市为全国第一，温州还是小巫。19 又及。

两次都因邮局重要会议提早关门而带回，索性补充：今有五大卡车游行，前二车两边站挂偷盗罪名牌的家伙几十个，中坐武装民兵，后三车等于百货陈列柜，衣物、手表、乐器、木器等赃物；前头五六辆，后头五六辆，民警骑机踏车开路和护送，所以个个觉威风，笑逐颜开看行人。此种游街在此是家常便饭，隔半月一月就有，温还未见罢？附近民兵指挥部抓到一个十二岁怀孕的女孩，原来跟一十六岁男孩在下水道里搞出来的，十二岁，真进步！刻接文萩信附你及名给阿构信。20 日。

9

龙兄：

手教悉，但所说“前月给你信”，则未见；苞弟处已去两信了。总理噩耗于九晨广播中得知，不禁泪下，一绝哭悼：“纵横排阖建殊勋，世界同钦德望隆。众庶都如丧考妣，八音遏密哭周公。”56〔年〕四度面晤，俯仰之间，近二十年，今成永诀，痛何如之!

我的处境三年来已变，除经济压抑外，一切平平，一言以蔽之曰：“不闻不问”，可以放心。近数月原有厚望，不料插曲：批奇谈怪论，影响所及，至于搁浅。前天此间院校才传达了23、24、26文（除25关于陆事外），看来过了春节会展开运动，那末，搁的时间不能不拖长，且看春夏或夏秋之交有何好转？问题仍然是经济，其他坏处想不会有了。

嫂夫人得癌症，确否还须待考，因现今医院一开口就是癌，都未必确。我五年来见多了，大致都是“乱说一通”，不说癌不过瘾似的，还是坦然置之为妙。人忧郁不得，忧郁最易使人生癌（总理、陈帅伉俪、苗之德文老师及家母都不例外，我对一切置之度外，所以未生癌）。嫂夫人并未受惊恐、忧郁，我想不至于生癌。

温仍未能如人民所望，可浩叹！所说钱很远，但终无用。清禅师曾有一偈预言：“昔日英雄今狗熊，建功立业早成空。难穿鲁缟强弩末，毕竟黔驴哭技穷。”日后定落此果。

弟愿望虽又受挫，却气未衰竭，乐观依然。近有一绝云：“异彩多姿数晚霞，暮年心境也如花。虽因贫病除烟酒，偏嗜犹留喝好茶。”也许仍有后望也。（25）

湛　26日投邮（1976年）

据美国医学界说乌贼具有“抗癌素”，温州有条件吃，明府干炖肉汤，也好。

10

龙兄：

前复想早已达览，故乡情况已由他人来书中得知大概。嫂夫人近况如何？

时在念中。春节吃运亨通，送东西来的戚友很多，可说是渐有起色的第一个春节。这几天街道忙于成立“向阳院”，所属居委会的各巷都先后成立，今天我们这条巷的成立，住屋的小堂屋也打扮起来，我住室门上被贴上红对联，上边贴双喜字，出乎意外，也许是机微之兆罢？隔壁回来一个被宽大的伪宪兵队长，人们不少到他家道喜，赞颂党的宽大。

附近一巷叫“赐闲湖”，巷内有井，上题隶书“赐闲湖古井”五字，往日有《过赐闲湖古井》一绝，再度录呈：

心非古井岂无澜？伏枥多年未卸鞍。梦里驱驰绝大漠，醒来犹欲上层峦。

今得一绝：

赐闲湖畔徜徉久，终日人闲心未闲。诂戏自寻闲里乐，生才有用一开颜[①]。

另一绝：

冷眼静观世事明，坎坷不必悔今生。是非黑白糊涂账，且待他年有定评。

今“惊蛰”较暖，但须过了“四月八，冻死鸭”，才真暖起来，所以火炉仍在室内。此信拟再等二十天到月底才投邮，也许那时有些新鲜话可说。（3.5）

月初起日夜不停地下雨，今放晴就感觉暖和，看来到月底或下月初旬会有些新鲜话可说，想最近你也会觉得如此罢？（3.16）

前信我曾告这几年对我们不问不管，今忽居委主任带办事处干部来，说要组织学习，周一次。想是又把这提到日程表上来了，且待两个月或有好转可能。（不过我原推测在夏秋之交，这样一来也许提前在夏天罢？）近温市情况想好些罢？这儿是上个月街上有大字报，这个月渐减而至于没有新的贴出了。物资供应则紧张，尤其蔬菜，今起发临时卡片（隔天买一次）。肉在前几月是大量供应，从晨到晚都有，且一次可买十元二十元，所以外流邻省

① 李白句：“天生吾才必有用。”

极多；上月起晨起至十时才有，下午就没有了，且一次只许买二元，排长队。听说西安一如川、贵，什么都没卖，芹菜都卖五角一斤了，想令爱当已函告。

我自去年到今健康不错，乐观依旧，可勿远念！近仍然是把一些旧稿拿起读而又读，希望再有所提高。三月这一个月没有一天不下雨，春分还下雪、霰，今天总算出了太阳，等暖和起来，就想每天出去散步。火炉尚在室，棉衣还在身，至少再过一个月才有暖的希望。阿苞处望以此示之，不另笺。

嫂夫人病如何？我是不相信她生癌的。生癌的，据我所知多受过惊恐，长期思想抑郁才生的，上个月老友冯雪峰也因癌去世。在温最好多吃乌贼，即使干的如明府干、乌贼枣都好。

弟湛　3.30日（1976）

11

龙兄：

尊复到此已过一个多月（四月初），因突触巨礁而搁置起来，故无言可告，致迟迟不作书，想兄亦必意料到了。所谓“命途多舛”“夜长梦多”，即此是也。惟仍不放弃夏秋之交的预测，耐心等待，“精诚所至”或能“金石为开”。气候已转暖，晴日穿单，雨天尚得穿卫生衣，已开始出门散步，体健还好，气喘早停，胃痛也止，睡眠大好，仅饭量不及去年耳。

嫂夫人近如何？不管是否癌症，年过70者以不动手术为佳。所示诗作，我爱后半四句，公道自在人心，历史将作见证，非人力可左右也。我的“韧性”，亦即由此信念来。很快又是端午节，无论如何，在节后一定把此信投邮。道路传闻，杭、温都乱，不知真相如何？此间尚安定。

晨起得四句：“垂老豪情尚满胸，苍茫独立战寒风。精诚坚可开金石，文苑花时再建勋。”

忆起刘禹锡《酬乐天咏老见示》中“莫道桑榆晚，为霞尚满天”壮语，又得四句：“俗说人穷志不穷，为霞散绮满天红。手中一笔堪驰骋，余勇犹能立大功。”

近无工具（书籍）可述作，只得将《西厢记论》及《桃花扇论》（自以为平生最高水平的述作，共三十万字）重读一过，甚为得意。倘能再活十年，理想定可实现，乐观地等待着文苑花时（料当不远了）。写到此，一上大老同学（前年去世）之爱人自武汉来，偕其舅母枉过（其舅父系主席之老同事，今年85岁，尚健）。人活至八九十岁者长沙不少，我想我当可等到文苑花时也。恐你和苞挂念，不等节后，提前发出，晤苞时希转示之！

弟湛　5.30（1976）

12

龙兄：

手教与苞弟信同时到此，知兄已到杭，我早已告文萩不日至杭，将来去信当再告知要她去看你。故乡每况愈下，而别处都在恐震中，近预报常德，正在疏散，如猫鼠同逃、鸡飞上屋之类现象频频出现。若确，常德到此之距离，正等于唐山—北京。又传广东直到福建都有，因而提倡法家精神的都不免惶惶然远避，而非法家的海湛则如法家王安石所说，“天变不足畏”，每晨外出散步，锻炼，得过且过。（17）

读《旧唐书》将完功，暑热未退，仍为35度。前告所作绝句，韵不叶，后改了，再抄如下：

有感于刘禹锡“莫道桑榆晚，为霞尚满天”壮语，得句

俗说人穷志不穷，为霞散绮满天红。手中一笔堪驰骋，余勇犹能立战功。

百炼千锤心尚雄，苍茫独立战寒风。精诚坚可开金石，文苑花时重建功。

韧性当师不老松，风吹雨打自从容。华年狂想依然在，豪气如虹尚满胸。

天地生才秉至公，人间安可计穷通？当年豪想匡时意，犹在依稀梦寐中。

乡思三首

故乡风物最宜人，膏蟹鲜蜻味可珍。凤尾鱼怀满肚子，蚕虾软甲世无伦。

故乡山水有佳名，雁荡幽奇海内惊。昨夜龙湫飞入梦，枕边忽起撼天声。

谢池春草年年绿，月夜花朝入梦频。我亦有家归未得，痛心追悔负慈亲。

读《文汇报》载骂高则诚手上沾满浙闽人民鲜血文，不知何所据而云然，感赋

随流批判作英模，加罪之辞何患无？一旦报刊显身手，封官得禄喜山呼。

假冒马恩与列斯，长篇大论骂人辞。江潮退后应追悔，苦脸愁眉涕泪垂。

苗子六月初出差上海，见到姑妈韵璧，知文奎在旧金山当律师兼教书，次子也在当工程师。长子在川一厂当技术员，近全家避震返沪了。三子在上海厂当工人。苗 6.23 返，经杭见过三婶及大表哥，经金会到二表哥。7.17 又出差上海、苏州，8.6 回来了。刻知常德已有三级震，成都附近有几县大震，且下雪。天变如许，奈何奈何！

弟 湛　8.19（1976）

13

龙兄：

正拟发给文萩信，兄信到了，因而此信附给秋转你。此间供应虽不及以往远甚，却比任何省好（除北京、上海外），秩序也较正常，只小偷多，杀人事件逐渐减少了。至于恐震心理，半月来渐减，我则更不把这放在心上。

近得两绝：“我本人间一蠢驴，坐无车子食无鱼。此身之外无长物，却喜胸藏万卷书。”“昔年曾效唐生哭，今日谁怜范叔寒？困踬幸能留锐气，兴来上市买新鞍。”我想还有兴来之日，当买新鞍配老马，驰骋于战场也。

故乡太不像话，但终有一日安定下来，我以为时不在远。近没有给苞弟信，仍然等待有可告之事时去信。《旧唐书》标点本新印的共十六厚册，还有两册未读完，获益匪浅。气温在廿四五度，夜可盖薄棉被了，下月可能真冷起来。苗还是早出晚归，只在家吃一顿晚饭，原定又出差上海，要他到杭再看三婶，并要她带去看你，就因知沪、杭有预报，我不要他去，已由另一姓黄的去沪了。祝

康健

弟湛　9.20（1976）

14

龙兄：

两次手示均奉到，因在思想上有所期待，拟俟稍得好转时写信，故未作复。现在虽仍渺茫，却总觉有点希望，如上周此间师院忽有两熟人作龙山之游，得步参军后尘，因而，秋凉也许能有好转之望。

蒂子病白带已两月，迄今未全好，日来又打摆子，倒是心脏病没有发。嫂夫人直肠癌只有土郎中的草药试治，西医是无法治的。苗工作忙，昨又出差了，领导看重他，虽在区办厂，我以为“宁为鸡口”。我逢春夏秋都比冬天好，近来算是健康的。此间已热到37度，还是开始，前阶段多雨，涨大水的地区不少。久未给苞信，不知温州近况如何？你若去信，希代告我的近况如常为盼！文萩返洛后未来信，他是以返洛为对。

半年来也哼哼，选录几首：

砸碎“四人帮”后，悼敬爱的周总理

为国忧勤数十年，盐梅鼎鼐善烹鲜。人民心里存公道，不朽荣名世代传。

偶感

廿载徘徊湘水滨，无才无德作闲人。风神矍铄忘年老，双眼犹馋待

好春。

斩棘披荆二十年，心期得见艳阳天。老来应了平生愿，重吐胸藏剧史篇。

闻杨君由红变紫，由紫成黑，感而口占

当年若部为牺聘，今日何来曳尾羞？白了须眉忘叹息，长留冷眼看沉浮。

夏历五月二十日满七十岁，题《西厢记论》稿后

初探西厢粗有知，敢为古作释群疑。人生七十童年始[①]，恕我胡言欠审思。

人生七十童年始，今后应多少壮时。整顿旧鞍旧辔蹬，冲锋陷阵再搴旗。

自我解嘲

我本人间一蠢驴，坐无车子食无鱼。此身之外无长物，却喜胸藏几卷书。

乡思三首

故乡山水有佳名，雁荡幽奇海内惊。昨夜龙湫飞入梦，枕边忽起撼天声。

故乡风物最宜人，膏蟹鲜蜻味可珍。凤尾鱼怀满肚子，蚕虾软甲世无伦[②]。

谢池春草年年绿，月夜花朝入梦频。我亦有家归未得，痛心追悔负慈亲。

弟湛　7.14（1977）

---

① 俗云："人过花甲，又成童稚。"我方七十，恰在童年。

② 世界凤尾鱼少子，唯"子鳝〔鲚〕"为第一；虾均硬壳，独蚕虾举世无匹。

15

龙兄：

前教收到已一个多月。今年秋老虎比伏中更热，近下两日雨，“一雨便成冬”（此间向无春秋）。金、温近况不明，料想当有好转。此间一直安定，连小规模的蔬菜自由市场也取缔了。因两手见冷风即极痒，以后每晨不能出去散步。（9.20）

文萩到大连看大儿，来信附兄 7.18 复她的信，宾弟最近会出差北方，顺便过大连偕她返洛。乏善足陈，此信，再过些时发。（10.2）

国庆宴会，济济一堂，显团结气象，三个月后元旦宴会当更盛大。趋势大好，久不见其名的已出现一半，还有半数，我想也有可能在下次露面罢？（10.4）

已开始盖薄棉被，冷的时间比去年迟半个多月。听说有“老九还不能走”的话，“老九”者，“臭知识分子”也，还有点用处，不是“百无一用是书生”了。事实，宴会上已有了一些，俞平伯即其一。昨又有好传闻，因而此信拟再等旬日才发。（6 日）

不仅人，凡学术、文艺、教育都将有大好形势，传已有六七点指示，要三年内大大开展云。倘清事在半年（长点说一年）一切解决，连苞的英语也大有用武之地，这也就是说，过去事统勾消不算都有可能。存稿尚有 80 万字，只要一解决就有望印出。同时可设法工具——必要书籍，重写失去的《戏剧发展史》。问题是变化多端，不可以常理测耳。苞处暂不另去信，便时希即以此示之！

弟 湛　10.10（1977）

16

龙兄：

嫂夫人已恢复健康否？时在念中！十四日此间一级单位已听过下达的“11

号”文件，要人人听到，日内会在街道传达，主要是右“全部脱帽鞠躬，照行如仪”，不久会有人下来通知本人。喜赋四绝：

山摇地动发风雷，头上箍儿一震开。渊底苍龙惊起蛰，凌空夭矫舞千回。

头上阴霾一扫空，“吾将曳尾于涂中”[①]。弓弢初卸精神爽，跃马郊原试臂功。

噩梦醒时天已明，荆丛斩尽见前程。自珍腕底留奇气，彩笔精描未了生。

大地春来异昔时，低眉“老九”可扬眉。天公许我重抖擞，老树繁花子满枝[②]。

已函阿苞，要他即去报告市统、省统及原单位请安排。此信待几天发出。（4.17）

你几时返温？望告！天气已热,气喘好了百之九十,旬日后可出去散步了。蒂子还在服药。我的下文如何？想半月内可知，那时再给你信。此信到后复我时将邮花剪下附还，邻居小孩要，我答应他了。

弟 湛　4.18（1978）

17

龙兄：

手教及赠诗奉到，一直在等中大再来人，现中央（55）文已下达，想不久会有人来。好在湘省统战部已于九月份将“文革”期中停了的每月 50 元生活津贴恢复了，可以安心地等待。（55）文和烟台议定的二十条好不了多少，只多了“改正”部分，所谓“改正”，即“纠偏”或“平反”，如依“附件”，当有百之八十可改正，但恐说说而已。

我百之七十会回中大，只是“重新评定”工资，那就减低许多，仅低两

---

① 庄子语。

② 指幸存七八十万字手稿。

级也许是最高愿望了，决不会复原，所以日来对去不去一点又犹豫起来。我的大事有三件：1. 为苗子找对象，已从六七个中选了一个由苗接触，如顺利，则明年春节结婚；2. 是走上岗位后始将存稿发各一级刊物发表，后集了印书；3. 依“那里跌倒，那里爬起”的道理做去，希望在两年内真正站起来。

近来养精蓄锐，健康好起来了，心情很好，有一绝云：“千秋大业付吾曹，愿与前贤共比高。余悸余生贾余勇，春来又试解牛刀。”

此间供应好，杀人打架之类事少见，年青人都为读书忙了。抓纲治国，已见成效，风气转变之快，真意想不到。由这种实践才能检验真理，林、江等的歪理，已被华、邓旋风扫光了。可喜之至！

弟湛　10.18（1978）

18

龙兄：

示奉悉，感刻之至！我爱人就跟兄一样，疑小二玩弄阴谋，我却始终不敢以小人待他。唐君是小二之甥，惟舅甥之间并不太融洽，或非受小二播弄之故。故乡归老之念，我一直没有，只望今秋或明夏扫扫墓而已。我对来人说养病是出于不得已，目的想避免和小二产生矛盾，因他从53年下期及54年上期整整听我教“中国戏剧史”一年；58年我离穗来长，59年他即以“戏剧史专家”自居进北大教此课一年（实则教的非“剧史”，而是“元剧”）。这两年更猖狂了，去年仅有二人（我早垮，周贻白死）都不能有所为了，他就招收五名研究生，我怕去了，领导必要我带或分带，那就必然产生矛盾，所以说须养病，不带研究生，只搞科研。

前天我还写了二首《拟赠某专家教授》打油诗：“登龙有术吹打讴[①]，著作无才抄摘偷。仆仆风尘卖狗肉[②]，沾沾自喜挂羊头。”“人前不必自夸夸，

① “吹”后括注“捧自己”，“打”后括注“击别人”，“讴”后括注“歌颂红人、上级大人”。

② 北京、西安、温州做报告。

求实精神莫少差。若挂羊头卖狗肉，行家笑掉老门牙。”

安徽来邀，我早已辞谢。此间师院亦来邀，尤其昨（初八、立春）湘潭大学第一书记亲带系主任及教研组长来邀，我正坐在床（喘病发）上，我只好说：“主要是湖南气候不宜于我，所以还在等中大，不过，我考虑考虑好了。”晚上又来了两位熟人劝我决定去湘大，我决心再等中大一月或半月，万一不再来人或不“改正”，我就就此职。（条件很好：只培养几名讲、助；或带一二名研究生，专搞科研写作。不住湘潭也可，在长沙为我租几间洋房；蒂子改退职为退休，如愿再工作就复职；苗子在外语系培养为德语教员，爱人调为职员。）我的结果，至多一个月内可知。大致都会得到改正，苞弟必得恢复原职原薪（起码级讲师七八十元一月是肯定，客气点，应升一级）。

文化部正在筹备为“四条汉子”平反（只是田老大恐不在人间了）。前周梦中作一诗：

梦作悼老大诗，边吟边哭，枕函尽湿，醒后记忆，一字未遗，不再推敲，存其真实

南国论交五十年，艰难剧运曾同肩。才高惯作逢场戏，笔健常挥急就篇。肝胆照人似朗月，深情慰我屈华轩[①]。讵知一别成长诀，诗未终吟泪湿笺。

祝

春天安乐

阿苞均此。

每戡　2.6（1979）

正想发此信，接广州作协友人信云：“初一陈则光来（陈系中大讲师），说听说校方将请董回校，至于‘改正’是不成问题的。”又及。

---

① 62年因公来长枉过，我有一绝纪实：“忽讶高轩枉敝庐，深情慰我陷泥途。相逢不作时行语，只问年来病有无。”

19

龙兄，苞弟：

信已到。最近发现王小二确是小人，去年底六省盟负责人在广州开会，他在湘省负责人面前说了些关于我的坏话，59年他到温、杭、京，我的“死耗”就在他所经之处传了，当年我落井，他下石，居然去年还怕我复活，又下石，因此，决回中大，将来在学术上我就对他不客气。六月全国九十多重点大学及廿几个研究所共招几万名研究生，也许我也带几个；他一辈子未有一篇关于戏剧史的文章，我拟在本年内拿出八十万字六种论著作卅周年献礼用，让他眼再红点。湘大请不到一个教授，和温师院差不多，且为纪念“神”而有，“圣”价已不如昔，将来能存否？还在未知之数，不考虑了。

我在十三发一电去，中大党委会派两干部于十八来了，说定月底再派人来接我去，我至迟三月初可动身，到校后一周必给你信。气喘已因气候转暖减轻，可是这一周胃痛病发，广州可穿夹衣了，气候宜于我，也许病自然好起来。苗子留此，定四月结婚，将来他若愿去，仍可调两口去的。

戡　2.19（1979）

20

龙兄：

两信早到，我正病在床上，前天才停止打针服药下床了。中大接我的人来了，但他还有别事要办，须到江西去一趟，本月底回长沙，我们大概在5月3日动身赴广州。我们都恢复原职原薪，她则恢复后即办退休。我不教课，暂不带研究生，只搞科研。小二并不太走红，因拿不出科研成绩，不过是个注释家，来人说近又和几个讲师选些元剧来注，真有本领。今年正好显身手，一是建国卅周年；二是建校六十周年，十一月举行论文讨论会，邀全国院校派人来参加。看他拿点什么出来。我已决心拿七十万字为卅周年献礼，六十周年提一篇四万字的《论〈长生殿〉的情节结构》。如晤启同兄，希代致拳拳！

弟戡　4.21（1979）

21

龙兄：

5.4上午十时到中大，真有化鹤归来之感！王氏夫妇已来看我，不免有点不自然，我看妇比夫更滑头，当然王似乎想从好处搞，我也该从好处搞。我决心治病、养病，专搞科研，不参加任何社会活动，少交游，少进城，少说话，多写作。中大人比我离开时多几倍，住房紧张，我住的比往日少了一半，不过房前后都有一小坪，可晒衣、养鸡，早晨可练功，半乡村生活，宜于颐养。大概半个月后，生活才能安定下来，那时才写信给阿苞。

此次苗子送我来，便于办一切琐事，十天后回去准备结婚，同时过两月他和爱人来，一是作为旅行结婚，省去铺张浪费；二是为我们办些食物来，此间贵而缺。中央规定教授不退休，我就让养到正首丘，唯一愿望是为学术作些贡献，再活十至十五年就好了。过两月满72进73岁，蒂子也65岁了，马上办退休（先复职，跟着退休）。王亦有龙钟态，似乎和你差不多年龄，忙于社会活动，是红人。我的通讯处是：广州中山大学西南区77号甲之三楼下。

董每戡　5.5（1979）

昨在车上口占："清晨车已过韶关，廿一年来初见山[①]。我笑青山青未了，青山笑我老蹒跚[②]。"

22

龙兄：

正在写给苞信，手教到来，知起居违和，暑中自更觉烦躁，好在住令爱家，老年人有后辈照拂，料不久当可勿药。广州气候也变得不及20年前好，这时早晚虽仍凉爽（约27度），上午十时至下午四时也高到32度（室内）了。我两个月来全休养病，每晨在林荫道上散步，打几下太极，转个大圈回家用

---

① 足不出户者廿一年。

② 气喘走不得路。

早点。体健大有好转，体检结果只有“肺气肿”，喘已减轻，但无特效药使它断根。

物质上算已恢复，精神上还未完全转好，原因是阻力未完全消除，二十年前英雄们依然得宠之故。小二和其他打手们是不甘心的。兄前要我警惕，我确已时刻提防，明知“外头笑语中猜忌”，始终要倒〔捣〕蛋的。校派人和我洽商回穗是去年九月，到今年四月才派人来接我，就因小二等粪蛆们唱反调，所以，拖到省委书记点我的名说：“为什么还不去接 ××× 回来！”才着慌了派人去接我。我 5.4 到校，有关人员都笑脸相迎、客气对待，实则内里另有一套。我一直沉默，等省一级办理，大概还得斗争，拚了养病到秋凉再说。我一到已留一手，我说：“身体太坏，说话已不能连续讲半个小时，今后只能专搞科研著作，连带研究生及培养教师工作都不能做了。”决心今后以养老为主，搞科研为副，其他任务坚辞不干。可是教育部规定中大任务特重，能否完全办到不干？固未明，但我是坚决推卸的，不答应就提出退休（规定教授不能退休）。

蒂子已办了退休手续，体检结果，主要是极虚弱，开始治疗了。苗子和莫扬九月来此作为旅行结婚，回时办几桌请至亲好友吃一顿就算，免铺张浪费。过一个月，再给你信，不多写了。

弟 戡　7.21（1979）

小二踏在我的肩上爬上去，二十多年来成为红人。他于“文革”中又想捞一把，左得出奇，居然参加了校中两个极左的组织之一（老师中他是唯一的），结果两派打架，他被打得头破血流，打断两根肋骨（学生们以为“活该”），几乎送命。但因二十年前有汗马功劳，现在仍是红人，社会上有一大堆头衔，如盟主委、文联副主席等，一天到晚开会忙，东奔西跑卖膏药，写应景文章，自以为是“中国戏剧史”权威，所以带五名研究生，用一助手。要讲师们注解《元剧选》之类，自己写上个主持名义，剥削人家劳力，所以我曾打油拟奉送给他：

登龙有术吹打讴[①]，著作无才抄注偷。仆仆风尘卖狗肉[②]，沾沾自喜

① “吹”后括注“自己”，“打”后括注“别人”，“讴”后括注“上级”。

② 在全国各处做报告。

挂羊头[①]。

爱人比他更狡猾，真是一对！他大概肖虎，比我大四五岁，今年有七七岁罢？胃已切去一半，但是仍然会吃，真怪！三个老婆，共有十一二个儿女，家庭内麻烦不少。他以为我决不能回，但出他意外回来了，又料不到省领导对我很好。可是我不想和他过不去，愿忘却前仇，因而我沉默不争什么，等时间解决疙瘩。存心养老，不争夺什么，两个月来我未出门看一人，连来看过我的，我都未回访。

历史系一友"改正"后，北大马上请他去讲学50天，回校来看我说：盟中央邀在京盟员茶叙，中委萨空了问："董每戡同志还在长沙未回中大吗？"他说："我走时尚未回。"他又说听说上海孙大雨（已故）、陈任〔仁〕炳尚未改正，听说京中费孝通也未（但已当政协委员）。昨得长沙友信云民盟秘书长及民进秘书长都未，不知何故？阿苞已得"改正"否？已拿自去年10月起的补薪否？在温师院是否拿在杭时的原薪否？告我！蒂子是已拿了去年十月起的补薪，七月一日起批准退休（七五折）。我仅拿原二级薪（照理未改正，重新安置须降级，怪就怪在给我原职原薪，显然是怕我吵，怕省委说话才以此把我心安下来），所以一定有下文。我暂不动声色，再等两个月，最后若不改正，想直接给上边信询问。又及。（21）

23

龙兄：

两示均奉悉，因忙，故迟复。"改"仍未改，原因又是两温人作梗（我仅识一姓连的，另一姓刘的我不识），不过，我仍不表态，等到势所趋时估计他们"不得不"。最近半月又出现了对我特殊表尊重的现象，而小王也很奇特，一再表示好意，甚至在学习会（我从未到过，同事告我）上说些冒风险的话，所以大家疑必有新趋势，否则，善于看风使舵的决不那么大胆。（人

---

① 一辈子未写过一篇有关剧史文章，故云。

家都称小二为“晴雨表”，可能他得到什么秘闻。）

八月十至十四日我应“省社联”邀，游肇庆“星湖”，并参加座谈，近《南方日报》报导中提我名并连上职衔，因而多年关心我的一些人都来看我；八月廿二上午“省文化局”派车来接我去对在集中学习一周的戏剧工作干部讲了一次话。我估计到不久的将来，他们会“不得不”，正如一同事所估计，那两温人“枉作小人”。十一月 55 周〔年〕校庆科研论文讨论会，指定我提一篇，已交。北京人民文学出版社准备重印我的论文集，这几天正为整补旧稿忙，且苗子和莫扬来住半月。

你说支援，这是应该的，十月一定寄一点。三弟之女阿贝在“无锡河埒口农机厂”当工人，名“董静兰”，可打电话给她，她很热情，会去看你的。你到沪后来信告我住址，晤阿构时代候好。会西在台因车祸去世了。祝

杖履益健

董每戡　9.24（1979）

启同兄住杭吗？希代道候！

24

龙兄：

复教到，十日发工薪，立刻汇出 50 元。

我在此，有足以使老友放心的优点：① 省一级对我特好，反对的只校中一姓刘、一姓连的温州人，自然是受了小二影响。可笑的是小二最近当人面，甚至在学习会上说我好；又在和我好的友人面前说当时就袒我，为我打不平。友人说无耻之尤！② 校方如系主任、总支书等对我特客气，想是知省书记对我好，不敢得罪。③ 新建给三级以上教授住宅四栋已落成两栋，安排我就迁去住，我说不慌，等几天再说，我也许会出去有事。④ 小二想写而二十多年写不出的，我已交了《论〈长生殿〉的情节结构》三万多字，供 11 月校庆纪念科研讨论会用，明春中大学报第一期拟给一篇《西厢记发覆》，摆点颜色给小二看看。

苗夫妇4日回长沙去了。刻接文萩信，附给你。静兰在无锡当车工多年了，早已离了婚，两男各分一个，未再结婚。你在沪拟久住抑不久便回温？希告！

祝

康乐

弟 每戡　10.7（1979）

我也许最近会因公出去一趟，日来正忙于整理戏剧史专题研究论文集《说剧》稿，共30篇约25万字，人民文学出版社年内要安排付印。我对小二和校里当权者们同样客客气气笑脸相迎，不表一点不满，应付到不得不说话时再说。又及。

25

龙兄：

手教读到。我因中央以我为“特邀代表”参加第四届全国文代会，于上月28日飞北京，本月十七飞回广州，这一次碰到许多二三十年代的老战友，握手言欢，往往落泪。同行的演员们对我生活上都特别照顾，所以没有感到什么不方便，凡是上梯级总有人扶我，每天服几粒止喘药，也就可以了。大会代表共有三千二百人，列席的八百人，是空前的盛会。北京已冷到零下，广州是零上15—20度，蚊子特多。

《说剧》稿此次已带给出版社，惟印刷特慢，恐在六七个月后才能出书。最近就开始整理《五大名剧论》。中央要出《大百科全书》，预定为78卷，二卷索引，共八十卷，计一亿到亿伍字；我被推荐为《戏曲卷》编委之一，明年就得动手。全书定以十年出齐，所以专成立一“大百科全书出版社”，《天文卷》已开始付排。

今后是强调实际拿出成绩来，满足于虚名是不行的。小王专搞这一手，最近又要到开封师院讲学一周，满口温州话，谁都听不懂。他一再向我解释往事，我说：“过去的过去了，我并不放在心上。”

我想明年七月到温州住一月，然后到金华、杭州、上海各看几次戏，冬

天也许会到北京看资料住几个月，张庚、金山两同志答应为我安排住处及助手。致

敬礼

董每戡　11.20（1979）

26

龙兄：

自京返校，病了一场，住院半月，刻已复原，可毋念也。

王君因部派各大学讲师、副教授卅许人来进修戏剧史（二月廿四即来），内心有点着慌，夜九时夫妇来我处解释前嫌，有道歉意，我不得不高姿态，我说："过去的不必提了，我从未放在心上，我做不得报告了，若采取座谈方式，我可以参加。"他满意地走了。我推得太干净，不好，只好撑他腰。

他到开封"讲学"时碰到天起爱人，知最近平了反，可能跟我一封信有关。我分析短遗嘱是假的，并证明天起历任都是代我的，一直工作没缺点，决非自杀，而是被迫害死的。也许他将信交上级，拖了几年的申诉，忽处理了。天起对辛名、对我都不大够朋友，我一直（由68〔年〕起多次写外调材料）都始终如一地为他说好话，我决不歪良心。我二十多年来在死的边沿走，能活下来，我迷信都因没有害人之故。

目前啥事不做，专心疗养，想在春节前移住新居，移居后才动手整理稿子。刻附《学术研究》的抽印本给你消遣。原想避免培训事在五月返温住一个月后，到杭州、上海、无锡，然后赴京读资料至国庆后返校，现在必须等培训班结业（七月半）后才能离校。

阿苞昨来信说搬住师专了，记得原住屋是他自己的，为什么住学校？难道他爱人不在温吗？和王公望通了信，我催他上诉，他和辛名一样只开除出校，不戴帽，辛名平了反，他该赶快上诉才对。各省都是中下层不听话，地区不办，就得上告于省委，辛名就是省解决的。你信，没有说由谁转，我这样写，不知能收到否？入冬，健康如何？希告，毕竟老了，祈多多珍重！

弟 董每戡　12.6（1979）

附在京时摄的照片一张。

致谢宇衡[*] 19通

1

宇衡：

信收到了。因无善可告及对地震采取听之任之态度，所以这么久未给你信，我们一切仍旧，丝毫无改变，去年底给统长一信，迄未复，故只好听之任之了；近有迹象表明77上半年有些处理，又只好拭目以待了。任先生健旺，很欣慰，只要境遇改换，当即通音候。这几年有感即哼，哼过即了，从不录存，颇有些成为《烧饼歌》类灵验的预言诗，稍忆出几首录另纸见一斑。此信索性等过新年后发，也许还有话可写。（12.30）

“文革”开始江就恨张，被冲击，后总理调他到山西任三、四把手，后调回为二把手，迄今华主席还兼此间一把手名义。华也是总理调他入京任国务院办公厅主任的，原为此间省委兼副省长，是由县委、地委干起的，深知民情；任副省长前任文教办公厅主任，对知识界也有些理解。《论十大关系》发表，定有目的。华主席25日报告也颇强调今后政策，想在77年春必有新气象出现，我和你一样可能在上半年有点好转罢？倘果如所臆测，过了春节一定再给你好音。此间供应虽不及往年远甚，仍然比各省好，且支援京、津、沪任务一直很重，近还加了支援四川。缺的是鲜鱼、鸡、蛋、蔬菜，猪肉则每一户卡（不拘一口或多口）月可买八次，每次一元（无骨肉九角一斤），新年加一元及一斤鸡蛋，据说春节配购项目会有很多，强调“关后门，抓生活”。

---

* 谢宇衡（1926—2001），四川罗江县人，1945年考入东北大学（四川三台），后转入四川大学毕业。退休前任成都大学教授。

（12.31）

华报告中点名的“翁森鹤”就是浙省的坏头头，温州这些年混乱就由于他，抓了此人，浙省便大有希望了。苗今年 32 进 33 岁，尚未找对象。（1.1）

新年过了，无话可说，此信即发，春节前后再通信罢。

海湛　77.1.2

七二年某晚听广播钢琴伴奏《红灯记》有感

戏剧山中无虎狼，低能猴子也称王。洋荤开后出洋相，足踏丝弦头顶钢[①]。

由来狂妄即无知，面杖也当火棍吹。压抑群花失艳色，牡丹光杆举降旗[②]。

顺口溜体[③]

雌妖牝怪竟成宝，一口痞腔一肚草。自许才华同吕武，原形现出是妲褒。

七六年元旦示评侄一偈

昔日英雄今狗熊，建功立业早成空。难穿鲁缟强弩末，毕竟黔驴哭技穷[④]。

七五年作

劝人不必读诗书，多读诗书成蠢驴。考试只应交白卷，官封常委有车鱼。

又

平生错在识之无，今古排行同一模。定制元人喜得偶，依然“老九”属群儒[⑤]。

中华有史五千年，代有才人光史篇。但哂后生不解事，眼高于顶蔑先贤。

---

① 京剧属“丝弦戏”类。
② 投降主义乎？爱国主义乎？
③ 七三年作。
④ 十月已兑现此预言。
⑤ 元蒙分人为十类，九儒十丐，故云。

十数年来创作多，千篇一律斗争歌。人分两类正和反，奉旨书成懒琢磨。

读批判文有感

随流批判作英模，加罪之辞何患无？一旦报刊显身手，封官得禄喜山呼。

2

衡：

3 月 7 日收到你的复信，知陆公早已辞世，深为哀悼！然当日已有预感他受不了冲击，我和陆、冯自 1929 年开始交往，情谊极好，冯公想无大问题，当仍健在，惟在八十左右高龄了。任先生也已八十出头，虽不通信，无时不在念中，像他那样积学的老人，现在也不多了。你说 R 会到来，我也如此想；不过觉得为时尚远，今夏若出现新猷若干，方有希望。

你想将来创作小说，我以为不宜，没有工农兵生活体验者写的，确非今后需要的创作，倒不如为古典文学研究尽点力，因五十来岁懂这方面的也不太多，还是在这方面作出些贡献为佳。

我只望今年能解，那末尚可整理出 70 万字几种东西，尤其谈六百年来所有专家学者所未决、未谈诸问题的《西厢记论》（14 万字）。曾有戏题一绝："初探西厢粗有知，敢为古作释群疑。人生七十童年始，恕我胡言欠审思！"后另有一绝云："人生七十童年始，今后应多少壮时。整顿旧鞍旧辔蹬，犹能斩将且搴旗。"

师院一友来闲谈，我说起陆已去世，他说前些时听人说冯也已亡故，不知确否？像在长沙，几乎老教授早已没有，师院中文系最高的一个是副教授（我们在湖大同事时还是讲师，现年龄约五十多岁），刚才来坐的近六十岁，还是讲师。中大历史系老的几乎死光，只剩刘节一人躺在病院多年；中文系只死了詹安泰，还剩两文字、考古的老人——容庚（八十多）和商承祚（近八十）及王季思（七十多）。川大除任先生外，也只缪钺先生了罢？复旦也只有刘大杰、陈子展、赵景深了。所以我望你还是在古典遗产方面转念头，写小说不是你应走的路。你说前几年一人退职，因生活无着而改为退休，旋又被召回复职。该人是否犯错而退职的？我倒要知道。师院友说此间医学院有十三位老教授在批邓时请退职，批准了；近闻批准是不对的，因是院的台柱子，近传有请他们复职之说。总之，再过一二个月，若有转风现象出现，你就该去信辽大，不复，就上书请落实。这两天听广播，似有想赶“现代化”，调动消极因素的萌芽，只看能否茁壮起来了。（3.12）

现在将退休工资提高了，原六折，近改为八折，本屋一人在邮局因病提前几年退休，可支七五折。你若争到退休待遇就大好；不过若肯给你如此待遇，不见得退得成，会改为恢复原位，因真要赶科研、现代化，便到处需要识途老马，别说高校缺教师，中学更缺，老马太少了。我觉得你该继陆公在《文心》上下工夫，写出些文章。前年一个中大历史系卒业的学生在此教中学，他受刘节和詹安泰的影响，愿读几部古书，每周来一次缠着我为他“串讲”《文心》，我推不了，就从头到尾。今年又来缠，而我已失讲书条件（因肺气肿、胃痛，讲十分钟话就上气不接下气，稍提高声音，则喉音嘶哑，且引起心口痛），才劝他自读《史记》，要问的，有空来问。搞“文遗”的必须有新文艺理论底子，你很适宜，五十岁的人，不能再走岔了路，切勿转创作念头！

近给十多年不通音问之在京老友信，今得复云：“承询学术研究消息，弟终日闭门习静，交游极少，孤陋寡闻，实堪悯笑。惟据估料，此事恐须时日，非朝夕之间所能遽改风尚也。”恐积重难返，还得等待半载（起码）罢？与日前喊叫改文风一样，白叫一阵。（3.15）

据日来传闻估计，你四月初旬即可去信辽大，到五月若不见复，便可上书了。

湛　3.18（1977）

希望传闻成事实，此信索性迟半个月投邮。《光明日报》开过教育座谈会，提“尊师爱生”的老口号；《参考消息》载日报云要“两条腿”走路：保留招工农兵学员；并就中学选优升大学，重考试了。看来新猷在四月起会陆续出现，这关于教改的是预兆。此信就不再等，即发出。（3.24）

3

宇衡：

近来健康怎样？我很好。广安君重出茅庐，你可联系辽大了，周前从汉口传来消息：上月在农科所劳动之“右”六十人全解，现住招待所等分配工作，先每月送数十元生活费；但在各单位及街道者尚有二三百人未解。又街道发表格登记非党人员大学毕业者云。此间寂无动静，故疑信参半，不知川中亦有此类动作否？希打听详告！

此间师院中文系助教五六十，竟无一懂古文者，正为缺师资而发愁。市曾为中学教员开了进修班，选的是《左传》《庄子》类文章，看来古典文学会脱出厄运。京友信云出版社正在印古今中外名著不少。湘剧拟演旧戏，惜老艺人已无一存，五六十岁的大部分改业了，行头亦已烧光，须一切从头做起。

这里霪雨兼旬，多处涨大水后进入溽暑，室内温度 37 度，物资供应不及往年远甚，然比起他省来还算可以，川中已好转否？旧稿尚有七八十万字，整理已毕，惟凡引文空白处颇多，俟有书可借时填补。百废俱兴，宏猷大展之日，始和出版社联系，目前仍只能等待。祝

健康

湛　7.23（1977）

4

宇衡：

老是“只听楼梯响，不见人下来”，所以久不给你信，道路传闻了两个月，近又寂无声息了，只得希望明春，“此情若得邀天眷”，仍然在盼望着。闻川中一切在好转，不知你有向统方上书否？即辽大方面，也不妨去函联系。我只能静候，簸去始能复苏，簸去始能将《说剧》（25 万）、《五大名剧论》（50 万）送出。

赵和杨一样恐都沉下去，前年我有二绝云：“独留冷眼看沉浮，亘古江

河日夜流。自喜暮年豪气在，一刀尚可解千牛。”“千秋事业付吾曹，愿与前贤共比高。磨砺待时气未馁，手中紧握解牛刀。”

道路传闻甚多，有云赵之舅子李红楼垮了，而姚先生则浮起来了，又有云周将任文化部副长，不知确否？此间供应大不如往年，样样发券，猪肉每人一元八角（可买两斤），鸡蛋一斤，豆腐干三片等，成都如何？苗因革新有成绩，且任机修班长，虽因年限，仍得加一级（原为区厂四级），今后月可拿 54 元（连米贴、附加工资、营养费），你也加了一点吗？健康怎样？只要不死，总会好转，我想是快了，姚先生就是例子。冬天，我的肺气肿及胃痛必发，近已稍发。七十岁了，希望再活十年，把丢了的《戏剧发展史》等重写起来！祈即详复。

湛　12.18（1977）

5

衡：

复到。冬至忽通知集中学习三天（区办厂及街道的 37 人），后宣布解六人（东南西北及两郊区都解五六人，共二百许人解约卅人，这是十五年第一次动，而区以上如各高等院校、厂及其他单位均尚未动；传春节前解第二批数字大些）。昨听说人大提前在春节前开；科技大会移后在三月开，也许这两会中间有望。赵有否垮？未明；杨在中大，确大垮。李系在三台时赵师母的小弟弟。姚结婚很早，爱人在其故乡，感情不很好，故想另起炉灶，至今才觉还是老伴好。他写旧诗不内行，友人云那访问记末最好不附，可以藏拙。任先生当八十多岁了，居然能健步如飞，慰甚！我的“肺气肿”使我走十步即喘，很痛苦！若无此喘病，腿力尚可一气走七八里路。你今后主要依靠省统安排。此信拟在元月初旬发。（26）

几个月前传广州万人大会斗杨，当时感作一绝：“当年若邵为牺聘，今日何来曳尾羞？白了须眉忘叹息，长留冷眼看沉浮。”

此间冷到零上五六度，气喘大发，日坐灶边，间有一二老友来闲谈。传闻：周及贺敬之任文化部副长；林默涵暂主持人文出版社之“鲁编室”工作，原李何林调任“鲁迅纪念馆馆长”，出版社长仍为严文井，“鲁编室”工作的有秦牧。胡乔木任“中国社会科学院”院长，邓力群、于光远副之。出版单位开始向人约稿，恢复稿费，比往日少一半，著作2—7元，译稿2—5元，只付一次，不许预支。此间参事室原有“右”十一人，忽解八人，并将已故中选两人“追解”，未解之三人据说系“顽固者”，看来不久也会解。趋势确是好的。（1.3）

姚先生之走红超过我所想像，向来党外人不能发表文章的《红旗》也登他的文章了，有人疑是否要树一面奇异的旗帜？因他也是戴过紧箍的人。你，从现在起必须完全依靠省统，可以再亲去一次请求安排川大，也许春天五届人大会后可能办，至于辽大只不失联系就行，安排必由省统。我也等人大，到会后如仍无好转，也拟上书。现存稿子大致可整成七十余万字（《说剧》廿几万，《五大名剧论》五十万字），俟好转后，78年以半年工夫办应办事，如到洛阳一看舍弟骨灰及回故乡扫父母墓，以半年工夫重读书，也即做重写《中国戏剧发展史》的准备工作，希望八〇年完成！此信再等几天发。（1.7）

川中所做的如整顿交通，此间早已做过。明（十日）起展开“一批（续批四人帮）两打（投机倒把和贪污盗窃）”运动，据云先整党内后整党外。极多单位评薪未了，和揭右帽一样又寂无声息了，不知何故？此信不等了，下午若不发，明天也得发，希接到后即详复川中近况！

湛　1.9（1978）

昨得知友人周贻白因受冲击后神经失常，终患“脑癌”，近逝世葬八宝山，治戏史者仅余一人了，心境自然不好。

6

〔衡：〕

读过川省落实知识分子的报道，盼望着你的来信，不知在这关键时刻你已去过省统或省文教办否？殊念念！你毕竟还只五十左右的壮年人，该勿抱由无到无观点，必须积极起来！此间春寒，气候仍冷，火炉依然在房里，因而气喘病只稍减轻，恐过了“四月八，冻死鸭”的时候我才能出去散步，目前还是走动不得，拟再等一周发此信。（3.16）

杨确在中大，被隔离已年多了，他生膀胱癌，开过两次刀，中大近找不到他，不知被保护在何处。说在“湘大”是谣言，其第二子在长沙《科技报》工作。你必须再去省统请求安排，同时该给省文教办一文。全国只安徽、四川重视知识分子，我想不至于落空。

所谓“湘大”，圈地甚广，迄今仅建成五幢职工宿舍，其他则啥也没有，离县城十多里，新开汽车路一条，两角钱由县城到农村校内。四处聘人，本省在外思归者来不少，可惜以助级居多，讲级稍有几个，史系已有十四五人，中文系仅四五人。

关于我事，仍寂无所闻，未卜何时能了结。去冬，我因病只去坚持一日，请两天假，结果各区共三百余，只解知识最小者四十余而已。川中有否另〔零〕星消息？此间传春节前曾下一“全部摘帽”之文，不知确否？连雨一周，冷，故气喘仍然。（3.19）

湛　20（1978）

7

衡：

上月底给你信，不见你复，未审收到否？念念！前天此间一级单位都听过“11号”文传达，规定右“全脱帽鞠躬，照行如仪”，惟尚未通知本人，想也快了，据说人人须听，但不必讨论，当传到基层，又说由中央新华社统一报道，地方报纸不必载。望你马上去省统，并上书省委文教办一报告，请求安排，同时可查本月5日《人民日报》的辽宁、安徽、广东三个科技代表团团长对记者的谈话，尤其安徽省委顾卓新说：“凡大学毕业者，恢复干部身分。”“别省有愿来我省的，需要就同意调进，不受户口、编制限制。”我想川省会重视你的。

近气候暖，有时热到卅度，我的气喘已好百之九十，旬日后可开始出外散步。任先生地址失了，望再告我！苗出差上海、无锡、嘉兴了，明后天会回长。此信到后，即复详信，邮花剪下寄还我，因邻居小孩要，我答应他了。

湛　4.17（1978）

是否由中大安排抑此间安排？未明。而我的主观愿望是：① 照原工资退休为上；② 回原校搞科研（已教不得书了）为次；③ 留此高校为次；④ 仅每月送生活费为最下。大概半月内可明。

8

衡：

两信都收到。11 文这几天内会在基层传达，我已见抄件，有些提法含糊，如无另外详细指示，不易处理；同时当事人希望也不能太大，不过“脱帽鞠躬，照行如仪”是肯定了，差可“皆大欢喜”而已。我仍以为你该直上“省文教办”请安排的报告，并可向安徽省文教办接洽，去年湖大一老同事子在安徽，想调其子来此，此间不答应，他请退休，准了，去其子处，据传万里知道了亲坐车到站去接他。我对你常喝酒一点，始终反对，必须振作起来！

昨得四绝如下：

山摇地动发风雷，头上箍儿一震开。渊底苍龙惊起蛰，凌空夭矫舞千回。

头上阴霾一扫空，“吾将曳尾于涂中”。弓弢初卸精神爽，跃马郊原试臂功。

噩梦醒来天已明，荆丛斩尽见前程。自珍腕底留奇气，彩笔精描未了生。

大地春来异昔时，低眉“老九”可扬眉。天公许我重抖擞，老树繁花子满枝。

到现在止，当事人都未得通知，拟再等一周后看有无人下来。（4.29）

我的事究竟由此间抑中大处理？未明，我想一个月内总有人来谈的。刚

才有人说凡十七级以上的干部的资料袋都存原单位，我事可能由中大处理。我正希望如此。（5.4）

昨（5.17晚）“照行如仪”，21年噩梦真醒了，现在静候安排。有友到京看过周、夏诸兄，说起我的情况，都说：“还在，就是胜利。”夏左腿被打折了，但精神很好，说不久就开文代会，许多问题待解决。近忙于接待识与不识来道喜的友人，任先生处稍待些时去信。天渐热，气喘好了百之九十，可以出外散步了。今后被怎样安排？未知，总之，书已不能教了，嗓子嘶哑，多讲话，心口就痛，只望有条件（书籍、生活费、较好的住屋），就重写失去的著作，不抱很高的希望。创伤太深，笑不起来，再过一个多月满71岁进72，老了。卅年代的朋友都挨过，对老友的感情更会增加，已成的《说剧》和《五大名剧论》今年即使印不成，明年当可印，因朋友们都望我能在这方面作出点贡献，而我也还有余勇。（5.18）

湛

正拟投邮，你信到。未注明“遗作”，陆当健在，你不妨去信试试。我若得到安排，那时也拟去信。我和陆、冯是1928年开始交游的，可以说是我最好的老友，闻此消息，悲喜交集！我在带病延年，但雄心犹在，你正在壮年，该振作起来，不必指望辽大，应请求本省安排，安徽和四川是目前多拨乱反正盛举的省，该马上上书省文教办！！！

5.18下午（1978）

9

衡：

信收到。好久没有给你信，是在等待安排，迄今仍未成定局，只走了半局，就是七月末中大派两人（我的学生，现任讲师）来邀我回校，我答应了；可是去了一月余未派人来接，也未来信。今天起省统部把“文革”期中停发的50元恢复了，安心地等待中大的最后决定。

你说的104号文未下达，传闻很多，都不可靠，同一市各区不同，此间也一样，有四种人都得归队，即教育工作者（此系第一优先安排的）、文艺工作者、医生、科技人员。你必须去登记，同时写一文去呈请速办，勿失这个时机，无正式工作单位的人投稿是决不用的，应重视请求早日归队。第二步才是写文章，退休也不好，勿希望这一着。

张郁有其人，56 年见过面，你说的大概是自吹自擂，大爷人还在，问题不久会解决，其弟常在我处坐，新自京返，也因他晋京遍访卅年代老战友，他们始知我尚活在人间。目前，中央和省的“文联”及各协都还只几个头头，下空无干部，老的干部将来有可能都归原位，因之，张郁有可能归《戏剧报》。所谓拿 40% 退修〔休〕金，传说非指一般退过职的，是指 11 文解的人；104 文恐是一般的退休新规定，已由七折提高到八和八五折了。

我最不同意的是你仍然喝酒，我若像你一样不振作向前看，今天已不能活了，切戒酒！投稿事只能放在走上教学岗位之后，我手头存单篇的不少，所以不拿出去。吉林出《社会科学战线》很有气魄，中华《文史》也已复刊，都比《文学评论》强，文研所沙汀、陈荒煤任正、副所长，余冠英是管古典文学的副所长，出的是双月刊，足见所中作手不多。广州也出了《学术研究》，听说杨近归道山了，这几年未出过医院。任、陆先生处，我仍未去信，拟等回中大之后才写。

朋友们纷来为苗介绍对象，已有六七个，正在选择中，若年内可定下，则明春节结婚，他已进 34 岁了。我和爱人近体健还可以，今年特热，近始早晚凉，中间仍为 28—33 度。

你切抓住目前的好机会，第一书记出去访问已归来，想对落实知识分子政策方面比前更坚决大胆些，必须上省委文教办一文，光街道登记是无用的，那只是“虚应故事”而已。第一是戒酒，第二是上书请落实归队。

戡　9.14（1978）

原说 11 文解的在国庆前基本安排毕，现又说年底了，总之，阻力未减。文艺界有些上层人物都堆在“文化部文学艺术研究所”，如张庚、马彦祥等，《人民戏剧》工作现由张庚抓，中国戏曲研究院会恢复，明年院刊会复刊，刻先招研究生。各大学只中山大学招了“中国戏剧史”研究生五名。你如有了正式岗位，稿不妨投《社会科学战线》，不一定《文学评论》，该刊可能“官气”足些。张郁原是《戏剧报》的一般工作人员——记者，非高级的，有一个同样的“杜高”还在此街办厂当供销。阳和大同样问题未解决，但人已出来，现在天津养病；廖则问题已推翻，满口牙没有了，现病在北京医院。这里11文解的有很多已回原校，但名义都是“代课老师”，暂支43元；小学的大致是原职原薪。武大友人程千帆原被降为资料员，只拿五六十元，早已退休，近被南京大学请去了，也是暂支200（原三级约二百五六十）。说明未有文件下达，所以工资都是暂支。不过，迟些时必有明确规定，才符合“不歧视”，调动积极因素，如不原职原薪，积极性是难调动的，目前只能“等着瞧”。又及。

10

衡：

复信到。大、阳、廖指的是你想的三位，会昌系十发翁之孙。我在62年月拿50元，系廖兄助我，否则，不可能。大爷为五十多年的老友，最重道义的也只他一人，62年来长，居然特来看我，我当时有这么四句：“忽讶高轩枉敝庐，深情慰我陷泥途。相逢不作时行语，只问年来病有无[①]。”“四人帮”将垮前，有一绝思念他的：“遥念东山老谢安，秋风始厉好加餐。敲棋未定安毋躁，纵有热场冷眼看。”

这一周自早到夜，来客甚多，大致都为下的新文件——9.18发“55”文，据传是：①错的可平，党籍可复；②复薪不补薪，复职不复官（长、主任之类）；③不分开除、保留、退职，一律归原单位安排；④失去工作能力者，国家养起来。估计原校本月内定有人来，安心等待。

你省为全国之冠，都说是“紫阳高照”；第二是安徽，人谓“鹏程万里”。并有说向南学习，以川为试点。务须快抓时机，上文省统及文教办，时势显示大有可为，必须振作精神！昨有一绝：“千秋大业付吾曹，愿与前贤共比高。

---

① 依词韵。

余悸余生贾余勇，春来又试解牛刀。”

戡　10.4（1978）

我只要回到中大，就将存的万多字一篇的稿向各一级刊物如《文史》《社战》寄去，然后集印单行本。

11

衡：

我也病，打针服药二十天才下床，体力未恢复，世刚晤你后即来书，适在病中，故至今未复他。我大致五月初四五动身回中大，已得“改正”，因住屋问题拖到现在。你的工作问题如何尚未解决？都说四川好，如何比别处还不如？任先生早已到了文研所，但我仍未去信，等下月初旬陆、任处我都会去信。关于胡的传闻，此间不知。我在中大教出的学生中已有好几个是副教授，世刚更应该。我到校后会给你信。今年我不带研究生，专治病、养病，把幸存稿整理并重写出来，建国卅周年须献礼，且中大建校60周年，十一月举行科研论文讨论会，拟提出一篇《论〈长生殿〉的情节结构》。你必须直接向赵书记上书请求安排工作，勿失时机为要！

戡　4.24（1979）

12

宇衡：

5.4上午重到中大，颇有化鹤归来之感！行前，新调到湖南师院的颜学孔同志来看我，他是高亨和陆先生的研究生，说陆先生已于三月前去世，夫妇存有十来万元，无子女，故亲戚，甚至保姆都争分钱，结果如何？不明。你趁此时机，须火速直接上书请安排，否则永远无法恢复教学，勿泄气！

中央规定教授永不退休，我就此专搞科研到老，连研究生都不想带，决定以后不参加任何社会团体，如文联、剧协、历史学会、民盟之类活动，少交游，少进城，少说话，多写作，争取再活十到十五年，把失稿重写起来。房前后都有一小坪，可养鸡，晒衣，练身体，过半乡村生活，也许会健康起来。系中七十以上、九十以下的尚有数人，上课都是讲师、付〔副〕教授（是我学生的占半数）。半月后才可安定下来，那时再给你详信。

广州物价比长沙高几倍，供应更不如长沙。苗子送我来，住十天回长，拟过两月再偕女友来，一为我带些吃的来；二作为旅行结婚，免铺张浪费。车上口占："清晨车已过韶关，廿一年来初见山[①]。我爱青山青未了，青山笑我老蹒跚[②]。"

董每戡　5.5（1979）

广州中山大学西南区77号甲之三楼下。

13

衡：

苗今天回长沙。世刚处我已复信。你的档案失踪是大障碍，因推荐你去的单位首先要这袋袋的，我想为你试试湖南湘潭大学及安徽淮北煤矿师院看，只要有一岗位，过些时请调就容易了，同时发表文章也容易了。我是希望你搞古典文学，勿搞文艺理论，目前最缺而且需要的不是请教文艺理论的，报刊文章也是要古典文学方面的。（5.17）

全国80个重点大学中有十八个是特重点，中大系其中之一，直属于中央，规划到85年招生万名（包括三千研究生），另外教育部拟就80大学中文系中选二三十名付〔副〕教授、讲师来进修"中国戏剧史"，中大想把这里成为"戏剧文学"中心，请中央拨二百万元建房屋，中央一下就拨来二千万元，现正大兴土木。据说我现住是暂时的，较高质量的新屋落成后移居。我的主观愿望是啥事不管，只搞科研，85年前把失稿统重写起来，能否得到允许？未明。一、二把手赴美姊妹大学加州大学答访未回，回后面谈始能定下来，

---

① 面壁期中，足不出户故。
② 气喘，走动困难。

不过今年是不成问题的，只怕明年起不行。这几个月会让我全休养病，每晨已开始练功，并在附近散步转一圈，整个学校是个大公园，花木繁多，对我身体定有益处。系中还有五六位七十以上、九十以下的，容庚 86，还带三四个研究生，王季思也比我大四五岁，带五个研究生。我复职拿原二级工资，这里是十类地区，二十多年工资不变，仍照原六类地区时拿的；她复职，现申请退休，尚未批下来。（5.19）

本想等半月发此信，为了要知道你愿不愿我向湘大及淮北试一下？如果不妨试，告我原级别，及几时因病退职。并告我手头存有已发表和未发表的论文否。（恐该校要看。）故立刻发出。

戡　5.20（1979）

你现在阀门厂工作吗？彭燕郊被搞成“胡分子”，后摘了“反”帽，他在此间阀门厂当漆工多年，最近始被湘大请去了。到我临走时，湘大还希望我到该校去，太缺人了。

湘大离长沙近，长沙离广州也不远，坐火车只一晚可到，你若能进湘大，我们见面就容易了。且湖南供应好，物价低（比广州低得很多），有百元一月，两口之家就过得舒服（七级讲师，约 120 元）。近升为六类地区，可能有补贴（二十年前六类七级约拿 140 元）。同时，婚姻也易解决。

你该坐下写点东西——古典文学方面的论文，作恢复教学的准备，如教“中国文学史”“文学批评”，专书如《诗经》《楚辞》《文心雕龙》《诗品》之类，湘大曾到处请这类教师请不到，至于教新文艺的到处有人。过去计划过对《人间词话》研究著作，可以搞起来，湘大也需要教“词曲”“戏曲”的老师。若教“元明清戏剧”，更欢迎。我过去主持湖南省戏改会时一女干部，这些年下放在湘潭花鼓戏团，现回长沙省文化局“戏工室”了，曾来看我说湘大请她教，她实则是吃不下的，湘大乱拉人。你如果教此课，我推荐定被另眼看待。湘大虽在湘潭近郊（公共汽车十五分钟），每周可到长沙度周末，彭爱人在省博物馆工作，每周回长沙。那边有我在湖大时的学生（教外国文学）。该校一把手曾亲自带重点的老师们到我家来邀，我还是回中大了，我想推荐个讲师（我知你的修养到湘大会吃香的）是可能成功的。淮北生活太苦（吃杂粮一半），不拟试荐。考虑考虑！现在投稿不用党委会盖印才行了，只要是有个岗位的都行，所以必须快些走上大学岗位。你多年缺营养，所以吃“麦乳精”感觉好，我近也吃它，早晨则牛奶、鸡蛋（蛋是长沙带来的，吃完不吃，长沙八分到角二一个，此间角八到2角2分一个）。也在“打气”，争取至少再活十年，把失稿重写起来，雄心一直存在，我有一绝不知已写给你未？是：“千秋大业付吾曹，愿与前贤共比高。余悸余生贾余勇，春来又试解牛刀。”又及。

14

宇衡：

读信，欣慰甚！照片确很老，多年被折磨，必然如此，否极泰来之后，不久会改变。你的相貌可活到八十岁，又有耳聋寿征，还可大干一番，不过，勿喝酒，早睡早起一定要做到才行。能进川大当然好，成大也不恶，总之以在成都为上，勿到任何师院，专搞古典文学，勿再搞新文艺理论，这方面的修养已够，须把精力用在古典文学研究上。你的年龄离60不远了罢？必须在三五年内写出几本有关古典文学的著作。辽大学报要稿，该写给它，勿记过去的怨恨，心胸要宽大些。我下井时落石的英雄们都还是红人，且最近依然在下石，我并不放在心上。中大十一月举行建校55周年纪念科研论文讨论会，拟邀国内外一些大学教师来参加，昨要我提出一篇，我不记怨，答应提《论〈长生殿〉的情节结构》一文。如你在十月以前进了川大或成大，当邀你来参加，我想假公济私，请帖直发到川大或成大中文系，我们便可重逢。我每晨散步锻炼，健康大有好转，下周起拟注射“胎盘脂多醣”治气喘，除此病外无他病，到秋凉开始整理旧稿，等你事成的好音，不多写了。祝

顺利

董每戡　7.31（1979）

15

衡：

信到，因你迟迟未来信，正在怕又有变化，世刚曾来信念念于你的工作，董苗夫妇前天来看了你上一信，就说为什么不到成大而定要川大？觉得你脾气太强，接信知愿就成大职，很好！任先生很恨川大，那是个“衙门”。成大又只要你搞研究和培养教师，比进衙门好得多，千万马上答应！“评李贺诗”这题目好；商隐诗不必去钻，宁可换别的专题。

辽大态度好，不易得，中大对我就不如辽大，因省一级多人对我好，才不得不接我回来，且至今还坚持不予“改正”，仅表面对我客气，表示尊重而已。今后你该对辽大表示谢意，且为该校学报写稿才对。

上月广东省社联邀我到肇庆专区游“星湖”住了五天；省文化局集所有戏剧工作干部学习一周，又派车来接我去讲话，足见省方对我的尊重，也足以使那几个反对“改正”的英雄泄气，给二、三级教授住的新房已落成两栋，昨听说已分配给我的四房一厅，大概月底或下月初会迁居。我很能沉着气等待，估计结果还是不得不“改正”的。

这几天正忙于整理30篇《说剧》稿，因人民文学出版社决定印。十一月论文讨论会重点变了，以纪念孙中山的论文及古文字为重点，我的论文已交，非重点就不邀请这方面的客人了。有兴致可写点什么给成都《戏剧与电影》月刊吗？稿约附。进了成大，望立刻来信，这里就不多写了。祝

健康

董每戡　9.20（1979）

16

衡：

久不得你信，不知已进成大否？念极！我十月中忽得中央宣传部文云以我为“特邀代表”出席四届文代会，所以在十月廿八日飞京，十一月十七日飞回，

不料回校后提着的精神一泄下来，就发春天离长沙时的病:“左下肺炎性浸润”，住院十余日始痊，十二月四日出院。这样一来，年内做不得事了，需要休养，过了年才能开始整理稿子。《说剧》稿约廿余万字已交人文出版社，年来印刷极慢，恐在半年或八个月后方有望出书。近况怎样？速详复！祝

康乐

董每戡　12.6（1979）

明年要我带研究生，已以健康太坏辞去了，决心拿钱吃饭，写自己的东西，以养老为主。校中在位的都是些57英雄和“文革”中高升的人，对我表面客气，心中嫉忌，还想压，所以能推就推。但中央和省委都对我好，要我做而能做的事决不推。又及。

17

宇衡：

复信到。辽大很好，中大就没那么好，至今还抗拒省委意见而不“改正”我，你不该对辽大发脾气，又提出补发问题。我在忍受中大欺凌，不理睬改正不改正，我只表示中央、省都认为应改正就行，今后中央、省要我做的做，中大要我做的就推，要我明年带研究生已以身体太坏，推了。今后专搞科研，拿钱养老，反正已恢复原职原薪了。暂时不移居，要移，在过了年，因窗上铁栅未装，怕不谨慎。

三台国专一学生也见《学术研究》广告写了信来，实则刊物迄未印出，这里刊物老是脱期。文已收入我交人文出版社的《说剧》内，京中印刷也慢，说总得六至八个月才出，那时会寄给你。中大讲义有否我不知，明问问看，有当寄给你。《文史哲》曾要了我的稿子去，不久也许会刊出。我的科研论文现在才开始抄油印，讨论古文字时，川大徐中舒先生也来了。

静心等成都大学，一意搞写作，《文学评论》声誉不高，不如吉林《社会战线》、上海《中华文史论丛》、北京《文艺研究》，有稿，勿寄《文评》。1980年我还得奋斗一年——在各处发表文章；你也一样，首先是拿出东西来

发表。成大事办妥后，望马上来信！我养病，过了年才整理旧稿。手抖，早不能握毛笔了。祝

康乐

董每戡　12.13（1979）

希望你写古典文学研究的文章，勿再写那类形象思维的论文，在一二年内必须有一二本著作，年过五十，不能再拖了。（15）

18

宇衡：

复信到，我放下心来，辽大确实好，该去信谢谢，目前各大学领导少有那样好的。好在明下期才上课，在家准备讲稿，很好！但望勿再坐茶馆、酒馆，那是消磨意志的地方，趁这几年写出些东西才好。现在都保证六分之五时间给教师自己，只每周学习一下午，我则连这一个下午都未去过，决心拿钱养老，专搞科研已算对得起校方，对我始终歧视，还想踩一足，我心里的不满必然有。廖诗很好，姚又“打开天窗”，不必要，我已看透了，决心什么都不管，说话是多余的。我说的三台国专学生袁海余在北京育才学校教书，和赵、姚、杨（向奎，历史系）先生都有联系。

你最好教“古代文选”，成大最缺是能教古代文的老师罢？连中大都少，所以我望你在古典方面下功夫，切勿教现代的。资料想成大会陆续买起来的，同时可到省图书馆看，目前手头堆资料的人已不多，大致都在“文革”中丧失了。你是几级讲师？成都月可拿多少元？首先把衣物置起来，吃点补药，体太虚，易感冒。这几年升了的副教授，都仍拿讲师工资，未改，你若是七级，就很好了。

我过了年才坐下来整理旧稿，这次病虽严重，一因不拖，马上注射青、链霉素，所以只十天就出院；二因半年来吃得好，体健已增，现完全复原，再疗养半个月就会更好。你已有公费医疗，该吃些现成补药如“六味地黄丸”之类，正好在冬天吃。祝

愉快

董每戡　12.24（1979）

19

宇衡：

《文学评论丛刊》3，有多篇你需参考的，关于《诗品》、《词品》、《文心》、《人间词话》、李贺诗的，望买一册读读！若进图书馆，再为我翻一下《后村大全集》找那首《田舍即事》诗（关于听戏的）抄给我！我希望你写关于李贺诗的论文先发表，后写专著。文章最好先给辽大学报，第二篇可投《文史哲》，最近他们到处拉稿，先登出一二篇，以后路道就通了，如吉林的《社会战线》、上海的《中华文史论丛》。一定要下决心奋斗几年，既要名，又可为将来升副教授打下基础。我因廿多年不露面，也得奋斗一年才行——80年就是奋斗年。你我糟糕的是性格倔强，不滑头，书生气太重，很吃亏。

成都有几个熟人，今后若遇到，可交游，一是陈〔潘〕大逵，当过重大校长、副省长，57〔年〕垮了，现在政协；一是川大讲师，48年在社教学院听过我的课，后在北大当研究生，川省文化局戏剧干部，名王世德；另有虽未见面，却和我的好友赵铭彝交好，知道我，现大概是成都文联或剧协负责人之一，名陈明中；西南艺术剧院院长萧锡荃。勿喝酒，多吃补品，健康第一。讲古典文学，文学史上古段的人最缺，就在这上面下功夫。

教部将派已有剧史修养的副教授、讲师卅许人来进修半年，王季思有一点着慌，深夜夫妇来说，我无法推干净，只得答应在座谈方式时我参加，因发言一二十分钟还可以，上课是吃不消了，他看我已退一步不坚持不参加，他满意了。刚才听说川大有位女的教研室副主任也来进修。附《学术研究》抽印本一份。

董每戡　1.4（1980）

致朱正[*] 5通

1

朱正同志：

尊札奉到，回忆文一定写，既然六月以前都行，更好了。拉到那么多名家的稿，真是为湖南出版社立一大功，也说明你的神通广大，只怕对你调京工作反有不利，拖住你不放。到了这里之后，才了解湖南落实政策算是快的，我想王果同志的“改正”当也不远，此间还有很多没落实的。晤以德同志，告诉她最好还是当医生或进中医研究机构，写剧本消遣则可，千万勿到文教单位或进剧团。

我的主观愿望是重写失稿，但能否如专搞科研著作的愿？尚未可知，几个交好的同事对我说领导要派用场，现在一、二把手赴美加州大学答访未回，过半月才能知道。系中五六个老的，我算是年轻的，只怕把带研究生的任务派给我。主要原因是80个重点大学中文系只中大较多几个戏剧方面的人（连我五个了，其中三个付〔副〕教授是我教出来的学生），领导意图是想搞成“戏剧中心”，由各大学派付〔副〕教授、讲师来进修。当然，我是再为冯妇的心情不会有了。祝

工作愉快！

晤冰封、王果同志，希代致候！

董每戡 5.16（1979）

---

* 朱正，1931年生于长沙，退休前任湖南人民出版社编审，20世纪70年代常登门拜访作者。

雪峰同志追悼会重开时你若去京，希代我慰问冯兄家属，我和他是几十年的好交情，1950〔年〕我匆促离沪来湖南，未及告诉他，上海开文代会，他还把我列为代表呢。又及。

2

朱正同志：

手示读过，真对不起你和冰封同志，答应写的至今未写出，想过几次提笔写，总是想不出如何写法，主要原因还是和迅翁接触次数太少，几乎没有什么可说的，不过九月一定交卷。得知王果同志问题已解决，欣慰甚！

近传那个“就地安排，不发补发十月起工资”是第43号文，人大、政协开会时有多人说“过左”，并有人说该是“平反”，不是什么“改正”，近另发一文，不知内容如何。长沙亦有此种传闻否？

我来此快四个月，最近露两次面，一是“社联”邀游肇庆“星湖”，玩了五天；一是省文化局召集全省剧团剧院领导和戏剧工作干部开一周会，22上午邀我去讲一次话。体健比在长时好多了，这几天才开始坐下整理被耗子咬了的稿，因最近须交出一篇给十一月科研论文讨论会用的稿《论〈长生殿〉的情节结构》。这里只中午热（32°），晚凉爽（28°），在长懒散惯了，一直在发懒病。你社选题计划及《西湖》编辑部通知都交鲁迅研究室的同事了，勿念！

《作品》销路达38万，有说比《人民文学》还吃香些；《广州文艺》也畅销，《花城》也达11万，《羊城晚报》正在筹备复刊；《南国戏剧》本月创刊（年内不公开发售）；社联的《学术研究》因印刷不出，八月一期下月才能发行，《随笔》第二册已发稿。广东省领导对文化是重视的，如剧协在内部有《会讯》，还印很厚册的《戏剧艺术资料》（大本149面），我正在读。这里将来成“特区”，趋势很好。

常晤以德吗？近况怎样？虽没有给她信，时常想念！所写剧本已交剧团采用否？广东汉剧在排《王昭君》，剧本曾寄曹禺看，说比原作丰富了。我鼓动各剧种都改编，“不怕不识货，只怕货比货”，各显神通，总比出一个最好的来。何光年改的早交给湘剧，似还未排。长沙的“百花齐放”恐还有待罢？祝

撰安

董每戡　8.26（1979）

3

朱同志：

承赠尊编唐著一册，谢谢！董苗今晚离此返长，就带上这一纸。书印得相当漂亮，长沙出版如此的书，恐还是第一次，这当然是你的功劳，以你各方面的能力来论，该走红。这阵子我忽然忙起来，因此答应的稿又得拖一下，请原谅！致

敬礼

董每戡　10.2（1979）

4

朱同志：

又承赠《我心中的鲁迅》，谢谢！立刻读了好多篇，对我写《忆迅翁》文有很多启发作用，因多年不写文章，拿起笔来老是不知怎样写才好，于是一拖再拖，过些时再学学别人的文章，我一定能写成奉上。

近来确是被一些事把思想搞乱了，到今天好容易把人文寄来的存稿整理毕，共有30篇有关剧史专题的论文，约20万字，只当时未及寄出的四篇遗失了，否则有34篇25万字。忙完这一件事，另外事来了，每上午跑医务所打针，急于要控制住气喘，才好晋京一趟。

上面是收到书后写的，当时因“潮剧”要出国，看戏，提意见，写给该剧院带出国用的文章，所以搁下，刻接17日手书，不能不接下写。回忆文，

还得请允延一下，近来脑子实在昏乱，一些事接连着来，就无法分这个心了，我想延到十一月下旬总会写成的。

前天读茅盾先生在《人民日报》文，很合我的想法，我国人最爱神化所敬佩的人，鲁迅研究者确有此病。北京召各大学研究鲁迅的去开会，中大派四人月底前往，我不是为这个会，为全国文代会也得晋京。蒙中央不弃，以我为特邀代表去参加大会，因而，这里要我准备发言，廿多年过老僧入定生活，忽忙起来，便手足无措了。附纸祈在晤树人同志时转交！晤王果、怪愚、以德诸同志时，希代问好！祝

撰祺

董每戡　10.22（1979）

5

朱正同志：

大作收到，谢谢！我在京20天，兴奋、紧张，回到广州精神一泄下来，喘疾大发，转为“左下肺炎性浸润”，立刻住院，到12.5日才出院，现在疗养，过了年才可工作。这次总算碰到了二十或三十年代的老战友不少，遗憾的11.17日雪峰同志追悼会没办法去参加，因17上午八时便赶往机场上机。

你们的印刷倒比广州、北京都快，我的论文集交了人文出版社，认为“有特色”，马上安排付印，却说要6到8个月时间；这里《学术研究》广告早登了，刊至今印不出，张庚他们的《中国戏剧通史》由人文付印，到现在连上册都还未印成。

稿费最低要恢复大革命前数字，明年会实现罢？陈寿庚同志，你认得吗？他有一部小说稿由你社拿去很久了，据怪愚同志说写得很不错，他曾读过，不知你能帮他点忙促使早点通过否？拜托拜托！

王果同志到上台讲课时，望他辞去行政职务，老手教书可不费气力，搞行政太麻烦，我连带研究生任务都推掉了，拿钱养老，专搞科研写作。如去

信王同志时，望将此纸转去，免另写信。致

敬礼

冰封同志前代候。

董每戡　12.8（1979）

致朱树人* 8通

1

小朱：

承你伉俪送行，这些年来时常来我家坐，都使我难以忘怀。5.4上午按时到达，校方已派车来接，重到中大，颇有化鹤归来之感！有些事都和我想像的不同，如二十一年不住在长沙，恐已不死即伤，容老他们都挨鞭打；一好友告诉我，副教授、讲师们（大半是我的学生）一再提出请我回校，还是拖，省委文教书记点我名，才推快了。系里人比往日也多几倍，近百人，七十以上、九十以下的还有五六个，我开始加入这行列。可是也不是我所想像那样可以养老为主，领导要派用场，若明年起只带研究生，还算轻松的；似乎有意成为“戏剧中心”，培养全国各大学派来进修的副教授、讲师们，我当然不愿意，但那时能否辞得了，未可卜知。

今年是首先治病、养病，专搞科研著作。现在起过半乡村生活，因整个学校是个大公园，花木极多，晨有鸡鸣，夜无犬吠，正好颐养。车过韶关正是天亮以后，曾口占：“清晨车已过韶关，二十一年初见山。我爱青山青未了，青山笑我老蹒跚。”自以为有唐人风味。

晤朱正同志，告以他要我写的一定写，并请他代向李冰封同志致谢，劳他们送行，甚为感刻！这一周发出几十封信给多年不通信的老友们，就忙得不得了。我爱人立刻要办退休手续，拍的照拿到才能办，因之，董苗在十五

* 朱树人，1943年生，湖南长沙人。作者之子董苗的友人，1963—1979年间常登门求教。

以后才回长沙，一切都须他跑腿故。她退休是宿愿，实现了。我是被养到老，而且得干到老死，估计再活十年是可能的。原定今年“四面出击”打游击战（发表东西），以示我还活着；明年起“稳扎稳打”阵地战，主要是重写失稿。每晨已在房前走廊里练功，然后在校园内慢步转圈子了。祝

双好

小姜均此一纸。

董每戡　5.11（1979）

广州中山大学西南区 77 号甲之三楼下。

董苗十七日走，以后非得请保姆不可，因离校内、外市场都远。以住屋的阳光、空气都好来说，我的身体会好起来的。中大和美国加州大学结成姊妹学校，一、二把手去答访未回，据说是全国 80 个重点大学之中 18 个特重点之一，直属于中央，规划到 85 年要招生万名，中有三千名研究生，包括欧美各英语国家及日本派来进修的中文、历史付〔副〕教授、讲师 600 名。（这一点，事实上恐无人能教他们，光日本有十个大学有中文系，他们的修养都很高的。）这里，我离开时原有一级教授三四人，现都去世了；二级十多人，现在仅有四人了，中文系占了三个（容、商和我）。上课都是些四十上下的付〔副〕教授、讲师。能搞好科研的，后继少人，青黄不接。我主观愿望是专搞科研著作，明年起重写《戏剧发展史》。写至此，客来了，是一位女同志，中国社会科学院的院刊要在国庆日创刊，为此来拉稿。中央特重科研工作，大学是一个方面军，实际上能搞这工作的已不多，也许领导会答应我这要求。早晨散步还只在附近转一圈，能慢慢发展到向西门口来回就好，邮局、茶馆都在门口，大致有由潮音旧里到北正街口中山路那么远。写至此，朱正同志信到了，复信祈转交！

系中有一讲师是南开毕业的，小姜考南开，所以我问华粹深的情况，他说华老师对于民间文学有兴趣，所以对地方戏比较熟，但不是搞戏剧史的。好在小姜年龄不大，考不起，明年再考。我最欣赏的是他的朋友能鼓励他读书考研究生，应该多学，搞戏剧史非多读书多写作不可，考取与否，不重要，混资格是无用的。中大“文革”期中毕业的助教从去年起都停止工作，再学

一年半，以后再说，就是“回炉”。晤小姜时，嘱代我谢他的同学小张送行，年青人首先是“练功夫”，有了功夫，不进学校也能崭露头角的。我还没有出去拜访同事，起码半个月后才到系中走走，开始借书来工作。七点半就睡觉的习惯改了，晚饭后恐有同事来，改在九时上床了。在长当了廿一年的“隐士”，希望以后仍过隐士生活——多读书，多写作。

5.16 晚（1979）

2

小朱：

信到。摘报刘绍棠和萧乾文章我没见过；《一捧雪》在《光明报》上读过。你补课，极好！古汉语、文学史都得好好补，研究生也是听这两门课，搞古典文学不必进学校，自学多读多练是可以有成就的。我也学点乖，六到十二月不想多花脑力，只想当消遣似的整理旧稿，也就是今年以轻松愉快地休养为主，明年上期才开始重写的工作。

前天接到一个 1944〔年〕在东北大学的学生信，他现在辽宁大连师院任付〔副〕教授，说我当时写给他的条幅挂了几十年，在“文革”中被抄没了，但记得诗：“辛豪李艳固堪夸，自许新词亦可嘉！醉后犹能临汉简，素笺秃笔走龙蛇。”重读旧作（我早忘干净了），颇多感慨！当时豪而狂，老了，狂气不敢再有，只勉强留点儿豪气。他不知我手已不能拿毛笔，还要我再写条幅给他，词也已卅年少写了（年青时的词很为柳亚子、郁达夫、冯沅君赞赏，都丢了，忘了），尤其二十年来不曾填过。

报载萧涤非在山大报告，对郭老的《李白与杜甫》很不满，当时人人有此意，但都不敢碰权威，现在是可以争鸣了，我增〔曾〕在《三国演义试论》上有些不同意郭对曹操捧场的，将来大致也不妨了。正想发给董苗信，就写几句附给你。

朱正若能调北京工作就好，他约我写的还未动手，本月内一定写。迅翁是我敬佩怀念的人，不过对这些年来奉为神，我不很同意，应该回到做“伟大的人”才好。各大学几乎都有鲁迅研究室或组，将来成绩都不一定可观。

戡　6.1（1979）

3

小朱：

信读到。《洪昇年谱》已买一册，且已读过一遍。邵久不写文章了，他说的那几句正是我二十年来所想的，所以 59 年起拼命写，不幸又白写了！日内当借《论丛》来读钱、邵两文。最近在上海戏剧学院的刊物上读了几篇需要读的文章。早起还是散步、锻炼，比在长沙确好多了，只是提笔写不成文章，因而答应朱正同志的稿尚未写出，晤时转告缓到本月下旬交稿罢！现时学术界闻人们长于写应景文章，刊物也满是应景文章，邵先生想是有感而发。小说史不提《金瓶梅》，是奇事！

我拟休养到秋凉，幸存稿的整理和补写工作限明春为止，以后做重写戏剧史的准备工作，80 年下期开始写，近来愈觉非写不可。听说赵景深写了一部；文化部文艺院原有一部，近由张庚等加以修改付印了；不怕多，各有各的特点。自然，我的特点在“宋”前要比人家的详点（这是历来的“禁区”，原《简史》已突破了一些）。到秋凉想请校给我一助手或者先派一抄写者给我用，因幸存稿大致已整理好，仅差《史可法形象》（在你处被抄走的须重写），补完之后拟重读《甲骨金文大系》及《卜辞通纂》，也许还可发现点东西，为古代部分铺平道路，这便是功德。

抗战期在四川的学生及 57 前的中大学生有些来看我，都说精神风貌似昔，腰比往日直些，迈往之气依然在，真想再写十年。一般人总是被压矮了，我的腰反被压直了，算是奇事。我那首诗（你已见过罢？）：“千秋大业付吾曹，愿与前贤共比高。余悸余生贾余勇，春来又试解牛刀。”在长沙我住房叫“诂戏小舍”；现在书房叫“三余室”了。

教部强调大学科研，说著作在国内如因纸张及印刷有困难，可送港印（港商务、中华），外国没有没有著作的教授，我国大都是空头的，要改变。“文革”把中大校园的花全革了，说是资产阶级的一套，现请一园艺专家来重搞起来，教授住屋及外国留学生住屋都赶建中。天热了，已到卅度，早晚很凉。供应在好转，因将升为中央直辖市，我国的南大门不能不搞好。祝

双好

董每戡　7.14（1979）

4

小朱：

我才从旅游肇庆的“星湖”“七星岩”“鼎湖山庆云寺”回来，是应此间“社联”邀请去的，肇庆比广州凉爽，夜可盖呢毯，蚊子少到只一两只，不像中大多。今起剧协开会一周，都要我去讲话，知我身体不好，约22派车来接我去谈谈（半天）。《忆迅翁》稿始终想不起应如何写，目前须整理《论〈长生殿〉的情节结构》，九月交印，十一月科研讨论会用，那时会给你一份。

鲁迅研究已分两派，拥李何林的属大学派，大学以外的不知叫什么派，朱正同志不知属何派？悼词那句话我完全同意，这是事实，胡公加重语气，是基于“实事求是”精神。有些人是很健忘的，红时便忘了黑时，我这个人不宜在这个社会混，看到这类无意义的争议，心里就不舒服。

剧协出《南国戏剧》双月刊（年内内部发行，明年公开），社联的《学术研究》也是双月刊，我都答应供稿，但不参加开会之类活动。中大学报是全国七个对外发行的学报之一，质量低，明年起想振作一番，我也得给。《随笔》中有赵仲邑文，是系同事，且和我交好，我当托系的女资料员设法买（我买书都托她办的）。从这次游庆云寺看来，我的足力不错，上台阶都行，只气喘还有，昨开始注射“胎盘脂多醣”。气喘病若治好，其他病没有。听说中央强调“三抢”（老科学家、老教授、老作家），抢着要这三种人赶快拿出东西来，印刷和纸张困难，可交香港商务、中华印。

昨王季思来说：“教部将选廿多位讲师、副教授来学‘中国戏剧史’，拟组一指导小组，你参加。”我说：“我急于要把失稿重写起来，不能分心，

且身体不好，所以不参加。”系主任说向校方提出先派一抄写的人给我先把已整理好的《西厢记论》抄出来（约14万字）。康濯同志托杜迈之同志转告，要我重写《剧史》勿等全部架子搭好才写，有一章写一章先发表一章，这意思值得考虑，不过，目前还是先整理《五论》（他不知还有幸存的鼠啮《五论》），明年秋天才写《剧史》。

我在星湖座谈时念了旧作：“千秋大业付吾曹，愿与前贤共比高。余悸余生贾余勇，春来又试解牛刀。”博得掌声，一位同事就为我写了“三余斋”横幅。著作的余勇确还有一些。

董每戡　8.18

《作品》销数达38万，《花城》11万，《人民日报》赞扬了《随笔》，《羊城晚报》领导班组成了，不久复刊，剧协八月起出《南国戏剧》（双月刊），《学术研究》八月一期早已付印。恐长沙无此种气象罢？《随笔》若买到，定寄给你。朱正同志代问好。

8.24（1979）

5

小朱：

来书提到《学术研究》和中大学报，我把它转给《学术研究》两位副主编去看了，因他们对我好，尊重我，才如此；至于中大，我不想多事，因掌握在一批谈不上水平的人手里，全国七大学报是对外的，中大系其中之一，同时是没人看、各方都提来意见的一种学报，中大一切如是，苗会告诉你，我不说，总的一句话在学术上说，中大已不及57前远甚，有水平的学者百之九十归道山了，红人都是三四十岁的，有权势的都是57或大革命期中上来的人物。我反正老了，落得拿钱养老，除专搞科研写作外，啥事不管，连每周四下午的学习，我都未去参加过，乐得以老病为辞，图个清静。

近忙于整理《说剧》，除失了几篇外，尚可凑到30篇，二十多万字，拟在月半交去安排付印。以后就是整理和补写《五大名剧论》，也许到明年初交出去，原是同文井同志说过也给人文的，将来情况也许会变动，因“戏剧书店”明年恢复，原总编是已故的同班同学孟超，继任也许是葛一虹同志，恐怕要这部稿。

明年是“左联”“剧联”50周年，要纪念，“左联”初期成员活着的还很多，“剧联”的不多了，因之“责无旁贷”地得写回忆文。朱正同志约的稿，索性在十一月一起写，望告诉他，不过时间上拖一下，债一定还。

身体好多了，但气喘治不好，现在讲话也有元气了，最近会搬住新屋，四周都是参天大树，较幽静，宜于静养、写作。栓剂尚未试，等试用后会告你疗效如何。交的《论〈长生殿〉的情节结构》已在印，如有多的会给你一份。朱同志删去和李不同的意见，很好。什么派都不属，最好。祝

俪福

戡　10.2（1979）

6

小朱：

得你信后已否回你信？我都记不清了。你的信当即给《学术研究》编者看了，他说事实确如你所说的，销路不好，应景文多，他们有苦衷，大致都是上面交下要登的。

中央宣传部给省宣传部一文，通知我四届文代大会领导小组决定我当“特邀代表”（戏剧方面）参加大会，大概月底会飞往赴会，正好老伴不合广东水土，回长小住，调剂一下。今后文坛也会有新情况，强调“实事求是”。

郭老逝世后有些人似乎想捧他和鲁迅平行，可是近多关于他的传闻，想长沙也有听到罢？山大《文史哲》最近会有对李杜评价的不同意见，尤其萧涤非先生大有意见（年初他来此作过报告）。对曹操、对杜甫，我向来不同意郭的见解，总觉得郭有庸俗社会学观点。真的在各方面都能“实事求是”，什么都有希望，否则，什么都不可能令人满意的。搞“组织路线”，也许就开始罢？如不切实动一下，各地有些问题是不会解决的，对“四化”确实不利，戏剧方面工作，广东比湖南好些，教育方面还有待。我老是“向前看”，

但熟人中和我相反的不少，足见为了“四化”，须快点动手术才好，年龄大了，盼望早些扫清“四化”阻力，知识分子的积极性才能调动起来。因复朱正同志信之便，附此一纸。祝

双好

董每戡　10.22（1979）

刻得通知我廿八飞京，老伴廿九夜车回长，我也许在十一月二十左右和湖南省代表团同到长沙住一周。23 又及。

7

小朱：

借来《新文学史料》5，读了提到我的文，且读到朱正同志和雪峰同志的信。他的《正误》出来后一定走红，我就佩服他有干劲，是要如此，非摆点颜色给反右英雄们看看不可，就要埋头写作，今后只要真拿得出东西来的人就行。我起码还得奋斗几年，所以这次病后真全心全意疗养，过了年才整理旧稿，同时把答应朱正同志写的短文写起来。

《学术研究》一直迄今未见一期，恐寄到中文系被人拿走了，昨去信请查询并补寄我家，我那篇旧稿是谈昆腔和魏良辅的。广州印刷和北京一样迟缓，刊物、书籍往往不能按预定时间印出，人文认为我的《说剧》有特色，只想早出，但说至少印六至八个月，张庚们的《中国戏剧通史》（分三册）已印了半年，第一册都未印出，倒是朱正所在的快，大概是湖南唯一的优点。《战地》增刊见到吗？廖沫沙有一首哭邓拓、吴晗的诗很好（我也是四川的学生抄给我的），还有《读书》第七期有一篇姚雪垠文，我的学生说又有点“打开天窗说亮话”了。我看透了，还是少说亮话好。

《人民日报》价增为 2 元一月，每天尽是各种喜报，恐又走当年老路，我想改定《光明》或《文汇》，都满额了，因此，连《人民》也不续定，索性等《羊城》复刊，快了。《南国戏剧》这期还是对内，明年起对外。中国戏剧出版社已在与“人文”分家而独立，《戏剧艺术论丛》第二期就由该社出，

这半个月正忙于分家。

不知朱正有听到补发廿多年工资及真正的左派即57右派之说否？明年我会到长沙住一个月，不过第一站是长沙，抑最后站是长沙未定，若第一站当在五月，最后站则在国庆，因我想返老家一次和赴京住几月读资料。祝

阖家康乐

董每戡　12.26（1979）

《论〈长生殿〉的情节结构》约四万六千字，今抄完腊〔蜡〕纸，印出后会给你一份。（28）

8

小朱：

信到。欣慰的是朱正同志能调到京一事，他在湖南呆不久就好，长沙是“砚瓦池”，非“化龙池”，太缺乏气魄，养不得蛟龙。魏作是“引正”，倒是目录误为“证”，正曲之意。刘的平反我在京时就听说快了。右则葛佩奇也已“改”了，而且这些人确都是真正的左派，既非假左，也非极左，我向认为我辈是“预言家”，不信预言，始有以后的浩劫。《论〈长生殿〉的情节结构》已在油印，我会和《学术》六期寄给苗子，油印有你一份。

出院后疗养迄今，健康很好，只气喘病是永好不了的。原拟五月出去走走，到国庆后回校，现不可能了，因部派进修讲师二月廿四就来，一定要我参加，推不了，我答应只出席座谈，不上台做报告，因连续讲话半小时都困难，这样一来，七月半后才可离校。我仍然乐观，80奋斗一年，站稳了，再办以后的。

《羊城晚报》春节复刊，定要我一阕贺词，久不写，做得成做不成，还不一定。我已停了《人民日报》，等定《羊城晚报》，副刊编者和主持报的吴有恒都要比十三年前更进一步：“干预生活”，并向国外发行。《说剧》里有几篇短的，可能给《花地》用，因《说剧》至早暑后才能出书，乐得先拿几个发表费。这里报对我一向是特客气的，便是南方那篇短文也送十元，比56年只少六元。《学术》就照一般，只给48元。今后在广州，大致只在《羊城》

及《南国戏剧》(必须支持之故)发表文，有论文，就想在全国性有权威的发表。

祝

全家康乐

董每戡　1月6日(1980年)

朱正给我的《正误》，已交鲁迅研究室几位拿去看了，他们都是雪峰派，非周扬派。

致董苗、莫扬[*] 9通

1

莫扬：

上午发给苗信，下午收到他信知27将出差，那末信到厂时他已走，望你电黄致祥同志，请他收下信交你罢！绿豆及针药都已收到，绿豆够了，不必再设法。又麻烦你妈为我们发新锅，谢谢你伯伯为我们揉脚盆的桐油。你的腰围大小望告，想买件现在穿的裙子给你穿，夏天穿裙凉爽些。

风疸还发吗？苗说你常发痧，发时千万勿扯痧，扯会弄成习惯，以后会常发的，有经验，发时吃十几粒仁丹，或十滴水，痧药都行。伏天买个一斤重的水鱼（甲鱼）炖白胡椒（放二三十粒白胡椒，不研碎），吃肉喝汤，把胡椒留下晒干包起来，遇发痧时丢几粒入口咬碎吞下去，可止痧。

苗子有个表叔这几天会从安徽来，因他将赴美国儿女处，所以我邀他来住个把月。苗说你有位姓廖的朋友也许到我处来住几天，欢迎！请的保姆不合适，今天退她，已在另找一个，过几天就会来。我们身体都比在长时好些，可勿念！苗说你英文考83分，我高兴！学外文就得每早读、记，晚上练，否则是学不成的，已托人为你买英文字典了。你伯伯、妈妈前希代候安好！这里不热，最高只32°，低时27度，半夜须盖单被。

戡　7.27（1979）

腰围大小？你喜欢什么颜色和花？短袖衬衫大小、长短、颜色？长沙如

---

* 董苗，1944年生，作者独子。莫扬，1949年生，作者儿媳。

有合式的就在长沙买，把钱多少告我，汇给你，免得寄麻烦。看一下有没有水绿色、豆沙色尼龙丝绸料卖？有告我，此间没有，别人要买。

2

苗子、莫扬：

机票已去定 17 日的，昨晚看《大风歌》，很不错，回寓已十一时，服安定片睡觉，今天无事，下午和晚上共四个影片，我都不看，冷到五度，大风刮得倒人，晚零下五度，不过室内有暖气。明上午大会听报告，下午两个片想去看，但五时须赴三厅和演剧队同志聚会，也许不能去看电影，晚上两片当然不去看。我确比在长时不怕冷，白天无暖气，我仍未穿借来对门张先生的棉袄，只出门去吃饭时穿一下棉大衣。（11.12）

上午听了三个半钟头钱学森的报告，他穿军服，很会说话。因五时须赴剧队会，下午《傲慢和偏见》及《琼宫恨史》两个好片看不成，晚《恐怖是关键》及《莫斯科之恋》当然放弃，这几天是西伯利亚来的寒流，风特大，冷得很。刚才午睡，一女干部来了，说华主席批准出《百科全书》，大家推荐我为戏曲方面编委之一，我答应了。侯枫同志第二子送为我拍的相片来，牙真是问题，想回去就镶，附两张给你，另还有三张。中国戏剧出版社编辑曹同志来说出《戏剧艺术论丛》第一辑已付印，要我写稿，我也答应归后就寄一篇给他。天津方司令员又来一信，说我不能去大失所望，充满了友情，明年若来京，一定和你妈同去看他，你舅妈也认识他。（13 下午）

昨晚聚会近二百人，邓大姐答应代周总理出席，临时有外宾来不了。都是从抗战开始（37）至今少见的朋友，孩子剧团的小姑娘都近五十岁了，画家周令钊（美术学院）那时是小伙子，今六十岁了，他说我认得你，怎么腰比 38 年直了？我说被压直了。翰笙住病院，没有来，冯乃超来了，他并不老，只有时发心绞痛，说他爱人常念你妈，问也回中大没有。饭后拍了许多照，接下茶话会我们不参加，因马彦祥有小车，石凌鹤撑两根木棍，两腿全瘫，我走路气喘，就坐马的小车，先送我和侯枫回四所，继送凌鹤回一所，他才回家，虽回来才八时半，我兴奋不得，仍服安定片睡觉。写至此，尹羲来坐，她也十七飞桂林，再回南宁。今日上下午都是小组讨论，我“倚老卖老”，可自由休息。明上下午大致是画圈选举兼闭幕，后天也许是中宣部招待茶话，胡部长在会上讲话，十六日领导们接见，摄影留念，文艺晚会。十七定可走，因住房要让后客，这次我极想碰面的只有三人未见面，即夏衍、阳翰笙、廖沫沙。写至此，中国大百科全书出版社发来通知下午二时半在西苑开会，幸昨晚聚会即在西苑，侯枫带我走去，有学宫街到德园那么远，否则我还不知道走，电话铃响，接就是为此事，我答应一定到会。（14 上午）

刻接你信，所以此信就发，我们 17 坐三叉戟机上午十一时起飞，下午两点多到，今晚可能看京戏，侯女在北昆，她是戏曲学校毕业，参军，云南代表演《白蛇传》白蛇，其他演员都借北昆的，侯女配戏。刚才有些闻名未见我面的来访，稍休息就慢慢走走停停地去开会。保姆是茂名人更好，卢叔就是茂名人。

父字　11.14 下午（1979）

3

苗子、莫扬：

明（17）上午约 11 时坐“三叉戟”机起飞，下午二至三时间可到广州，已发电给校派车接。昨下午第一次去看电影，第一个是美国的普通以歌午〔舞〕为主的片子叫《碧云天》，没意思；第二个原名《明天是永远存在的》，现叫《春闺泪痕》，很好，有人情味，也有思想性，演员连六七岁的小姑娘都好。晚田三爷夫妇的女婿请两席客，都是老朋友，湖南的有省文化局副局长刘斐章及女（在北影）、话剧团长叶向荣、电影厂长刘高林。今天上午报告文联委员当选名单，无非是一些现在的名人们，连○都不用画，算全同意。下午闭幕式，是夏衍致辞。晚上也许是中宣部招待茶会，胡部长讲话。或在下午加华主席及一些领导们接见，摄影留念。（晨）机票已拿到，明晨九时动身，因到机场远，11 时 35 分起飞。（16 晚）

十七日下午二时半到达广州。离京时刮大风，零上三度；到广州廿二度，今起刮风，也止十五度了。蚊子之多是我从未见过的，伸手便可抓到一二十个。最后茶会（实则等聚冷餐）上又碰到一些老友，夏衍、许幸之等，最累的一次也是那天，下午二时到大会堂，等接见，摄影到六时半了，茶会完后已八时，接下日本电影就放弃了。（17 夜）

还厚南 150 元想不汇到你厂，免人家又夸大宣传你如何有钱，现在长沙还是“少吹”为妙，望和小袁谈一下寄他处（将地址告我），只作为朋友托他买东西好了。何的女儿本是合式的，只何先生封建迂腐得很，恐不会成，也不易对待（特殊讲旧礼貌）。十二起校庆，科研讨论会，国内外来宾未走，恐会来访我，就得忙。文代会的几样帖子你代留作纪念，一支原子〔笔〕跌下，坏了，因我拆开把一弹簧丢了，你修修看，大概弹簧是里头口子上顶住笔芯的，修得好，你用。农民画册、杂志也是送的，给你和莫扬。最要的一点是莫扬想想有乡下亲戚如朱家骏爱人之姨妈那样的人料理“坐月”事才好，费用我会寄的。杂志另包寄。

父字　11.18（1979）

飞机上送的小记事簿、橡皮口香糖，你两人各一份。

4

〔苗子、莫扬：〕

信到，因已将给你信封了，所以不拆开投了。毛线不会浪废〔费〕，洗拆后可重打大的，还是买毛线，勿用纱线。十日领到钱后汇 150 元，借厚南 100 元，余作购物用。

大概你春节来时我已移居，且我事一切可明朗化。部派进修生二月廿四日即来，王已拟好“培训纲要”，由他主持，我只在座谈时出席，这样王放心大胆一些，他答不出的，我帮一手，我这个高姿态，在校方是很满意的，就看他们是否也以高姿态对我？你来时当明白。你厂“改”完了，最近可能上面已有命催，王想顺水推舟，说已由盟小组提出，表示好意。

过年车一定挤，你带东西可买卧铺，舅妈说给一小坛“腊八豆”，走时还得买两条烟，放着待客用，洞庭、郴州都行，不要过滤嘴。奶油、花生酱没有就不买，只在上车前杀两支〔只〕鸭子是重要的。款仍汇袁处？袁地址又忘了，来信告！日内拟汇廖江媛二三十元还前垫款及再买白木耳。春节前经济还紧张，借戴伯妈的100元，未还她。老左已迁入新房，很好，我看形势是好的，补款事，长沙是严怪愚说出的，左若碰到可问他，很有可能。莫扬为我写信给廖江媛问前买的白木耳多少钱，希望再能买一斤（比前稍贵的也可以），俾便汇款给她。问她几时回长，想回南宁过广州否。告以苗春节来广州，我家大概春节前迁东北区，她若来可以住。

现在最伤脑筋的是“煤”，量少，质特坏，新买一铁炉也不好，每月只六十多个煤，实则百几十，又无后门可开，所以必须带十斤炭来，夜不留火，并带一铁条来，勾灰用。你那个“保温杯”可能是次品，盖都盖不严，望想法买个正品来，你妈用，我现用次品。“球蛋白”一月只需注射一针，最近拟开始注射，从香港寄来（戴师母为我设法来的），一针花八九元。主要是增加抵抗力，我走路、吃饭，不管冷热，常流鼻涕，哮喘，容易伤风，想会有点好处，有心脏病的忌用，本拟两人注射，这样四针都给我用。（12.5）

信到。我已给海音信说“已去信要你寄来”，但不要紧，我可再去信说你回信云“已转送给朋友了”。录音机决不要他买，你不以教外文为业，只要能译，不必录音机，懂几国文字的都不用它，屡敲人家竹杠，实在不好意思。你妈明到北京路买东西，要她去问计算机。我病已好，病得好，证实我不带研究生，实因身体太坏，不是别的原因。现疗养，过了年才整理稿子。现女孩是戴师母友人的姨侄女，原广东合浦人，现家住中越边界附近，农村高中毕业，21岁，叫小周，能单独作战，力气也不小，刚到海珠桥边修了那把伞和买菜回来，刻在炒沙河粉给我吃，很能做事。广东汉剧院送明晚票来请看《王昭君》，我得和你妈去看。（10）

海参、虫草已收到。奶油还只吃了一块。这次病跟离长前同样严重，一因马上注射青、链霉素，没有拖延时日，二因体健半年来增进，所以恢复得快，且始终精神仍好。中大医务所是全国红旗单位之一，设备周全，并有病床30

张。今要小周吃过午饭就回她姨妈处玩，明晨到附近赤岗市场为我买河蟹回来。她姨妈就在赤岗稍过点一果木林场当产科医生。

我未碰到杨芾荪，所以不知那信如何。要老左请求改正事，须勿任拖过去，葛佩琦也已“改正”。每人廿多年损失有补发传说，整个须七十到九十亿元，所以万元以下及万元以上者第一次都发3500元，以后分多次，不给现款，愿投资工厂者投资，愿存银行者存银行零取云。据传此话是组织部长在一个各党派高级人员会上说的。目前小的大致都已改正，大的有未改正的，如费孝通、钱伟长（且还含降了的三级工资）、长沙魏猛克（将当文联顾问）、杜迈之（盟中央候补委员）、上海陈仁炳等，但不久也得改。如此看来，我比钱伟长“得路”。从此真是拿钱养老，可以什么事不做。（校以外的则做。）历史系端木正昨由武汉回（参加世界史会议），来看我，他说：“出去走走好，英雄们都没人请，偏请我们这类人。”我说：“让英雄们气气也好。”有说在组织部长之前另一人讲几句话，博得满堂掌声，主要是一句：“我国真正的左派，就只57年的‘右派’。”还说：“烟台会议是非法的，是在凡是派控制下搞的（55号文是烟台产品）。”传闻如此，可信可不信。不过任何会上总只提“四人帮”，这次文代会则屡提57年，这是一大进步。

今晚不去看戏了，因我对《王昭君》剧不大感兴趣，且不愿写文章捧。刚才接李桐信，问有听到补廿多年工资事否，足见长沙也听到了。不管怎么样，形势大好，越来越好。师院周秉钧先生来看我，带了两三斤香肠给我，现就吃着，你妈带来的已抹了酒放进了泡菜坛（戴家借来的）。自己做的驼毛袄不得法，毛都出来不少。你妈棉裤等把这里的旧丝绵扯好寄给你时再告你尺寸。（11傍晚）

这里还是21度，中午更高。曾在市场买乡下人做的木沙发二几一，连运费22元，你过春节来时带沙〔砂〕纸和漆来。这里一般可用的沙发一套需三百多元，好的七八百元。广东、湖南有河蟹，都是新移殖的，和上海的一样，很好，且不贵，元二角一斤，今买两个4角几。恰金瑛、鲁渔来，你妈同去问计算机，没有，过去有，须港币买，就是值50人民币的港币，不是直接用人民币。

父字　12.13（1979）

上午金娘娘来，吃了午饭，同去下九路走走，此信明天投。（14）

你那沙发，在上九路要120元，你春节来可为我们买一套来[①]。（15）

5

苗子：

昨发信后，晚八时半王夫妇来，我看出他为进修人员事内心有点怕出洋相，来的都是已有一些剧史根底的四五十岁的讲师或副教授，所以来解释前嫌，似带道歉意。既然如此，我不能不高姿态。我说："过去的我从没放在心上，不必再提了；我已讲不得课，若开座谈方式，我参加好了。"他很高兴，好像有"似释重负"神情。

这样一来，我五月赴温或长不可能了，至早在七月半。那末，你春节要来就作准备，不用布票的毯子等物可买，孩子织衣的绒线也立刻买来织，钱由我给。你那时来，莫扬仍要妹来陪伴，勿住娘家，楼梯不好爬。产前最好吃肚子；鸡以产后吃为宜，勿吃辣椒！晚饭到娘家吃，走走路对生产有利。

刚才戴伯妈来说教部和卫生部有文，对老教授要特殊爱护，今后一至四级教授病，医务人员须到教授家看病，勿要他们来就诊，这和我在京听说的相同，也就是戴伯母说要把老专家当国家的宝贝。我"改"事大概快了，前一次王来，我很硬，我说："中央、省委都认为该'改'，就行；我并不重视校不'改'，所以我一直不提此事，反正我老了，专心拿工资养老。"这次我看出他的神态，表示好意说有"改"意了。

你来不买吃的东西，本只要三样：龙牌酱油一瓶，"白塔油"几块，花生酱两斤。买到就带，买不到也无所谓，临上车杀两支〔只〕鸭子来炖海参、

---

① 原信"你春节来可为我们买一套来"被划去，下有一段文字云："别听他的买沙发。今天还得寄百元给秉经，他说结婚，谁又知道他真假。总而言之，这几个月比较要困难些，因为我那件补的工资得的300元，总务处扣了一百元，还有两百给他们扣，真是无理的做法。"参见本书第333页影印件。

虫草吃，腊肉、香肠都不要。这里香肠味非长沙的可比，也只三元二角一斤。椅用桐油擦一下算了，或喷一般漆，实则此间漆好的只多六七元，我们过了年大概搬家。

校长李嘉人心脏病逝世了。五个研究生走了一个，四个原也不想续搞一年，现知教部派的卅个进修半年，他们也想再搞一年了。小周很好，正做满一月，忽接广西电话说她父亲（生产队长）在几米高屋上跌下来伤重，要她立刻回家，她舍不得走却不能不走。我们用人的运真差，黎的大姐好，也不愿走，偏家人催她回家；晓铭被她舅父带走；小周老实，不想出去玩，肯做，听话，偏她父亲跌伤，她舍不得走，在哭，我说："你随便几时再来就来。"

有皮蛋（先买试试，好，才买）买 50 个，前托买车票的人，原许他十个，得给，其他留着待客。沙发不买了，移家后再买漆好的几张就行，大客厅，让空着，即使有钱也不买（350 或 700 元一付）。（30）

你读电视大学抑什么进修学院？我弄不清楚，修满学科后也算和大学毕业的同等程度吗？告我！《学术研究》给我的杂志和二十份抽印本寄中文系都丢了，今补寄我，下次寄你，小朱如要看借他看，你和前寄《南方日报》都存起来罢。你读完功课有被提升为技术员的可能吗？必须把本行的书译出一册才行。（31）

来时带十斤炭。你妈要你把莫扬那双高跟鞋给粮店杨三毛穿一下，知其大小，因杨伯妈曾托为三毛买那双式样的，你只说妈来信要试大小尺码，买了托人带到长沙，不说你来（对任何人不说到广州，免专为人买东西，莫扬也勿告诉别人），你在走前办就行。你失眠是无营养的结果，千万在食堂添点菜，早上千万勿专吃炒饭，莫扬省是美德，但须有分寸，太省对健康有害，向医务所经常拿 B_1 吃。我现每晨服 B_1、B_6、$B_{杂}$、C 各二粒，这些东西，我只要戴伯母开就拿到，每饭吃两碗是 $B_{杂}$之功。你过去刷牙出血，本有"坏血病"，须天天服 C。我是为了使大便天天通，这里容易上火。刚才系主任吴宏聪来，表示客气亲热，我对季思的高姿态，他们高兴了，放心了，要不然，培训任务是部给的，他们内心非常着慌。（31 晚）

昨下午你妈买到冰冻鸭一只、酱鸭一只、鲜边鱼一条，今元旦，过得不错。

这里鲜鸡蛋角八分一个，长沙如只角二分，你妈说可买五十个。皮蛋必须当场试一个，好则马上买，勿等回来再去买，怕换了一篓。孩子毛绒即买一斤可打许多东西。如带的东西多，买卧车票好了。怕无坐位，过春节车上人一定多。

元旦　父字　（1980）

6

〔苗子：〕

戴师母要的一斤特辣的干辣椒必须早托人（不辣的不要），一定要办到！分配给我的屋是楼下最不好的，我已提出不要，如二楼都已分配毕，我情愿住池边三间一厅副教授、讲师住的二楼。不仅我，很多人有意见，故停止分配了。刚才系副支书来说“我们无权，但把您的意见告诉总务处”，我没提起的话，他倒提了：“如没有木器、沙发之类，系可提出请拨；助手问题，正在研究调谁好。”看来，对我的态度大变，也许接近于“改”了。我说：“王起先生希望我搬住东北区，近点，以后有事商量方便些，其实，我觉得池塘边也可以，问题是总务处依据什么原则分配的？”老实的都吃亏，谢文通近七十岁住四楼，走到二楼就坐梯口歇一下再能上去，他是三级，原说一、二、三级住，但系主任年青的四级也住二楼。所以有位病号三级的住楼下和我同一座的说：“和大钟楼有关系的人就可住好的。”我是愿降级住房，想不至说我要好的，若住池塘边，离系更远，正好，我更可不到系里去。

信到，吃的什么都不要，皮蛋只要20个，这里贵得不多。你妈衣裤尺寸是只有那么大。灯芯绒，你来时自己去看。奶油如买到，则多买几块都行。莫扬最好到湖医检查一次。我并没答应带研究生，即来进修的，我也止答应开座谈会时（半年约四五次）我参加，每次谈二十分钟就行，不能推干净，否则会越弄越僵。刻得杜迈之复，说何汉文与他都未改正，魏则改了。

昨开始注射“丙种蛋白球”，一月一针。即使治不好哮喘，却可以增强对各种疾病的抵抗力，苏爱人为我注射，她注射过不少，说很有效的，所以每针合九元。系中已在考虑我的助手（研究调何人给我中），房子如二楼没有，我愿住池塘边。并说如要沙发，将来系开条子去请给，这都是副系总支书来自己提起的，看来气候有点变了。170 元十日即付汇。（9 日）

你妈说宽条绒好像看到过，要多少尺来信告就去看，有就买下。杜的民盟候补中委恢复后，十二月省政协委员也恢复了，却仍未“改”，听说在审批中，快了。放在坛里的腊肉、香肠也霉了，所以这类东西都不要。只要上车前杀两支〔只〕鸭；腊八豆，托购的一斤极辣的“五爪金龙”。奶油、酱油、花生酱有则买，无也可，皮蛋好的只要 20 个。《羊城》要的词已做成，等月底交去。王是不得已，内心矛盾，怕吃不消，又恐我参加座谈，吸引力比他强。我只让了一点步，参加座谈，其他仍不管。这样，校方和系都满意了，比弄得太僵强。你妈上罩衣料用“的确良”也可。你自己做裤千万勿做小裤脚，此间已过时很久了，最好大点，但勿过分大。

1.10 上午（1980）　父字

7

〔苗子：〕

这里也冷起来，温度降到十度，曾先生说过春节时最冷，气候已和 57 年以前不同，所以你妈希望棉衣、罩衣可等你带来，棉裤最好先做好寄来，勿做太薄，衣裤都是八两到一斤棉花也行。我已穿驼毛袄、卫生衣、棉裤。球蛋白针似有效力，我在八日前一周每夜到半夜起膝关节就痛，是北方人说的“寒腿”，八日注一针，当晚起迄今膝盖处就不痛了，原来每晚小便二或三次，且量多，现在只一次，量少，大概它是增加抵抗力的，流涕，不管冷热，尤其走路、吃饭时必流，倘能不流，就更可证明。还有三针，刚才由戴师母拿去放进冰箱保存，因一月只注一针，倘注完后确对哮喘有效，还须再买两针。钱紧张，刚才又汇贝姊 20、江媛 20 元。想在春节前汇还世评爸爸 100 元，能否办到？还不可知，苞叔 100 元只有在春节后汇了。（1.14）

你千万勿做小裤脚，已过时。腊肉、香肠都臭了，勿带，鸡蛋、皮蛋也不要。

戴师母说过春节车特挤，须早点买卧票，勿到临时才买。你妈买的那条裤脚太小，今年下半年就变古董，千万勿再做小裤脚！！！

那些杀鼠的米，想已丢了，可惜！只好带一包鼠药来。书和收音机（内里）被咬得稀烂。戴师母神通广大，不但为我设法到日历，而且有月历。昨她姊从长来，使我想起一物，你走时鳜鱼不一定买到，有则买，可到腊味店买一二斤“卤肥肠”来，她姊昨就带这东西来。年内大概不搬家，任拖下去，因东北区那房，我不要，要池塘边二楼，他想是怕上边查时碰钉子，不敢给。信到了。阿贝是“无锡河埒口农机厂董静兰”。赵五哥的甥女是好人，真记得那天我随便托的事，应去信谢她关怀。现在不是我们不愿住塘边，是总务处怕部或省知道会发脾气，所以不敢给，说换一个楼下，我因分配不依原则，所以让拖拖再说。附信转莫伯伯。我们现在想得通，吃得好，家事都由小周搞，你妈身体很好，可惜有心脏病，不能注射球蛋白。莫扬胎位不正，医生没法想吗？你妈马上问一下戴伯妈看，同时她姊姊正在此（广州军区医院四十年老护士长，早退休住长沙，不久想住上海去），也可问她，下次告诉你。亦龙伯伯信正来，他认为我对王的处理极为得体，我自己也觉如此办好。

父字　1.19

花生酱、奶油、酱油没有不要紧，只要临走前鳜鱼（无也行）、鸭子、卤肥肠。这里天气真好，温暖得很。临睡前服二片 B_1，睡眠极好。戴伯妈说：胎盘不正，不要紧，只要晚上用艾绒熏足小趾三四晚就会正起来。艾绒若没有，可到兴汉门妇女保健站买。宽条绒有，明天会为你买来。秉经来信附。干辣椒只要辣，不一定五爪金龙，这半斤是给戴伯母的，还有，买两盏“煤油灯”来（大的），这里近来常停电。熏艾绒后些时，最好到妇女保健站检查一次，毕竟是专业单位，靠得住些。现在莫扬心中先有个请谁来“坐月”时护理的打算，免临时请不到合适的，钱我出。

父字　1.21（1980）

8

苗子、莫扬：

我因胃痛发已躺了几天，昨开始吃东西了。房子暂搁等过了春节再说，木沙发这几天就漆。木炭不要了，勿带！煤油灯两盏（大的）要买，戴伯母是“吃通了的”，她有法弄得煤油。如有江浙水磨年糕，要买。这个时候，戴伯母一再说，莫扬勿吃肥肉、鸡，甚至连饭也勿吃太多，多吃水果，产后吃鸡一类补品。今天你妈生日，中午吃排骨汤面，晚吃饭，“红烧大转弯”（鸭翅膀），鸭掌猪肉萝卜汤，仅此而已。她的棉衣裤最好是五六角一尺的线春，罩衣用的卡，都不要太贵了，因你交了卅元，就急了！要你切马上告诉高伯伯。老鼠药、蟑螂药多带几包！有瓜子、麻园它带点来，为的是买了一个“五星盘子”，花生米已有，是胡子安从南京寄来的。烟几条（不要过滤嘴）。

写至此，坐床上吃面，收到你舅舅信，说你和莫扬那天去，莫扬肚子越发大了，舅妈要她勿骑单车，我也以为坐公共汽车好，迟点车就不太挤，让迟到点算了，勿只想到奖金。世评又寄来墨鱼，苗可带些回去留在莫扬坐月中吃。老左信到，你要他给友信把车送我处来，你来时可骑，归时带给左。你走前要买的是鳜鱼、鸭子、卤肥肠，水磨年糕、白糖年糕二斤，凡是肉一概不要，这里多得〔的〕是。前要你问杨伯妈为三毛买的皮鞋多少码一事还记得否？把莫扬那双给她试一下！来时一定买卧票！椅子已漆好。这里冷了，室内〇上八度，夜半五度，长沙如已下雪，路上一定冰冻，莫扬切勿骑车，太冷且冰冻时请假算了！！！不要舍不得那几块钱，如心痛，扣多少，我补她。问小朱，朱正已去京未？《文学遗产》第一季度复刊，不附在《光明日报》，以杂志形式出现；《文史哲》第一期起对外发行。来时不用带粮票，带一包苹果绿染料（染窗帘用）。

父字　2.3（1980）

9

苗子：

信到，杨世文信早看到。我坐在床上已十多天，胃痛好了，咳嗽、气喘依然。今年春节前不搬家，房子不多，棉被不够，已答应廖江媛来过春节，那个孩子最好不来。家有客人是麻烦事，我们最怕麻烦，以后凡是有什么人要来，最好都谢绝。莫夫子、小朱刚才都来了信。昨去定《羊城》，邮局说未得通知，但来定的人太多了，这个报将来会大红。小廖来住是去年已说定，近又来信说好的。你舅舅、舅妈本说今年来，我也要他延到明年再说。舅舅送的东西你带来，不要其他人送东西，什么人的都谢绝。这里每家可以买肉类60元，我们吃不完，价比长沙差不多。你妈有一件衬衫未做完工的放在高伯伯家，不管已做好未做好都带回来，因戴伯妈家有机可踩。把下方代你妈写给你舅舅的撕下送去。

父字（1980年2月4—9日之间）

致赵铭彝* 4通

1

彝兄：

手教到。我一直在养病，气喘虽依然，健康是比在长沙时好多了，但不出外，所以连阿苏兄都未见面，他原已退休，近挂了文化局顾问名义。

上个月我总算公开露面两次，一是应“省社联”邀到肇庆专区玩“星湖”，住了五天；一是省文化局召集戏剧工作干部学习一周，派车来接我去讲一次话。中大十一月纪念校庆55周年举行科研论文讨论会，指定我提一篇，所以赶出《论〈长生殿〉的情节结构》约三万余字，一俟印成，拟寄你、古虞、陈多各一份（已嘱寄戏剧学院），一虹兄地址望示知，俾便通讯。

我的《剧史》在66〔年〕秋已失，秋凉后赶着整理被鼠啮之幸存稿《五大名剧论》，戏剧出版社如要，明春（也许年内）可寄去（《西厢记论》《琵琶记论》《还魂记论》《长生殿论》《桃花扇论》，共五十余万字），兄如去信，可先提一下。手头没有什么短稿，《戏剧》和《电影》，暂无稿寄。“剧联”五十周〔年〕，我想写点回忆，不知在几时举行？希告！

令郎来穗，务必到我处来一趟，由市内到中大有两路公共汽车——14路（由北京路坐车）、25路（由南方大厦附近）都到河南“荣军学校”下车，中大的西南门就在“荣校”对面，进门是一条水门汀路，走到可转弯处向右转走到池塘边，沿池塘走完即我家附近，问一下“77栋甲之三”便可。

---

* 赵铭彝（1907—1999），四川江津人。话剧、电影评论家，退休前任上海戏剧学院教授。

田洪同志仍在京，云十一月才回长沙(是等文代会开后)。读过一、二期《戏剧艺术》，张庚兄文，已读过。此间剧协印过学习资料，转载了古虞兄与张兄文。“剧协”最近要出双月刊《南国戏剧》。不多写了，祝

俪福

弟 董每戡 9.9（1979）

广州中山大学西南区 77 号甲之三楼下，信可径寄。

2

彝兄：

复教奉到。这几天我正忙于整理有关戏剧史专题研究的二三十篇论文，因 57 年人民文学出版社曾印好（当时只九篇），我跌了交，终于回炉化纸浆，现在该社拟重印，所以赶着整理。“剧联”50 周年纪念文，决定写两篇：一是关于《C 夫人肖像》演出的；一是 1932 年底至 1933〔年〕正月在新世界连续演出一个月的情况。的确，现活着的同志已不多，写这一段回忆文，我们是“责无旁贷”。

令爱回国，她是嫁华侨的吗？如经过广州，极盼姊弟俩都到我处玩！古虞同志如体健尚佳，不必萌退休之念，不生闲气，乐观对待一切，我就是如此，才给我活过来了。成都的刊物，好在明年才出，当想个题目为它写点寄去（本有一《说影戏》文中谈到四川皮影正好给该刊，现收入论文集了，所以不寄，怕该刊在书之后才出）。剧校的《戏剧艺术》上有“夏写时”文，夏是该院毕业后现在任教的老师吗？我读过他两文（一在《文艺论丛》上），也有些意见。陈多在教学抑编刊物？吾兄仍作为“退休”，抑已收回拿全工资备顾问？统望告我！（在师大的许杰、施蛰存等同志都又回校任教了。）匆此以复，祝

双安

董每戡 9.22（1979）

3

铭彝同志：

我 17 飞回广州，23 就病住医院，12 月 3 日才出院。这两篇稿子是我论文集《说剧》的东西，虽已交人文出版社，印刷缓慢，恐在明年六月才能出书，所以奉上请转贵院《戏剧艺术》，因我曾答应吴同志给该刊寄稿故。

这次会人太多，我有些想见面的朋友未碰面，你校杨村彬同志即其一。你的健康比我好多了，仅眼睛有问题，矮小的人大致都是长寿的。《大百科全书》方面有无干部去找过你？我在会上提名请你任编委（关于话剧史方面）。病才好，需休养，不多写了。致

敬礼

董每戡　12.6（1979）

4

铭彝兄：

复教悉。姓吴的要我给稿，已答应，所以寄上，因忘其名，才托转交，你那样交代，就很好。

昨听人说侯枫任省文化局戏剧研究室主任，很可能，一因他是省委文教书记把他调来的，二因该室主任原是外行，副主任是我在四川三台东北大学时的学生，广东人，在此已任此职二十年。《南国戏剧》对内没有可看的，过年对外发行，那时一定设法来寄给你。在京看过白尘兄的《大风歌》，我认为比《王昭君》好。写到此，侯枫兄信来了，附上。工作岗位恐也就是上边所说的那个，这里最有魄力的就是文教书记，既调他来，即使不是主任，也是顾问。我以为目前名义最好的就是顾问，不顾不问，落得养老。我在此虽无此名义，也不顾不问，把带研究生任务也推掉了。养病过年，1980 年起还想奋斗一年，整理旧稿。致

敬礼

董每戡　12.15（1979）

致梁中民[*] 1通

中民同学：

信已读到，你在当戏剧工作干部，这次省文化局集中干部学习一周，曾接我去讲话，怎么你没有在内？我是5.4回到中大的，在长沙住了廿多年（58年国庆后离广州的），足不出户，养成了“老僧入定”的习惯，埋头写作，可惜在66年秋天，书籍、手稿、衣物统统被抄没了，两手推写出来的120万字失去是使我最痛心的。《说剧》在57年加四篇印好又回炉变纸浆，近出版社决心重印，将后陆续寄去的一些寄来要我整理，这几天正为此事忙，共有三十来篇，明春当可印出。我得了肺气肿、气喘病，无特效药可医，动辄喘气，走动困难，所以不出校门。今后只想专搞科研，把失稿及幸存而被鼠咬了不成篇的稿整补和重写出来，秋凉以后当开始整补《五大名剧论》（共约五十万字），希望在明年上期交印。我现住“西南区77号甲之三楼下”；东北区（原荣光堂后）新建住宅，已成两栋，国庆以后可能要我移那边住。匆复。

祝

工作顺利

董每戡 9.24（1979）

我爱人同来，多病；董苗在长沙工厂工作，今年35岁，最近才结婚，这几天两人都在此，周后回长。又及。

---

* 梁中民，广东佛山人，1956年毕业于中山大学中文系。

致王果[*] 2通

1

王同志：

两信均奉到，忽然忙起来，所以未复。一是人文出版社拟印我的戏剧史专题论文集《说剧》，催整理和补充旧稿；二是指定提一篇十一月校庆科研讨论会用的论文；三是社联把游肇庆时学术讨论会一事在《南方日报》上登了报导，多年关心我存亡的朋友和学生纷纷来书，忙于写复信；四是全国文代十月可开成，广东省剧协须交一篇《广东卅年戏剧》的报告，要我提点意见等等。闲了十几年的人，因而忙不过来。答应朱正同志的稿债还是还不了，就因忽由闲到忙，弄得头脑昏乱。平江环境既然清雅，乐得安下心来干几年再说。

我是决心在此养老，过些时就动手整理幸存稿，明上期也许可以重写失去的戏展史，培养进修教师及带研究生的任务都已谢绝了。晤朱同志，望转告，债一定还，只时间上会再拖一下。我想和两篇回忆左翼、剧联文一起写，明年是剧联 50 周年纪念，老友来书说："你必须写点什么纪念，因当时的朋友许多不在人世了，我们活着的少数人似有义务讲一讲，记得《C 夫人肖像》的演出，给那批所谓艺术家以极大的刺激，当时把这批家伙的荒谬言论，一一挑出示众，颇觉快意的，赵丹最近在戏剧学院讲课也提起这事。"今天来书要我早点动手写，说自己已写了一些回忆备用，我答应一定写两篇。我在长沙廿一年是出世，养成了"老僧入定"的习惯，今后恐要入世，得出去

---

* 王果（1922—2014），湖南长沙人。曾任湖南师范学院平江分院负责人，退休后任长沙老年大学校长。

走走，只恨气喘病未痊，目前正想尽办法来医治。

你问可喜的消息，虽然有，连我也不大相信，以我们学校而论都原封不动，英雄们仍有权势，当然一切不能如理想，喜讯只是空想浪传而已。

俪福

董每戡　9.30（1979）

2

王同志：

读手教，始知蒂子曾造府拜访一事你尚未知。因上月忽得中宣部来文以我为“特邀代表”出席四届全国文代会，我在28日飞京，她即抓这个机会于29搭车返长，11月十五日回校，我在十七日回来。在京二十天因心广而脸上长肉了，广东代表团中有些人对我特殊照顾，遇上阶梯总有人搀扶，除每日服几片止喘药外，虽冷到零下，没有发病，倒是归校后精神泄下来，躺着休息了两天。碰到了二十、三十年代的老友不少，“劫后重逢”，悲喜交集，走的那天正开冯雪峰同志追悼会，上午八时就赶往机场，无法与会。

你搞行政，又要备课，我以为到上台讲课后，还是辞去行政职为妙，老手教课可不费大气力，乐得悠闲些。今天校方就与我商量明年带几个研究生，我没答应，我说：“身体不好，马上须整理被鼠咬的《五大名剧论》，明年下期为了重写《中国戏剧发展史》，已和北京文艺研究院及中央戏剧学院负责人（张庚和金山）约好赴京住半年看两院所有的资料，所以不能分心。”计划明年七月回故乡住一个月，出来在金华、杭州、上海各看几天戏，就到长沙住二十天配牙齿（长沙比广州配得好），回校后到十二月赴京。

因《大百科全书》的《戏曲卷》须上马，我已被邀为编委，全书78卷，索引两卷，共80卷约一亿四五千万字，预定十年出齐，“天文卷”因有四稿，整理毕已付印（这一卷编委已死两人，所以中央特强调“抢人”）。我愿意多做点有益于后辈的工作。致

敬礼

董每戡　11.22（1979）

附书信影印件

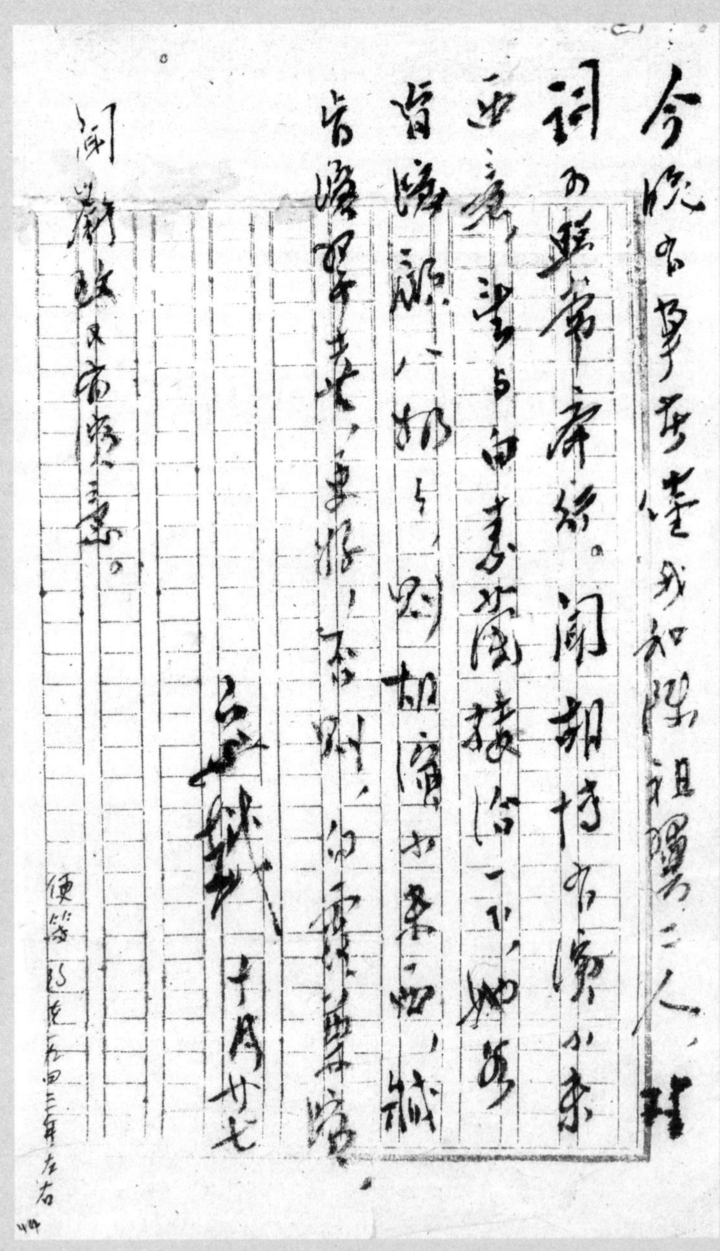

致刘黑枷1

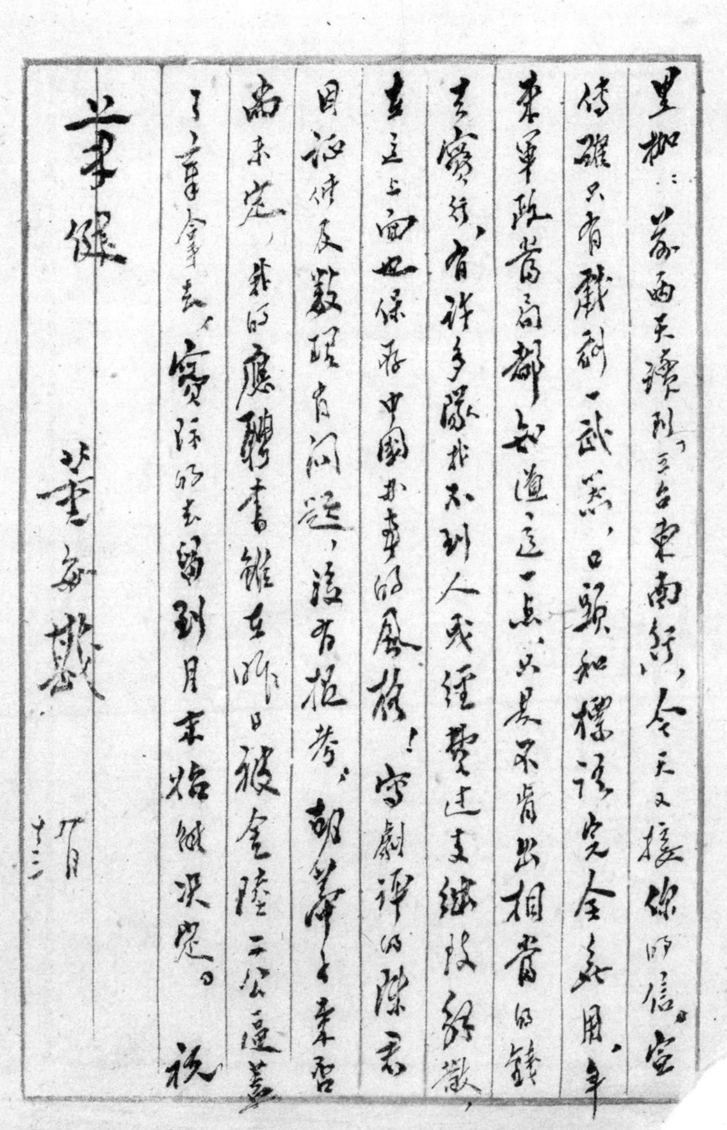

黑枷：前两天读到《三台东南行》，今天又接你的信。宣传确只有戏剧一武器，口头和标语完全无用。年来军政当局都知道这一点，只是不肯出相当的钱来实行，有许多队找不到人或经费透支继续解散，在这上面也显示中国抗战的危机！写剧评的陈素目说他及数理有问题，请另推荐。[illegible]来否尚未定，我的应聘书虽在昨日被金陵二公退还了，幸拿去，实际的去留到月末始做决定。祝

笔健

[illegible]敬

廿日 十二

致刘黑枷2

3-1

黑枷：信到，一週前胡仁自津來信說含章去世，不幸的事總跟不幸的人接近，真令人長太息！我從五日勝春起即搭船返十數年未見之故鄉，一月半後返此，大○在京三月，又去耕耘，此番的收穫，右手頗神經痛劇，已不用，此信即以左手寫之（以上係左腕），手以之寫字，手把字經久，將來或可恢復寫作，囑寫余幅秋手歸後當左右腕寫各一副聯。白塵已嫁攫及（上海北四川路新祥里33號），但似以書畫界也不行，我和他走附近自己一切底細的素叢（他去河大協任高職，由我信兄之），不過此時當尚詢及。女大學生當此不能超過東大之高，然恐此

私立金陵女子文理學院用牋

（一）

致刘黑枷3（1）

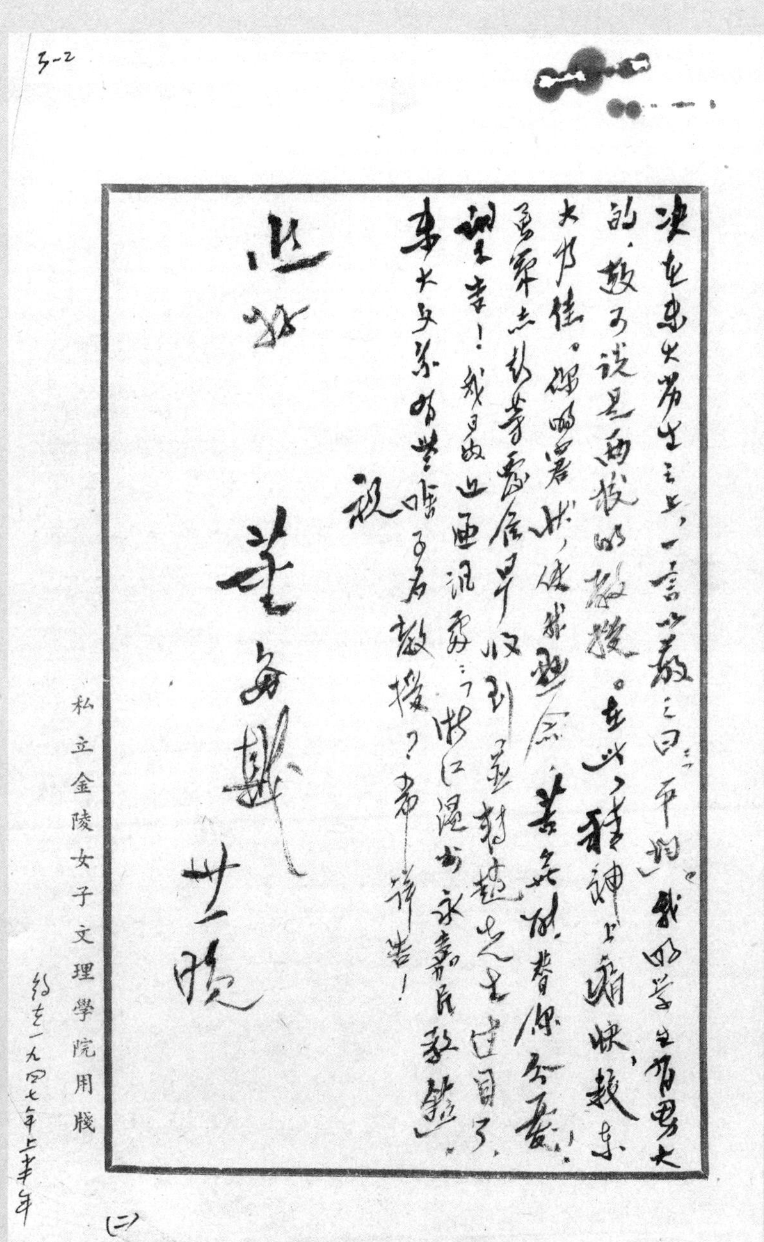

3-2

决在先生之上，一言以蔽之曰："平坦"。我的学生有费大的，故可说是西政的教授。在"精神"上爽快，较东大为佳。你的窘状，使我惦念，苦无路替你为处！且家乡亦筹备会早收到并转达之生活了，望幸！我已致函温州"浙江温州永嘉民教馆"，事大女参的告诉了否？教授了？弟祥告！

此致

敬礼

董每戡

廿一晚

私立金陵女子文理學院用牋

约在一九四七年上半年

(二)

致刘黑枷3（2）

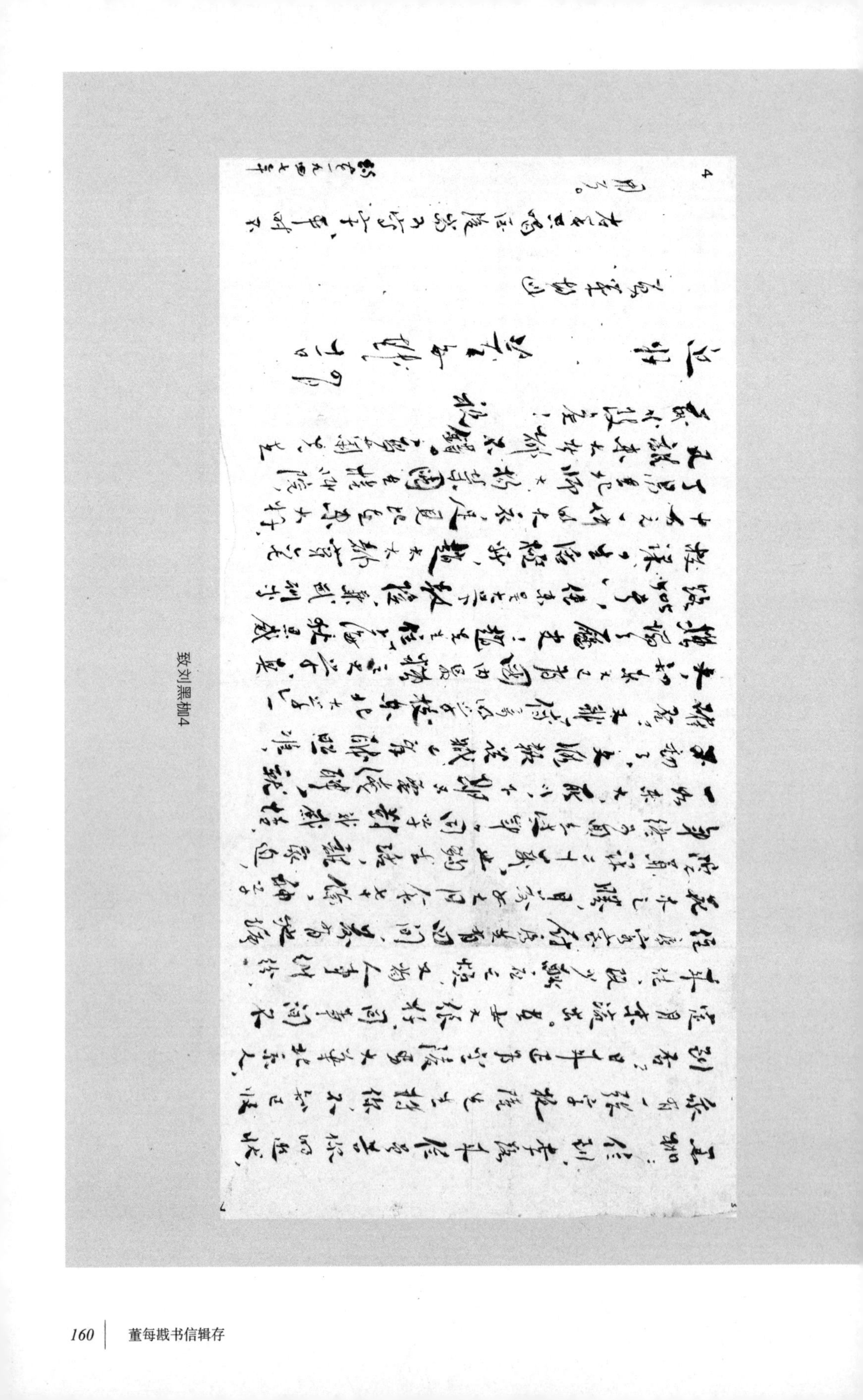

致刘黑枷4

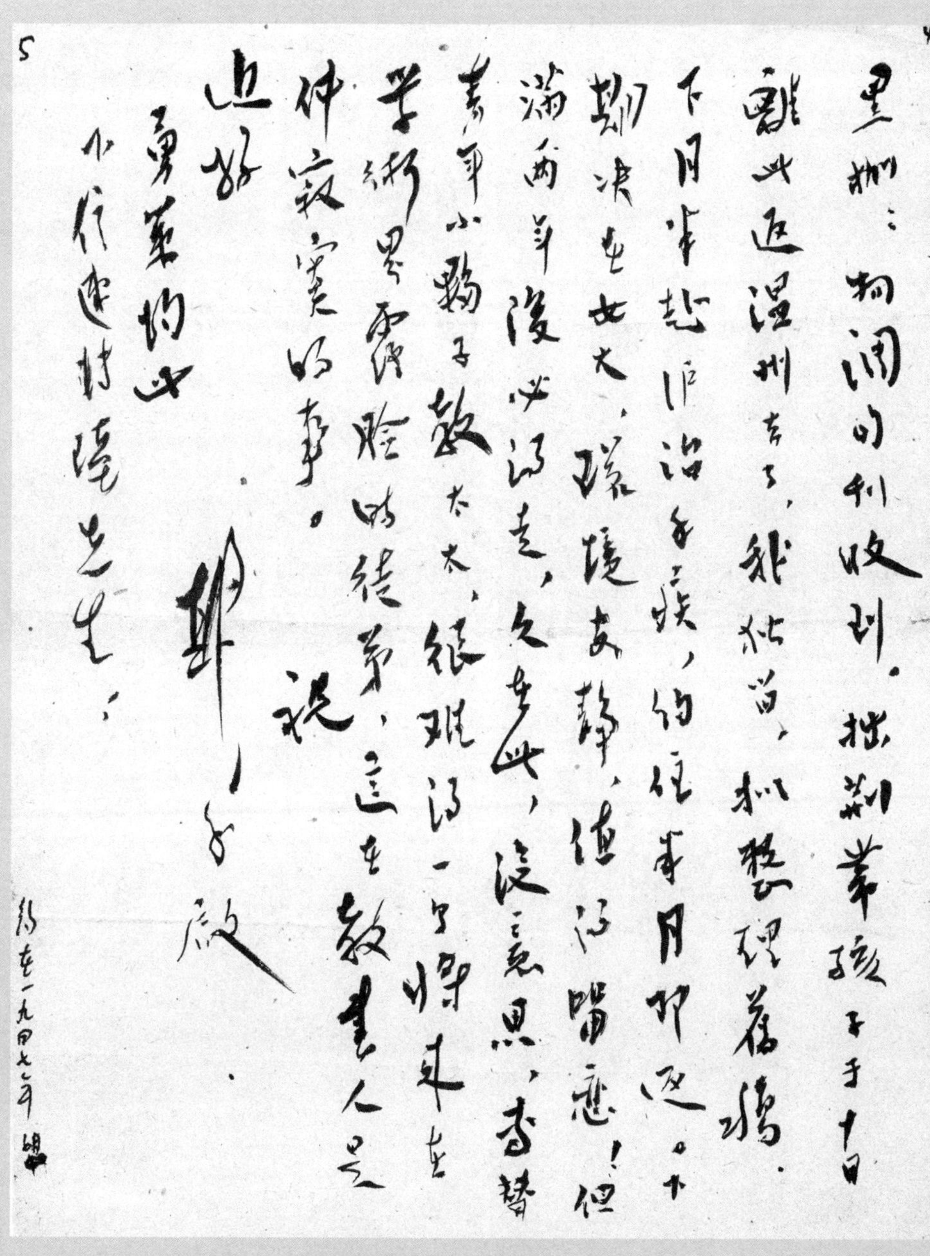

致刘黑枷5

致刘黑枷6

致陈中凡

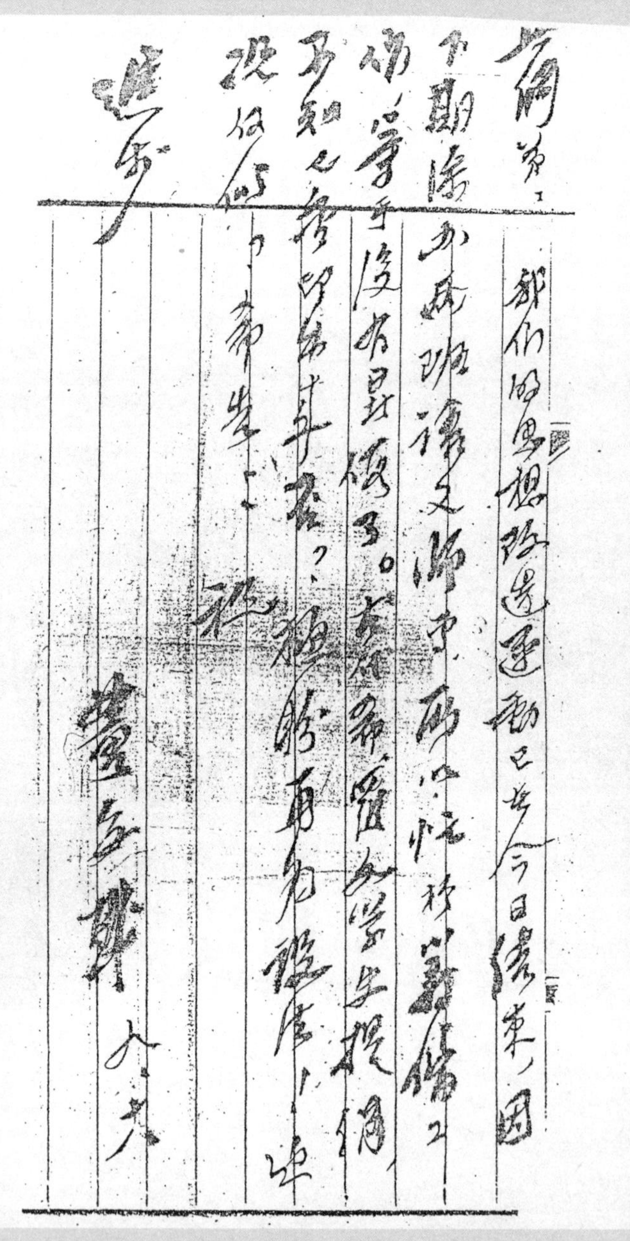

世刚弟：

你们的思想改造运动已告[illegible]，今日结束，因下期除[illegible]之外，[illegible]要[illegible]，[illegible]学年度[illegible]。[illegible]大家[illegible]提[illegible][illegible]。

[illegible]希[illegible]生[illegible]。祝

进步

董每戡 八、廿八

致李世刚1

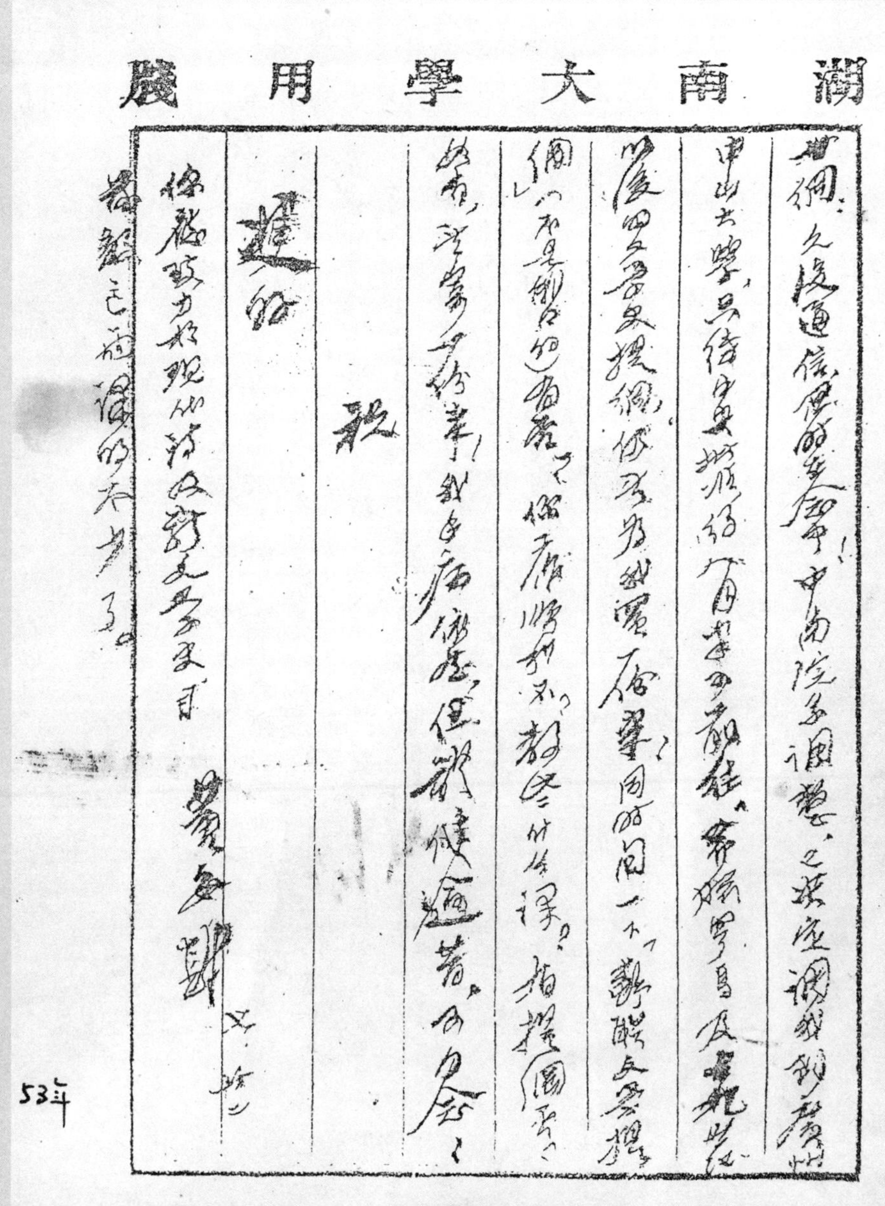

湖南大學用箋

53年

致李世刚2

世纲：

信到。我调到广州时至留东钱，旋由肇庆专署退回，令知其去向，快慰甚！江春志鸿去沈，有晤及否？纯璞先生已入民盟，甚好。中大历分部定八日公开，我负副主委责，故近来忙。苏联文学作家提纲，附给你。手病愈趋严重，昨起试针灸。静待肢已麻化，精力故比在东大时孩。广州目来皆穿棉衣，年青人仍穿夹，就是这样微寒的天气，一年中只有个多月时间，所以四季常绿叶什花，与沈阳完全相反。明天新年，顺祝

年禧

宇衡均此

董每戡

二月二日

54年

二月三日新年

致李世刚3

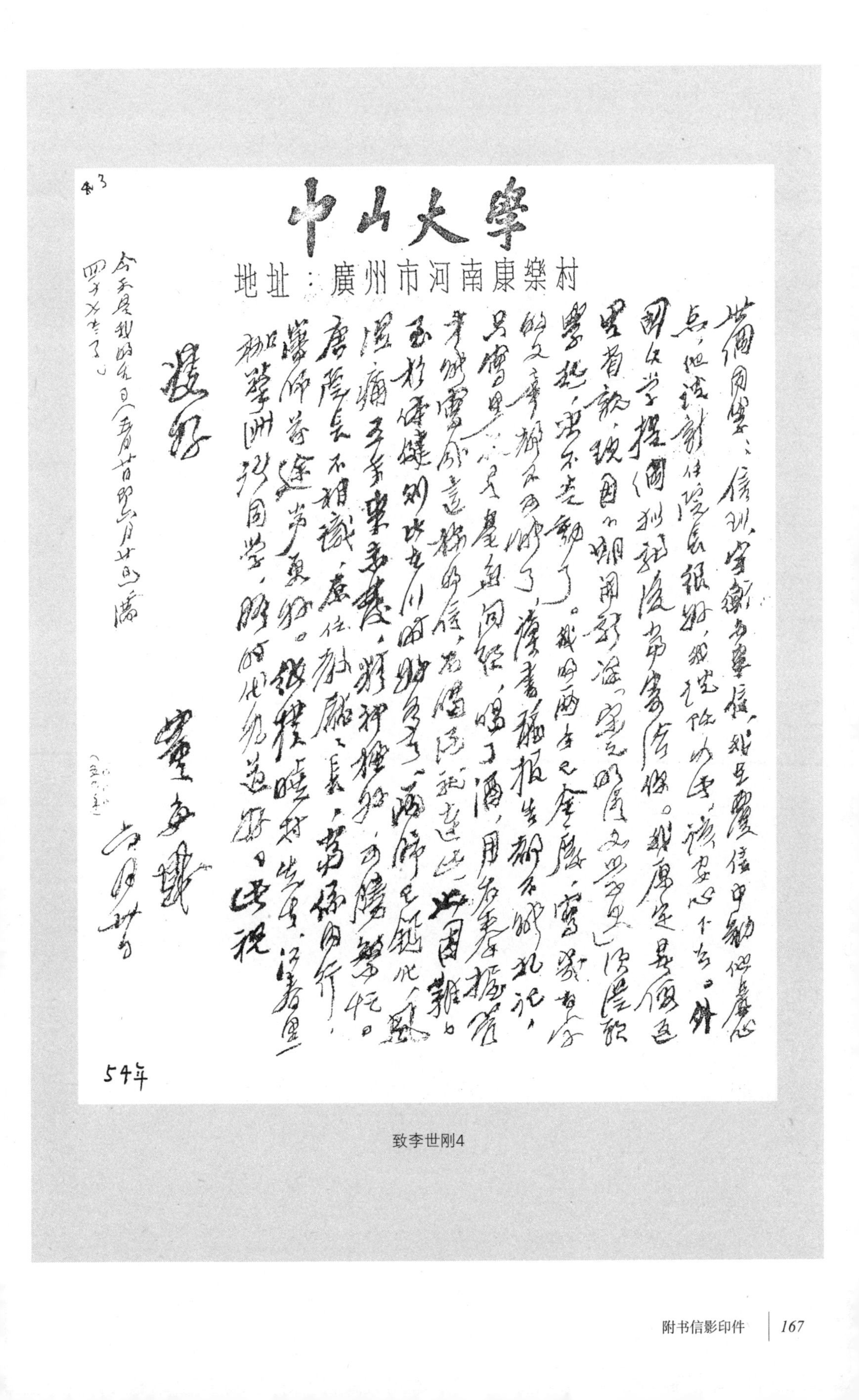

43

中山大學

地址：廣州市河南康樂村

世刚同学：信到，[illegible]

[illegible]

[illegible]

董每戡

[illegible]

今天是我的生日（五月廿四即六月廿四）满四十七了。

54年

致李世刚4

本

世刚：信收到。教部文学系[illegible]教古典的用处多了，结合大学

部的《优秀文学教学大纲》及[illegible]的新文学史两种了，[illegible]得好了。

古典文学史要通过[illegible]的目录，另方面用“学期”，分量

[illegible]张，《[illegible]文学目录》由另一人用，不像论文，提倡社会

学术会，故无法写。刘大杰的第二章（先秦）至[illegible]（隋代）已写

好，你来了，就知道了，当然，中国文学史（上卷），中大的已出版，已由

教部交下[illegible]出书，所以向新华书店[illegible]了本书。字

[illegible]总是要[illegible]手法，[illegible]两届用[illegible]一遍[illegible]，二三讲

将我们到南方[illegible]人。[illegible]上课以后，南京上[illegible]我帮助，[illegible]

部决来要走的问题。我身体很好，仍只手痛严重，快

服你们来[illegible]了。这种还是要走，写作新稿，多些

[illegible]，上课之后一周。祝

[illegible]

董每戡 九·十三

（五四年）

54年

致李世刚5

5

世刚：信到。稿子大明传是好的，目前很缺乏此类人才。我意在学院方面要是开口，即因李病，暂定讲义、现在王晓声与冯沅君主写，保可直接讨一份详细提纲。师院可以讲简史也，多个打一些具体作品。字斟句酌地去研究，南京、华南、华中师院，听说都缺乏能够的人才，南方人在北方为语上不太合式，你们是算应照顾他一下。我写的"琵琶记简说"因印刷排版，过了一个年头，现在才编辑排版，57年二月间始可印出。[illegible] 十六

中山大學條牋

因此病之后，本城字[illegible]，只能用两个手指推字，所学打字，机器缺货，买不出来。目前手每天写字作，都要到三月起始打字字稿，因早签了三年合同，在1958年底前要完成：①桃花扇简论；②琵琶简说 ③中国戏剧史，共50万字。北京将出三个大型古典学术丛刊，教案大明传的研究：文学研究、戏曲研究、戏剧研究。此间明清部分讲义整理中，57年就印——会印。

又及

中山大學條牋

56年

致李世刚6

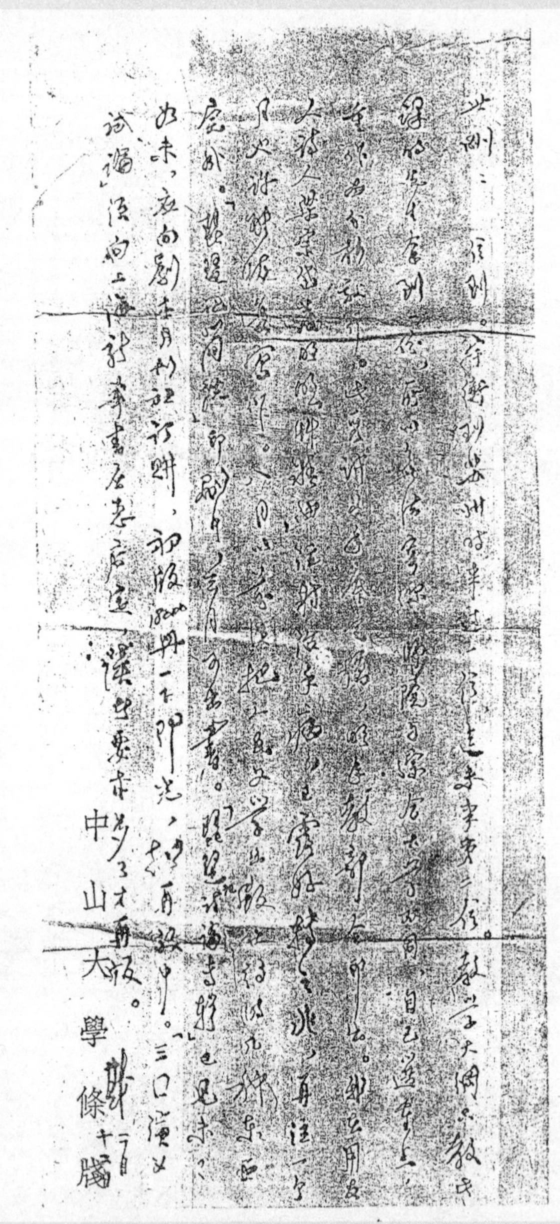

致李世刚7

世澗同学：

你信到时我正在病，故迟复。我已于六·四上午回到广州中山大学，行前适有高亨和陆先生的研究生庞学礼同志调到湖南师院，特来看我，才知陆先生已于三月间去世，我和冯陆交谊五十年，闻此难自禁哀痛！我也快满72岁了，还想活十年把文革期中失去的百几十万字旧稿重写起来，十年来因藏书全失，成为废人，现在回中大，这条件是有了。往日东大同学在川师的想还有一些罢？你的爱人蒲同学（名已记不起了）也在川师工作吗？三台那几年的生活，我常想起，那一段是我恢复教学，又安下来搞学术，对我来说是最重要的一段。这几天忙于写几十封信，暂不详谈，只将近几年的诗抄几首在此，你可以大致知道我在苦难中还有迈往之志。

读晨报题南湖古井，口占。

心非古井岂无澜？伏枥多年未卸鞍，梦里驱驰绝大漠，醒来犹欲上层峦。

自嘲

雪鬓霜髯镜里知，弯腰驼背铁弓姿，精神饱满豪情在，小住龄中敢自卑？

‘中国戏剧发展史’定稿，喜赋。（依词韵）

八亿人中一戏迷，独尊‘小道’志难移，穷居宁要通今古，究柢寻根辨是非，日展三餐甘粝藿，身衣百结胜轻肥，砚田自力多新解，笔挟风雷立说奇。

董每戡

5.8.

站岗78.683

1979年

致李世刚8

9

世纲同学：信到。照片已随此信。我自1947年在南京金陵女子文理学院任教开始手颤抖，改用左腕，至解放后左手又抖，用长锋羊毫以右拳握着悬肘写小字，53年院系调整，由湖南大学调到中山大学，56年起又不能用了，改为右手横握钢笔，左手一指顶住钢笔尖下写，推着写，58起在长沙写两百数十万字稿子都是推写成的，现在还是如此推书，写条幅已感吃力到了。今年六月到中大，整三个月，全休养病，每晨在林荫道上散步打几下太极，然后剪个大圈回家吃早点，体健比在长沙时好多了，因患"增殖性肺气肿"，气喘，所以不便于行动，辄喘气。打算到秋凉开始整理旧存稿，"中国戏剧发展史"60万字六六秋已失，想在两年后重写。十一月中大纪念建校55年周年举行科研论文讨论会，须把一篇"论长生殿的悲剧结构"整理好提出，届时印出会装给你一份。学衡前日来信说你关切他的工作，现在过去已派副系主任到成都为他推荐川大或成都大学，想不久会成功，那时会给你信，他被折磨得苦了。白尘同志56年夏在北京一见，别来已廿余年，候稿印出后当又寄给他一份，开始联系。秉臧居然成为大胖子，变化甚大，在三台时读政治系，只因跟我搞剧，至此任文化局戏研室副主任已十八年，这个变化也不小。你最好集中精力搞先秦，搞这个的人会越来越少，以稀为贵。 祝

进步康乐！

董每戡 8.4

（董每戡）

站岗78,633

1979年

致李世刚9

1

胡忌同志：

信、词刊，我想为你改上片第八句为「更何劳覆雨翻云手」。王先生表面不荐華，内心却未必不作助教们的话，我们的观念神秘由于长期，也只好听其自然。二北先生不知几时到沪？我无法猜测，怅何如之！宋金杂剧考年出，望即寄来。我的昆剧简说下月可出，届时当寄你与赵先生各一册。本学期忙到五月五日结了，我已累得精神萎靡，手僵目眩中——。

董每戡

六月廿二日

一九五七年

山大學條牋

致胡忌1

这是董先生给我的第一封信。一九五七年自广州发至上海。

仲平同志：昨接任先生转来九月发的信，始知大号。最近得任先生一信，曾复过。你的文章也看过，我意犯不着登在少人看的学报上，还是在文学遗产增刊上发表为妙，如何？警告！我人在中大，都大(不想为该刊写文章。答应了，主要的还是汪君所说，可以过去，不必再提。闻你将赴京职到书店，前途甚好，其间也许可去京晤面。我三个月来为了琐忙乱，一字未写。省市党政看重我，自己对此又有兴趣，也就花上大部时间与精力。潮、汉、琼剧及粤剧将来四月又得忙。手病好了些，但药用完了，须等到六月才有，故已停注射。三口资文试增本见不到影子，大概是重印册数过少之故。

握手

董每戡 廿三日

致胡忌2

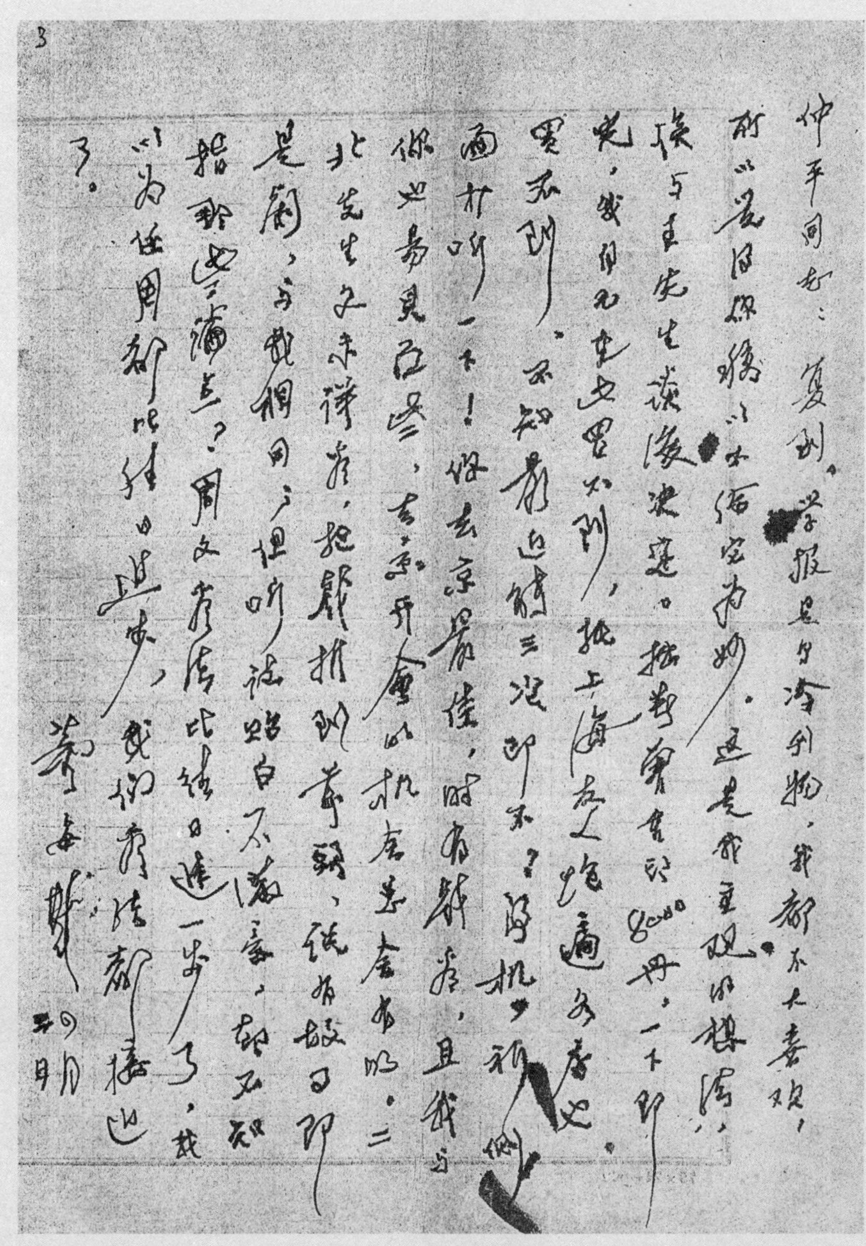

致胡忌3

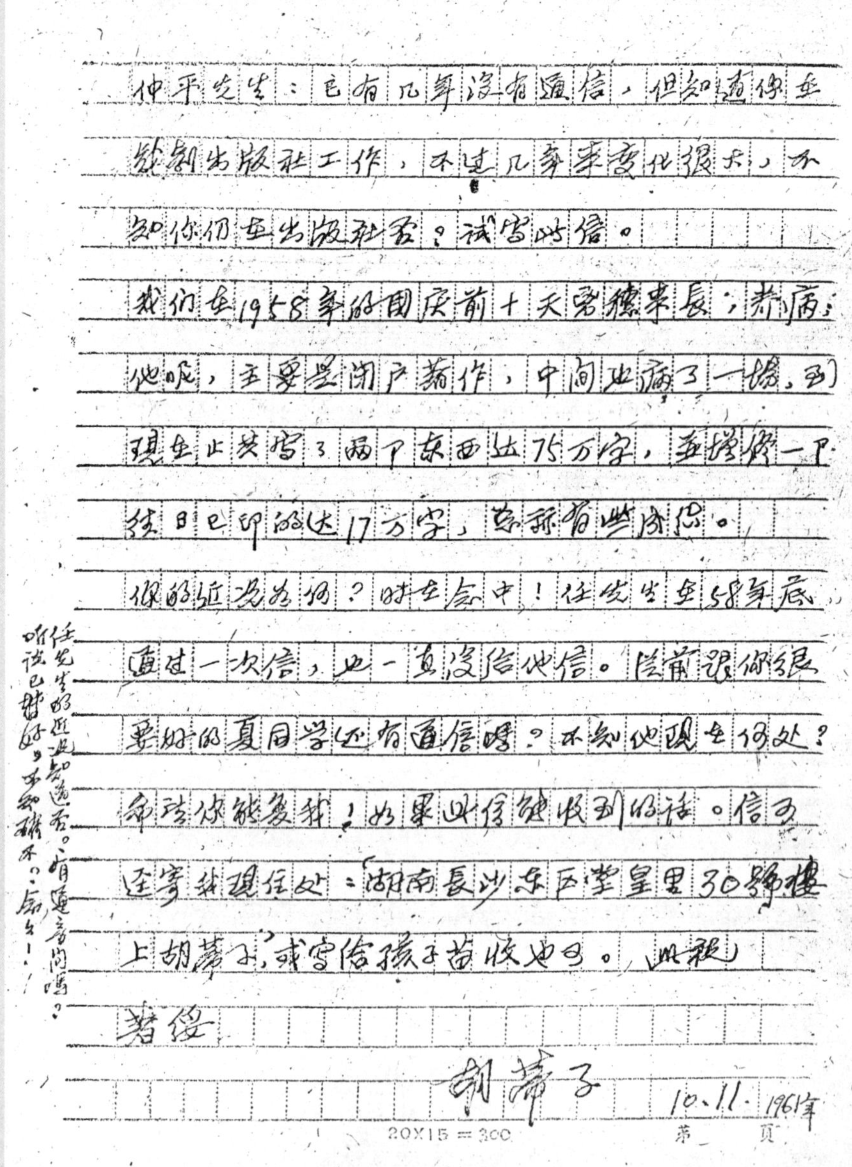

仲平先生：已有几年没有通信，但知道你在戏剧出版社工作，不过几年来变化很大，不知你仍在出版社否？试写此信。

我们在1958年的国庆前十天离穗来長；养病；他呢，主要是闭户著作，中间也病了一场，到现在止共写了两个东西达75万字，并增修一个往日已印的达17万字，总算有些成绩。

你的近况如何？时在念中！任先生在58年底通过一次信，也一直没给他信。从前跟你很要好的夏同学还有通信吗？不知他现在何处？希望你能复我！如果此信能收到的话。信可迳寄我现住处：湖南長沙东区学皇里30号楼上胡蘅子，或寄给孩子苗收也可。此致

著绥

胡蘅子
10.11.1961年

任先生的近况知道否。有通音问吗？听说已甚好，不知确否？念念！

20X15＝300　第　页

致胡忌4

胡忌同志：中大转来你信，使我喜出望外！我过去问题早已于去年五月合决，八月底中大派来两人，其中之一是你认识的苏寰中，要我全家回去，当时我答应了，他们九月初走，到现在仍未再来人，所以我依然在住了20年的長沙。20年回想，文革中被两度抄家，所有衣物、藏書、手稿（三下及其他书稿共120万字）全失，仅免于死而已。近今年初起各省都开展复查工作，听说中大有240人，正在搞。京中公安了63人全改正，今广播中央党校97人已改正93人，称校改已宣告，广州当也快了，我决心再等几个月。十多年来無書可读，成为"废人"，倖存几十万字稿被虫鼠争啮，致体無完膚，倘不久能回中大，有了做学问的条件，还拟赶出七八十万字（六种：《五大名剧论》及《说剧》）作为建国卅周年献礼之用。我喘病卧在床上写此信。希望告诉我以20多年来的生活情况为要，顺便打听孟超同志怎样了？他是我同班同学，常惦念他。我爱人有心臓病，58提请退职回長，我因已被撤消原有职位，故请准随爱人离校。董苗在此一工厂当五级机修工班長，今年35岁，近才找到对象，拟在我走上岗位之后结婚。二十年来我们凄苦的生涯，可以想见，于此不备述了。祝

藝祺

董每戡　1.24.

湖南長沙学工街二条巷12号

致胡忌5

胡忌同志：

复信读到了，冯、周去世，早已得知，傅归道山，才知；黄芝岗退休回湘之第二年亦病逝，搞我们这一行的真寥若晨星了！任老仍在川大，年已过八十，闻健旺得很，59年以后，我们未通信；如去信景深先生，希代致拳拳之意。中大前日来人，说在三月中派人来接我，若真的"二十一年还旧国"，当重写所失各稿，十多年来因书籍被抄没，成为废人，时时想写，动不得笔。倖存草稿中有一篇"从南词引子说起"是谈关于魏良辅、昆腔、昆山曲派的，也许你们院刊可用，约近万字，如要，拟寄给你，告我！季思二十年来似无新撰作，近听人说他将早年发表几个论元剧的单篇集成一册印行，且由去年起带五名"中国戏剧史"研究生，去年仆仆风尘，大做报告云。孟超兄之耗，你告我始知，一直以为沫沙兄活着，老孟当也健在的，可痛惜！文化部正筹备为"四条汉子"平反，惜悉已四缺一，田老大已不在了，我和他交五十年，因尚未肯定属实，我和他三弟已相对哭过几次了！你我都饱经忧患，不死就是大幸，正应抖擞精神为四个现代化而努力。祝

俪福！

董每戡

2.21.

致胡忌6

胡忌同志：：复信到。我那篇文是65年写幸存下来的，别无底稿，如採用，请给我几份抽印本，将来还收入《说剧》。周贻白认为以前未上舞台有弋阳腔，我并不同意，疑在元代已作弋阳腔，因拿不出明确的实据，所以避而不谈，只说成“水磨调”后始能夺得南戏帅旗。昨接中大信云因住房未安排好，所以迟到月底派人来接我，要我作好搬迁准备。你问我有多少件，等到中大后抄些给你消遣，这里一位朋友送别赠我一律，我很喜爱，因写实贴切，录给你欣赏：

忽报金鸡颁喜讯，知君乍听泪还倾，廿年思过嘶羞子，四海传疑到死生。久历河边三字狱，甚哀不梦五羊城。此行何限临歧意，湘水无情却有情。

二十年来王君到处说传我已死，故友人有第四句。当年我被批，他投大石，直到现在他仍伺机还要投，真是小人！我到校后会给你信及任先生信，你若去信，请将我返中大一事告诉他为盼！　祝

燕祺

董每戡　3.18

1979

致胡忌7

胡忌同志：

我已于5.4上午到中大，颇有化鹤归来之感！中大人比往日多几倍，住房紧张，我住的比往日少了三之一，质量也差些，从此过半乡村生活，养病，搞科研。以后信寄"广州中山大学西南区77号甲之三楼下"。中文系教师绝大多数住西南区。我今后决不参加任何社团如民盟、文联、剧协、历史学会。少说话，少交游，多写作。生活总得半个月才能安下来，在此暂不多写，俟生活安定后，再给你信。

祝

康乐

董每戡

5.5.

站岗78.683

1979

致胡忌8

仲平同志： 任先生告诉我以你的地址和字。最近我应省社会科学联合会邀赴肇庆游"星湖"并座谈学术为四化作出贡献问题，玩了五天，回来读手札。拙稿正好将来交"学术研究"用。此间剧协定十八日开到廿五日，知我身体不好，只要我去半天和大家见见面，我答应了。这里气温曾到过33°C，现只31°，夜间27°，须盖单被。我每晨在林荫道上散步，比在长沙健多了，只是气喘还未好。中大十一月开科研论文讨论会纪念建校55周年，请国内外人士来参加，九月半前我须提出一篇论文，因而月底须动手整理被老鼠咬了的残存稿"论长生殿的情节结构"约三四万字，印出后当寄给你和景深先生乞教。你爱人也在昆剧院工作吗？"关汉卿"上演后若有剧照，我希望能给我几张！祝

暑安

董每戡

8.16

穗芳7921121

1979

致胡忌9

仲平同志：手书读到。学术研究尚未发行，已嘱中文系资料室为我买，到后即邮上。潮剧将到泰国、新加坡各演一个月，回来过了年到香港演一月。年青的成长了，蔡锦坤的"楚孝广闹钗"很不错，姚璇秋还可以唱，带"陈三五娘""苏六娘"及小戏"井边会""闹钗""闹开封"去。我近忙于整理人民文学出版社为我保存下的"谈剧"稿30篇，年内付印，出书后寄给你。第四届文代大会定卅日开会十五日，蒙中央不弃，以我为"特邀代表"，我廿八飞京，大会廿八报到，卅开起到十一月十五日。

祝

近好

董每戡 10.23.

说剧书店明年出版，知道吗？

站阅79.685　　第　　页

1979

致胡忌10

正宇还和白宇合在一起，省已拨五万元给正宇独立，李匪拖延未处理；西秦的呢？不知。

仲平同志：文代会归来后病了一场，住院半月，出来一直在疗养。我因气喘走不得路，未往看半分老人，想见的老友，也有不少未晤面。'学术研究'寄给我的，都被人拿走了，所以昨才看到第六期，我那文未改动就发了。'说剧'新稿共30篇，已交人民出版社，俟下半年出书后，自然给你一本。许翼心原在省文化局戏工室当干了，今夏调暨大中文系了，寄'广州暨南大学中文系'好了。潮剧出国前我看过一晚折子戏，且为之写一短文，想已由来过年，还再赴港演一月。我已不像往日常看戏了，因行动困难，中大离城又远。唐湜即王季思之婿，在温市区工作。我的科研论文'论長生殿的情节结构'才抄完誊纸，不久校完当直寄你一份请提意见的，约有四万六七千字。据说80个重点大学派卅许进修剧史的来中大（讲师或副教授级的），季思这些年是以剧史专家号召的，还有四个研究生，要我参加，我曾谢绝；二月间这卅许人就要来，他内心有些着慌，大前天晚九时夫妇到我家来解释前嫌并送鸡蛋，我不能不表高姿态，我说：'过去的不提了，我从未放在心上。如果以座谈方式，我可参加讲一二十分钟还行，讲多上气不接下气，吃不消了。'他满意地走了。他这些年什么风头，到处讲学，是广东红人，文代会后又到开封，郑州讲学，他年比我大，文革中被打断两肋骨，割去胃三之一，但能有好食量，体健很好，（文革中老师参加极左派的只有他，挨打，人说活该，'四人帮'粉碎后属'风派'）我心想身中途温州一次，后到杭沪，最后到北京住几月看些剧种资料，想把丢了的'戏剧发展史'再写起来，不知能如愿否？昆曲史该写，将来大百科全书的戏曲卷定会要你写这一条的。纸尽，不多写了，五期学术研究我当托买给你。

董每戡 1.2、

站岗79.958

1980

致胡忌11

仲平同志：正遇"学术研究"的一位年轻编辑去，托他设法弄第五期，因资料室说同志没有设法弄到（条子附），我想这一本定会弄到。我那篇东西就是从你那里寄回的，没有改动什么，所以不必给你了；编长生殿文还未印出，待印出后定寄给你（已嘱校方寄）。我在京看了"大风歌"，以为比"王昭君"好，你们演可以卖座。羊城晚报春节复刊，我把人民日报都停了（它加价，且没什么可看的），等羊城一出你们剧院也该定一份，可知广州情况，广州确比别省要进步些。该报指定我写一阕贺词，久不弹此调，到今天还未写成。我的身体还不好，仍在疗养，常在走廊上晒太阳，想过了春节再说。暑中想回故乡一趟，九月初经杭、沪、宁看戏后上京住些时，读一些你们的资料，计划如此，能否如愿？还难定。如到京，定去访，还想看看你们的好戏。任先生处仍未去信，你去信时，祈先代候！许翼心到暨大后，我还没碰到他，他大概还在钻研戏剧这方面。我的"说剧"是交了人民文学出版社，谈定到八九月才能印出，也许在暑中，共长短有卅篇。 祝

撰安

董每戡

1.24

站岗79.958　　第　　页

1980

致胡忌12

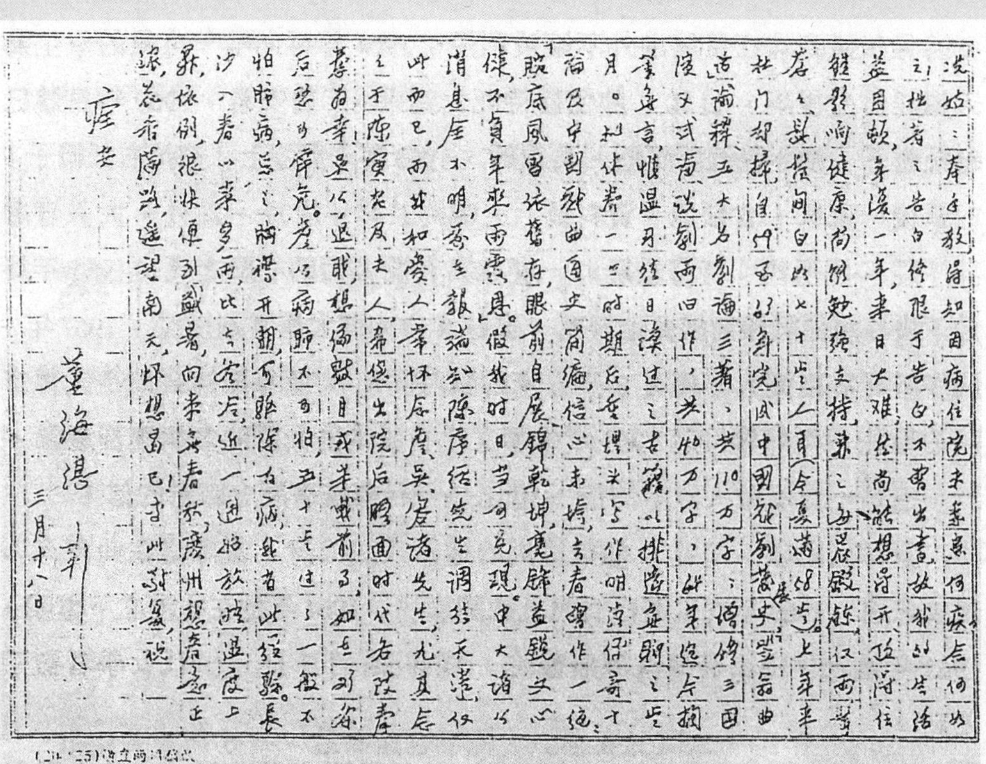

冼姑：奉手教，得知因病住院，未悉何疾，念何如之！拙著之告白，仅限于告白，不曾出书，故我的生活益困顿，年复一年，来日大难，然尚能想得开、顶得住。躯体尚健康，尚能勉强支持，兼之每晨锻炼，仅两眼苍苍，头发白如七十岁人了（今夏满68岁）。上年来杜门却扫，自59至63年完成《中国戏剧发展史》、《琵琶》曲话论》、《五大名剧论》三著，共110万字，并增修《三国演义试论》、《说剧》两旧作，共40万字，此等皆今束之无言，惟温习往日读过之古籍以排遣无聊之岁月。如此者一二时期后，乃堪以写作明清传奇十论及中国戏曲通史简编，信心未坠，去春曾作一绝：『晓庭风雪旅舍存，眼前自展锦乾坤，亮归益显文心健，不负年来两鬓昏。』假我时日，当可完璧。中大诸公消息全不明，恐无发论，除序经先生调移天津，仅此而已，而吾知爱人常怀容庚、吴宓诸先生，尤其念之于陈寅老及夫人，希您出院后暇时代为致意恭为幸。您以退休想编好日记半截前了，如您可为后悉为荷。您以病躯不可怕，五十年过了一般不怕肺病，总之，胸襟开朗，可胜深为病，然者此之经验。长沙入春以来多雨，比去冬尤寒，近一周始放晴，温度上升，依例很快便到盛暑，向来每春秋，广州想当逸止退。花香鸟语，遥望南天，怀想曷已！专此，敬颂

痊安

董每戡

三月十八日

致冼玉清

73.5　　　　　　　　　　　　　　　　　　　　1.

评：

数日前接你和你爸复，放下心，因目前还没有什么足告的了，索性有一点写一点，等半月或一月发出此信。你在三溪革办另一时期比寻上去教书好些，慢慢来，料想再过几个月一切会有不同的气象。玉芸病该进医院注射，我见过，并自己也经过一个朋友的爱人进院只两针就治疗严重的神经失常。你爸信中说你还剩二百元债，并说其中欠我们一笔，这是我没想到的，因当日寄公债时，我和你大妈都没打算要你还，望以后不必把这件事放在心上！近趋势越来越好，拟等两三个月看有何好处到我？　　（5.4）

你爸提起“再起”一点，也只看今年如何。不过我是从来泄气的，有诗为证：

雪鬓霜髯镜里知，弯腰驼背缺引姿，精神饱满豪情在，小住韬（弓衣）中岂自卑？

迷作雄心未肯灰，多年伏枥待春回，此情若得邀天眷，日暮苍龙行雨来。

十五年中多二毛，尚夭懒学首频搔，纯钢也得千锤炼，烈士何能百折挠？一事无成余浩气，三生有幸少牢骚，埋头[illegible][illegible]消长日，义不容辞岂惮劳？

市委一把手换了人，开始办七年来的各案落实，听说就揭了被扣上地，反帽子的五人；本局也解一个被开除大帽送下乡三年多的老职工。

致任世评、任锡周、董素心1（1）

1-2

2.

要普遍还得在六月里，终审是开了端，还算好。 (5.14)

信还不到写上几，无可做，索性把前月做的两首诗也抄下：

平生百了不如人，日读摩书尝苦辛。未学柳韩和李杜，年来落笔怀惊神。（杜说李"落笔惊风雨，诗成泣鬼神"。）

午夜醒来，惜失稿，痛亡友，百感交集，吟此抒怀。

八亿人中一缕迷，独尊小道志难移。穷原究委通今古，究柢寻根辨是非。日食三餐甘藜藿，身衣百结胜轻肥（轻裘肥马）。偷生为国存元气，菩萨低眉我亦低。（支、微、齐三韵同押，依词韵，自由灵活。）

这里下雨近三个月，现还在下，我穿卫生衣裤还加棉衣裤，仍是冬天。全世界气候都变了，不知温州怎样？大字报多起来，下边抗拒消灭才形式催逼现象，治安近大成问题，偷、扒、最深抒[illegible]拦路抢夺表卑来，用刀伤人，杀人。温在打击投机倒把，此间对此恶风想不久也会有措施。81号文件中有处理案件办法为外三条内八条，精神是"大事化小，小事化无"团结，已告诉家弟，也和他了解可乐观等待。本区老邮工恢复工作，名誉可为榜样。 (5.25)

我的健康正常，现在无可做，有时读读一个青年一辈的朋友小朱为我设法来的书刊，有时考虑提高你留下来的那部稿子《谈剧》和《五大名剧论》，因为前些年患肝病病了两个多月，不久阴雨，整整六个多月足未出大门，休养得好，且早晨最近恢复了锻炼之故。她身已比去年好了百之八十，除心脏病与肺气肿是急性[illegible]所以现仍服"柏子养心丸"。素心不像信我，最近寄来茶叶和炒虾。

（仅有近两年来70万字了）共计110万字

致任世评、任锡周、董素心1（2）

1-3

3.

二医由于林彪，全下农村，后陆续回到省进观卷防疫所工作，现在二医全部令回城，再成立二医中。桂南（老二）将于下月初出差来此看我。81文不知你处内部已学习否？据云中有"自五五年以来"一语，都要纠，且着重谈"五七右"的处理，望设法打听详告为盼！此是"72"字81号文件，你们交了我的处理意见经国务院批准去年八月即发出的，只是下边拖不得办，始拖至今有不得不办之势时才办。你和老邮工都是依"外三内八"处理才能解，此间下边还是抵抗，所以大字报多起来，听说有个大厂军管的提走，群众不放；有厂的革委会出不了大门，群众要他们把撤的岗[illegible]擦干净后才能去。我所道听途说来的是说：都由原单位重新[illegible]，所谈的属于个人宗派的不够右的，平反；半思想半宗派的解[illegible]，恢复工作，宗派思想的也解，给出路，不知确否？所以要打听81文中如何详谈右派案现该如何重审的？这[illegible]做是依据81精神的报告，且听[illegible]只限于处级以上干了，所以会有一鳞半爪的传闻，究未详细见读（时又隔三四个月了，想近日处以下的也知了罢？）有了消息，医革委必学习过了。"外三内八"[illegible]出来必用此。（27）

并传右有十种情况的都可解，我把后两种：大革命七年中学传学化[illegible]；高等知识分子……，确否也请打听。桂南已到此。（29）

[illegible]　31日午刻

刻接弟信云桂南与你谈过。现在她的"革任证"大概可能凭它到了，你准备怎么帮助她好了。　又及。

73.

致任世评、任锡周、董素心1（3）

2

评：因一切如旧，毫无好转，故不写信，但对你的近况放心不下，还是执笔。前要秋嫂转告的话，想你会听到：'埋头工作，闲事不管'。中央对温批评，此间已公布出来，你处安静一些吧？此间一直正常发展，并未闹出。落实工作，正在进行。秋嫂最近可拿到'准迁证'，日内当寄温迁户口。三弟至今未轮到复查，我想只拖一个时间，总算会有结果的，他的主要问题还是病。我姐的身体今冬不像前几年冬天必病，跟行'用手法'有关，尤其睡眠好极，（每晚睡九小时，而且深沉）食欲旺，大便通，似乎任何病都没有，如此锻练，还有几年活。近借到范著中国通史简编消遣，见解和目前流行的相反。有时把'纲鉴'稿参考对改，就是如此生活。她心脏病服'柏子养心丸'已四五斤，有效，但无法根治。黄照常上班，早出晚归，也30岁了，因负担重迄未进行婚姻，我们痛苦的生活一起。你处不另去信，代问两夫好！接信望详告你们和温社会情况为盼。

湛　1.29.

74

装

订

线

致任世评、任锡周、董素心2

致任世评、任锡周、董素心3

4

(28)

装

订

线

评评：这次久未给你信，是因"么事可安"，离七月间您有文要评论那一类问题，后又搁然，直到如今，职此之故。然而我无时不挂念你，只希望你听我的话而埋头工作，不管前途就好。温州情况，大致同你给我一张带机所发信中谈知，他离家近两年，欲归未得。全温是最早出的大区，此间极安静，街上除大字报都少见，德、汉都不敢逗留，供应当比前几年差，但也还不错，尤其猪肉多，自由市场以农产蔬菜为主，间有鲜鱼，别的没有，价格是比国营的稍贵。去年茶叶有二三十斤靠你供应，那时任南殿人在南昌带来两斤毛尖茶，吃完后，吃你寄的，到年终才了，接吃素心寄的到现在。我的病大，她也不小，但别不大喝。我的身体，去年可说是七八年来最好的，第一个不病的冬天，她虽常病，比往年还好好些，在这方面说，今年也有些好转，可要注意！你爸、妈和你夫妇情况，常告我！附诗：供消遣，给你大伯时，告代致意之。①致而不饿到古今，老而能读书间睛，二公型范垂千古，国学多年得自安。②莫惜春光武陵溪，春来自有许多欢，"才人"奉赵呈才艺，岂独东山老谢安？③友谊亲情在酒樽，盈千累万当分散，难忘翟老书门语（前汉书郑当时传："先是，下邽翟公为廷尉，宾客亦填门，及废，门外可设雀罗，后复为廷尉，客欲往，翟公大署其门曰：'一死一生，乃知交情，一贫一富，乃知交态，一贵一贱，交情乃见。'"）世道人间见后文！

（永光）74.12.

1975.4.16.

致任世评、任锡周、董素心4

5

周弟：我在接到世评寄来茶叶后即复一信，并附稿两篇给他读；前月25日又将当名弟噩耗发给他一信，也附稿一篇，迄今未得复，甚为念念！难道两信及稿都失落了吗？前月16日名弟还很正常，发信给我，不料18日子夜突发心悸，仅历一个半小时即逝世，医云他病了九年，精竭力尽始如此。我弟妹四个，至此全了，使我悲愴难已！我和茅子的体健近来都还好，我每晨六时到附近林荫道上风凉，散步至七时返家吃早餐，争取能多活几年。你和家人的生活情况，常在念中，盼详告！世评和玉莲的工作地点都是巨溪吗？长沙一个月来都无猪肉，自由蔬菜市场限月半为止，饮食店夜十二时前不许关门，服务各部门人员调动，后门风稍敛，工厂迟到早退记分扣工资……等，市级厂且发了每人两张纸互相检举多册多假，打击的运动似一步一步要来了。浙江"安定"情况不及湖南，这里一切比附近几省还好些。世评一心一意工作，很好。今下午如仍不见复，明晨即发此信，收到即详复为盼！祝

阖家安乐

海滨

7.12

湘中75.8

75

致任世评、任锡周、董素心5

6

评：收到你叶后即复一信，并附一稿；六月十日为告金三弟噩耗的消息又给你信，也附一稿，久不得复，最近才直函任锡你爸，几乎天天盼复，不料半月余仍不见只字，怪极！现拟再等几天，如仍未，就发此信。（八月三日）信到，放下心。你爸又提及我钱，以后勿提，你爸实和胞弟一样，我一直以为是"满弟"（湖南话，即小弟弟），所以名之乘龙，皆是告你父子。稿再附，抄存，我用时会要你寄还的。帮之乱，旅全国闻名，中央下决心以"快刀斩乱麻"，好得很！读剪报，不禁口占："你是身知党有知，长篇大论骂人辞，江湖退后[illegible]苦脸错将泪满垂。"诗禅师可谓实不中自己的一切，六月十日又给你上合关于汤一类金好够，不料一月多又无所闻了，于是挂起来。前日成一绝："出处盛世罗奇后，只惜当年耿耿心，猛虎离山常啸啸，苍龙失水不哀吟！"另附一首温州话写成的小文（我有存，不必抄）消遣。你爸说十五分只八角，在湘省最富的？入始达八角，一般都只三、四角，浙省最贵富裕。你们承德收入该多少？此间开始整理各行业服务员态度，走后门风（这只能稍敛，永难根绝，问题在有权者不肯放弃特权，不止开后门，甚至送上门，同"深乐"一样难医的病。）多懂世故，且能不必管闲事，你努力工作，这是极好！这次等信不来所以急是怕你又受波及。工作忙，稿月前勿抄，反正我若用也在半年或一年之后，不时读读，或少可多点学识。秋暖时得我存寄弟手的"西湘记游"和《几家春稿》卅万字抄稿寄还我，拟在秋凉时整理。我每晨五时半散步到附近青年宫（现为体育馆）锻炼至七时返家。已月余，体健有增，争取再活十年。你爸也有60岁了罢？你妈[illegible]提点，你大妈和我弟同年，只少九个月左右，62岁了，我已进69岁。"三〇"，将来还附给你⑤。十多几天雨，三伏似深秋，怕的是还有二十四个秋老虎。我想温州打离走谈判路不远了，情况好转后吃来信告我！

湛 8.6.

"三国"（二）（五）十七附，先附和温有关的两文，都有底稿，可勿抄。吉

[illegible]说有人到试[illegible]开文人民胡说白道，竟无依据，捏造罪状。

湘中75.3

75

致任世评、任锡周、董素心6

97

深系：老是盼你的信，放心不下，想你不至于狂热。此间安静如恒，仅蔬菜一度紧张，肉类稍减少（现每户月可买四次，每次二元（两斤多））。菌出差过宁了一次，供应更好。落了一个半月雨，秋烂在田里，本週始连晴三天，农业户口自给缺粮。 (18)

对待师这类人已有两年多不问不理，月初忽来问一下，似乎有点好转之兆，但又拖延多时，现又搁起了。待看下月有何动静？不过我估计至早也须是夏秋之交。(22)

23日得亦龙兄信，知道了温州近情，谈起物价，我真不知人民如何过活。此间虽比各省都好些，在安定中进步，天气渐热，肉改为月买八次，每次一元（九角一斤左右的），五一节每口加半斤。到了咸黄鱼，也只几角一斤。 (5.1)

看来，最近两三个月内，我的境遇是难有转好之望，仍然只有耐心等待，好的是我们身体都健，除经济仍不宽裕之外，一切尚可，希勿念！天气转暖了，等晴定后（现还不时有雨，棉衣还仍穿）拟每日出去散步，已有九个月未出大门了，苦的是无书可读，最近才重读一次'水浒全传'，稍有所得。拟再等一週，如无你信，当将此信投邮。乡下人都拿鸡和蛋入城换粮票（每斤七八两粮换一斤；一斤粮换两个蛋）。近来省粮票黑价增至三角五，三角一斤了。全国粮票则越控制紧起来，极难弄到。你表婶兹添弄到了二十斤全国粮票，就寄给你和爸妈，各拾斤。

5.19.

厂　址：浏阳河路九尾冲　　电　话：5833　　电　报：667L

致任世评、任锡周、董素心7

76年 ①

评：端午泽女来信，说你出差北京，归时经杭去看她。前5日出差上海，也拟回返时在杭下车去看三婶。我们一切如恒，乏善可告，惟体健还好，可慰远怀。日来借到'旧唐书'正在读，以解学'老而好学'的黄埃落泉，'不伏老'的心情也一如既往。近有几首绝句，录如下：

有感于刘禹锡'莫道桑榆晚，为霞尚满天'壮语而作

俗说'人穷志不穷'，为霞散绮满天红，手中一笔堪驰骋，余勇犹能立战功。

百炼千锤心尚雄，苍茫独立战寒风，精诚坚可开金石，文苑花时再建功。

韧性当师不老松，风吹雨打自从容，华年壮想依然在，豪气如虹尚满胸。

天地生才事已公，人间志士计穷通，当年豪想匡时意，犹在依稀梦寐中。

我估计月半前会有你信，先写点，存着等读信后再写。（6.6）

刚读你信，从'请念'看来，现在当体会到我往日说你当了'呆大'是没错的罢？就此一点觉悟，便大可贵，至少不再狂热了。在你面前热泪盈眶的友人，想也是觉悟后始有的感情，很好！自被单，证实'公道自在人心'，非呆头们能压得住的。还是相信我'哲夫''默默'的预言为要，迟早会证实的。我在5.19寄你20斤粮票，为何来信尚未提到？该在5.30前到玉燕手的。茶叶是我所需的，海盐在混乱的温州不易得，花钱太多，使我不安，不该为我费这笔钱。此间可说安定，就是谣多，如男变女，女变男之类，至于铁树开花，倒是真的，天心公园展览，你表嫂也去看了。等也寄到后发此信。（6.7）天气渐热，展出后大概真热起来。我还算健康，每夜可睡九小时，午睡一小时，只脑筋不及去年，健忘。由于乐观，尚能读些书。近把传奇和杂字起草的'西厢记论及桃花扇论'（共30万字，认为平生所写各稿中之状元及榜眼）再读一过，甚觉可喜，'文苑花时再建功'及'余勇犹能立战功'即指此。

致任世评、任锡周、董素心8（1）

8-2 ②

今后能否有出差湖南的可能？前日师院长率领学生到宁乡某公社去
搞开门办学一个月，昨走了，他回来后会告我以那边乡下的情况。你是当干
部好，力教书，至少在目前是当干部好些。闲来当有面书写，抽空读点书，那是会
有点贡献，做任何工作都会吃香的。文化史已标出了陆续出书，以备定购量，古的
"四史"及选的唐宋元明纪事少须读。本国人必须读本国史，否则，对不起人。元代
蒙古人把读书人排在第九等，只比丐高一等，现在也是"老九"，真是"前后有偶"！苗圃在高
中一段学得扎实，数理化都是百分，所以在厂还吃香，原搞"热处理"，进厂后当钳工，
搞"维修"，近要搞新产品，调他到技术室搞化验，这次封他为"技术革新组长"，
和书记及同事七八人赴沪参观并买设备。我是主张调读书的顽固老头，然以
为你们还有几十年活，必须读书。昨夜我梦见母亲，这还是第一次。春节时我
来一信，我赖发这个"痴呆人"。包裹收到了。

湛 6.8.

76

致任世评、任锡周、董素心8（2）

9-1 (1)

评侄：你信都收到（提收到20日的及6.27发的）。当6.5赴沪，过杭看过三嫂和秉权，并给在古方的秉经到金华会了面，秉经也给我金华的两前孙两斤，当在6.25回家了。下月秉权当到杭，我当陪他上信，这是52年我到新乡去考三弟时见了的，隔仰间24年了，和你母亲一别也整二十年了。（56年在京做了越剧专题报告后回温的）我的为廿四史新印了标点本，你机关如有一套，那就要你读，当广西青年都需要了，否则，不说那话，你只要读范文澜的'中国通史'就够了。我的'五大名剧论'由于三弟打气，于74年就全部完成了，共50万字，以西厢、琵琶为重点，这两论就是卅万字，成为我一生著作中的状元和榜眼。我以为能活到'文苑花时'（估计不远便来），若能体健不佳，那头依旧如四五十岁时那样旺。昨忽得十多年不通信的一老友信云上月满70岁，退休了，（华东戏剧学院教授，我们有四十多年的交情，46年经沪就住他家），想以余年游览祖国。我是上月开始进70岁，比他少一岁。若以我的意志论，该活八九十岁，身体条件恐不能，倘再有十年活，失掉的'中国戏剧发展史及宋元曲论校释论释'当能重写出来。半月来每晨6时到附近绿荫路上锻炼，散步一小时，旧唐书还未读完，只有一位老同事（湖州）隔天便来坐坐（76岁，退休了）。'水浒'该读，'三国演义'也该读，其他如'儒林外史'也得读。'西游记'前半也很精采，孙悟空是了不起，所以成为佛教的护法神祇，五百罗汉堂内塑他的立像站在正中，我前年有一首咏赋，不知曾写给你否？是'八卦炉中笑丹火，五行山下暂低头，紧箍除后频身手，护法威名震九州'。此信不另上款，还想续写。（7.4）

76

温州若继到了草黄，只有好处，混乱现象才可熟住。这里老表们最近也有叫叫喊喊的，但无作用，人民已厌恶，想恢复往日的威风是不可能了，只说明自己累到底而已。社会秩序，物资供应都正常，维能希得生产不能上升，对国家有何益？各级一把手几乎都不露面，不是进院疗养，便是出差参观去了。大概是揉那对付哭闹不完的小孩子的办法。时间转止哭止闹，须有点耐心。刻打油：'故乡风物最宜人，膏蟹鲜蛸味可珍，凤尾鱼怀满肚子，酱虾虾蛄世无伦。''故乡山水有佳名，雁荡些奇海内惊，昨夜龙湫飞入梦，枕边忽起撼天声。''谢池春草年年绿，月夜花朝入梦频，我国有家归未得，痛心追悔负慈亲！''平生错在识之无，今古排行未少殊，定制无人喜诗偶，冤九依然愚群儒。'

追悔

愚君群儒

（见背面注）

所谓追谣，早成过去，此间传非副所长，仍找一二人。年青人唱黄色歌，传抄黄色小说，此间是前几年时的了，今少听说了，流盗杀人减少了，开后门，偷扒依然盛行。昨夜大雨至今尚停意，盖棉被，天气和去年不同，夹季稻未黄，二季秋收苦，正在担心。而已连二日晴不行，气象台说明天又雨。年初预测会发生有地震，本县旅数人口，居民车袍出来睡空旷地帐篷，迄今安然无恙；近又预测或都会有，正在同様处理，出来的火车如杨戏时那么拥挤，且不用车票云。家家备有不同之哭'惶惶不安'，其实，人只要看得透彻，一切都可不放在心上。（8）

致任世评、任锡周、董素心9（1）

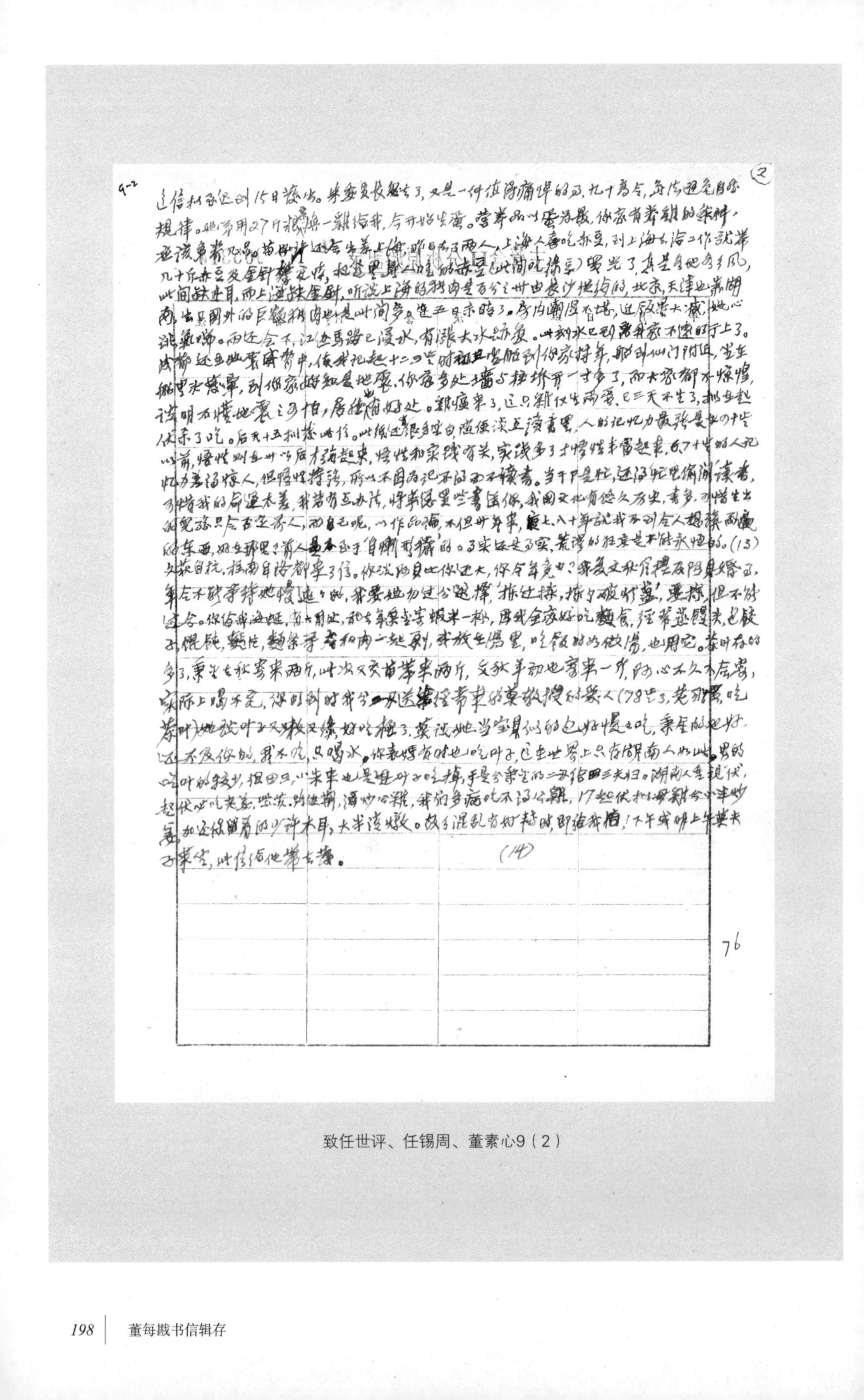

致任世评、任锡周、董素心9（2）

(10-1)

长沙市兴无化工厂

评侄：　来信8.17到此，正常德有过小地震（三级），備极惊慌了，长沙都好，京津、成都附近之江油、松潘、绵竹均有过大震（传係7.8级），北京震时是整日倾盆大雨，四川震则下雪，天变如此，奈何奈何！法家王安石说'天变不足畏'，然而那些自诩为法家者不少东躲西藏以避之，只是那法家的诠释师依然每晨到青少年宫外绿荫道上锻炼、散步，悠然自得，應因是已无财产，仅有生命，不足惜也！近读旧唐书将完功，对李世民及唐初诸名公愈加敬佩，自然感触良多，受益不浅。苗6月中旬出差上海，见到三房二姑妈，特赴杭看三婶凤秋表哥，又与象經表哥在屋前見了面，7月初返家；7.17又出差上海、嘉定、苏州，回頭在杭，然未去无锡。实因锡明调会之大，特寄长沙给我，翌日由长急赴南昌，云廿四五号在杭州打电报给苗到沪站接他们，苗直等到月底不見他，到苏州玩了三天，8.6回長了。（19）

刘姑知常德三级震时長沙也二级，南区有些感觉，我们没有。廣东湛江也震过。目传说教学常谈大学是有学问的人，我算云云確自信有一点兒学问，但近初觉悟了，写了一绝：'劝人不必讀詩書，多讀詩書成蠢驢，考试只应交白卷，官封常委有車魚。'（出有車食有魚也）可是对劝世評抽空讀書，無異以己矛攻己盾。她說要找知识分子，搞科研的才结婚，我说很赞成，不过知识分子是臭的，又是矛盾。有矛盾才有发展，看将来究是臭抑香？所以你说到'二拍'缘，是可喜的，肚里有点货比'空空如也'的当好些。

厂　址：浏阳河路九尾冲　　电　话：5833　　电　报：6671

致任世评、任锡周、董素心10（1）

长沙市兴无化工厂

你所寄文汇报谈高[illegible]上[illegible]湖南人民血，不知何所据而云然？因而要存搞尾补三百字为高氏"落实"，同时打油两首：“随风批判作英模，加罪之辞何患无？一旦报刊恩身子，封官许禄喜山呼。”“何曾[illegible]分列断，长篇大论骂人辞，江湖退后应追悔，苦脸愁眉涕泪垂。”还是以忠厚之心度人，恐此辈终不能悔。十多年来我打了很多油，为数不下数百首，有感即吟，吟过即了，从不保存，惜乎后记忆耳！本季度计划配售的猪油（每月每口三两，共二斤七两），说要不兑现了，猪人过多乎？农不养猪乎？不明所以，不禁油然生感了。(20)

肉、肥皂都缺起来，今见排队买肥皂，打架；肉须四时起排长龙，九时即售罄，龙尾往往不得肉。古人说老人非肉不饱，足见古人生活过得好，大概是批谎吧？封建社会还有什么好的，当然是现在好。其实，这里一切比温州好，然亦不如前几年。最又打油两首：“中华有史三千年，代有才人光史篇，但[illegible]增辉，自夸自大难免[illegible]。”“数十年来剧作多，千篇一律斗争歌，人分两类正和反，奉旨书成[illegible]。”又何打油自嘲五绝一首：“家家少肉吃，独我打油多，岁暮无聊甚，销磨岁月磨。”目前日有地震传闻，人人惶恐。下月起每付食品卡只能买四元肉，我家是希望的，以才隔四天买五角来吃，否则永难吃到。顷报扬州将有八级震，京沪一带惶惶，拟去明日将此信投邮。阿贝谈回杭，勿寄物去大连，你们自己都困难，且邮费太贵，有此心是好的，其实不必要。

董

8.24.

厂址：浏阳河路九尾冲　电话：5833　电报：6671

致任世评、任锡周、董素心10（2）

11-1

白居易赠唐衢诗："贾谊哭时事，阮籍哭路歧，唐生今亦哭，异代同其悲。唐生者何人？五十寒且饥，不悲口无食，不悲身无衣，所悲忠与义，悲甚则哭之。……"

评：以为月底才有你复，不料很快到来，但我此信拟迟到下月半前发，说不定那时有些新话可说。甩手有副作用，尤其高血压、心脏病、肺气肿的人不宜，故长沙已不见人在甩了。学简化太极拳是好的，去接可学了在家打。我是自搞一套，有太极中有的，所以我的腰、腿都健，只因气管支炎肺气肿，走多喘气，只能慢步。王大怀我认识，动辄用武的人；为了钱害其父，才听说，以前知是为其父三娶夫人（大此母是元配，她继室堂妹是二房），59回湘又娶一个姓任的娼妇为妻，大此当他继室发妻及其女）孟子首属一指是吹牛，有点学问，但无才智，死学没有学好是实。56评级，校提他（钱宗斋任先）为二级，我为二级（全国排队中央决定）他降为三级（三级以下校有权决定）。现在该系只有两个二级（一为系主任，都是古文字专家，80来岁了）校中有个一级（一平阳人姜老）都去世了。你说那个分析和估计，分析估计者定是乐大，否则不会那么估计的。9、21、

仍常打油，中秋日所作诗两首是最好的，如下："我本人间一蠹鱼，出无车子食无鱼，此身之外无长物，却喜胸藏万卷书。""昔年曾效唐生哭（唐人唐衢），今日谁怜范叔寒？（战国时范睢）困蹬李斜留锐气，只来上市贸新鞍。我想还有兴来之日，当买斜鞍配老马驰骋于战场也。太怀死在南京一文工团（？），和同了吵嘴，他不待是用拳或武器插进同了口里，因

（左侧批注）以后梓手续。发妻生一女一子，今居乡间给儿养费，未

（右侧批注）（书是您寄一轴，不等于一本或一页，据旧唐书记印十六厚册，我已二百本卷。我还要读最后一本。）

（左下批注）唐诗有"尚有绨袍赠，应怜范叔寒"句。

厂 址：浏阳河路九尾冲　电 话：5833　电 报：6671

致任世评、任锡周、董素心11（1）

11-2

长沙市兴无化工厂

而狍躲避到中大父处住，常看報字短评经李果（文字）改过投羊城晚報，大賺名利兼收。）嫌而猛，在华侨中学教体育吗？其父是个不讲道义的利己者，我和他本无仇隙，他利己就害人；但过去了，我并不记恨。且关牛棚便是报应过了。若有一日我的‘西厢记论’付印，也可证明他是不是‘方家一档’。（他注过西厢，便自以为专家，其实懂得皮毛一字也）乐观地估计，1977年[涂]或许有可能出现。（约十四万字，系统而详尽地谈西厢，有些疑题是600年来所有专家未知或未读的，自以为平生著作中之状元。）我能否好好地看过三个月内。（9.23］

阿贝信说阿奏已動切除手术，我想在大连日人培养的好医生当还有，结果完是安全的，三弟就因不動大手术，才卧床九年，这种病保守疗法是不行的，我有三个友人，一与我年相似，一比我少十多岁，一比我少廿多岁，至今都健在，没有什么不好，前两个都是48以前切除的，后一个现四十来岁，68年切除的。此间枪决了七个，其中一个是媳用劈柴底的刀劈死弟家娘的；一个是在汽车上用绳子套人玩，把行路人拖至半死（圈腿了），另一个只违法而用绳用刀子打，判十五年，七个有五六个是出身好的青年人。多时肉的长沙也紧张了，八月我们一个月没肉吃，因不敢夜间起排长龙，九月份限量，每户卡可买八次每次一元，肥皂票每月每人减半只一块了，新鲜、鲜鱼难得见了，以前是上海来的。但湘煤供应好为全国之冠，‘各地各乡风’，你们对自搞煤球有意见，这里这几天搞专买散煤自印‘藕煤’，湘人特勤劳省俭，一向多自做，只我家一向买机製的，因為懒得打，反了女儿往后此间出现口头的‘男儿经’，中有‘打煤一千斤，洗衣一脚盆’两语。夜四时许仙梦似醒中得一绝：‘千秋事业付吾辈，愿与前贤共比高，坐靡廿年氧未够，手中紧握解牛刀。’（用莊子庖丁解牛典，指字分析作品细文的筆）。以前常抄给你

厂　址：浏阳河路九尾冲　　电　话：5833　　电　报：6671

致任世评、任锡周、董素心11（2）

11-3

长沙市兴无化工厂

3

那首'自寿著针灸气虫，一刀岂可解千束，'显露了自吹自擂，不及这首含蓄。国庆加计划配售每户猪肉一斤，鸡蛋一斤，好烟七包，每人茶油二两。四十来岁切过肺的来，我问他切后有无不好现象，他说58年在庆切，至今不感任何不好。又有赠敬治古典文学的某君一绝：'岂薄玉石莫俱焚，精粕揉华要宜分；愁将残言无（人云亦云）可学，陈陈已见好为文。'此信拟在10.8日发。（9.30）

又得'戏题西厢记偏猜一绝：'初探西厢粗有知，敢将古作释群疑，人生七十童年始，（俗说'人过花甲，又成童稚'，我当七十，尚在童年，故云。）恕我胡言欠审思。'刚接文秋信知担天未动手术。拍片后知左肺空洞闭合，右肺却有新病灶，仍治疗中。前不久又得出差上海一个半月，已是秋凉，要盖棉被，此信就在5日发出。

伟

10.4.

厂　址：浏阳河路九尾冲　　电　话：5833　　电　报：6671

致任世评、任锡周、董素心11（3）

长沙市兴无化工厂

评：“难穷、故穷”一朝竟现了，人心大快，陈禅师果然言中，你再回味一下该偈语罢。故今日前当已军管，混乱局面当可得到肃清，除四害，人心大快！”国家有救。大好形势还在发展，料想十一、二月定有许多新猷。这一个月来我的体健有增，越来越乐观了。（10.25）

前月曾作过一首仿李义山无题诗而作《无题》：“昔为野师射开火，炉空丹香已无踪，于今仙阙多鸡犬，人隔蓬山几万重。”如今鸡犬都一一落网了，这样快则非我所料。本月初又成两绝，一题云：“历劫沉沦湘水滨，天公岂负苦心人？精神抖擞忘年老，双眼犹馋待好春。”一怀人：“遥念东山老谢安，秋风始厉好加餐，敲棋未定待安躁，能有热肠冷眼看。”老当老，不伏老，其禅师乎？近又有一绝：“人生七十童年始，今后更多少壮时，整顿旧鞍旧鞭镫，犹能斩将且搴旗。”前在南岳山为我摄影，归后放大了寄来两张，抽出一张给你。前些月底有你信，十月初发此信。前信我有一句说看这十、十一、十二等三个月，现出不移定比我所料的还快些到来大好形势。（10.31）昨有老友夫妇来访，告我所参加了一个十五年来都不邀他去的会，是有统战开的，到了近二百知名之士，且都是历次运动挨过各种各样整的（他在60年就戴帽的右），我平是真正要团结了。这是个好开端，如陈某也（据说近将召开全市尚有546人）许在夏历元旦前有些。（11.3）故我想也的上海军管了罢？只有军管才能解决问题。（上信应答五兄17日发）到时提前将此信发出，到后告即详复故乡近况！

每 11.3.

厂　址：浏阳河路九尾冲　　电　话：5833　　电　报：6671

致任世评、任锡周、董素心12

13

世评：天天等你信，而些得知故迟迟收而信不来，我病倒卧床近月，至立春（2.4日）好了。得四句：过春之日瘫沉病，蓦觉身边生意多，还我廿年才九十（今已七十），能吟虎啸好高诗。口气还不弱。素心说你说我工作问题有些解决，不知是猜想当然？抑看到了什么文件？告告！两个月前有人在汉说看到文，云一月底前全部解决（全国待解决的以千计以万计），现又被拖过去了；不过我信再拖总拖不过今年上半年罢？写信给心心便附此纸给你，接信后告来一长信！你表妈还在病，天气转暖才有些好转，因室内都冷到0下四度，是湖南从来有过的冷。阿贝被公共汽车撞伤腿了软组织，现在杭文秋处养伤。此间公共汽车有请解放军开，民兵卖票之议，也因秩序太坏之故。一个月来蔬菜供应紧张，鱼子猪肉仍是每户卡可买八元，春节每人加一元。

苗忙得很，常加班。

（签名）

2.7.

致任世评、任锡周、董素心13

14-1

世评：春节前复素心信之便附一纸给她无承接部，不知收到未？因久不见你信，甚为念念！去年因寄我们茶叶的人多，所以除夕才开始喝你给的，海蛰这么尚未用温水泡，和别处的不同，别处的海蛰只是小鱼鲜，以后勿为我花这笔钱，只寄茶叶好了。前次我说你对她说讲的工作问题也会解决，不知你猜想？前见到什么文件有此说？切详告我！我所知是说定元月底前所有的全解决，现又成泡影，这是从来的习惯，本就少有人信它，看来一拖又不知何年月日？都是些'自己肚饱，不知人家饿渴'的家伙。想再等几天发此信。春节将近，湖南、广西最好，其他中南、西南各省都不行，江西广州、湖北许多单位都开卡车来[illegible]南货及猪肉。因天气特冷，蔬菜奇缺，我们有朋友帮忙从外县搞来一点，才每天有白菜、萝卜，红菜苔之类少许上桌。温市情况如何？极想知道！接此信复我时须详告我！（25—）

仍不见你信，不知何故？那信里我附送春之日虚说病一绝，在立春前数日曾有一绝，实为[illegible]你：'一病廿年贫到骨，三番四次死边生，全家尚在凡里，须借钢刀斩棘荆'。以上是三月四日已写的，预备你信，猜想当你不能实现，即见文件也会成泡影，因素本反孔，不能如他那么顽固——生信也。（我说'元月底前定'，倒是有人见了文的）。你说也病哮喘，和我及她同病，我特严重，即肺气肿，湖人土话叫'氣喘'。我发病严重时，小便都'失禁'，我曾服过一'单方'，稍有效，这几天我正在蒸（前两年每年吃过十个）是：'柚子（勿太大）一个，刀切开顶，塞进冰糖（如无用最好白砂糖）同；塞不了放在边上，顶又盖上，放碗里隔水炖）约多次蒸，每吃时又蒸）至于烂糊如果浆，用调羹挖吃（吃多次吃完，无放进'伏姜'（伏天晒的，恐温无此，故附自晒的几片）'还有大发作急用是上海医药公司出卖价不到两元一个，温州医药公司也许有卖：'气喘气雾剂'，向口内喷几下，即止。你说当曆除夕信错，这个未见，是阳曆之旦顾罢？建彦的，我不大同意，要在不设法，更不同意，不是时候，谨小慎微是必要的。文秋他们对药品很有办法，你热情过分了，她们生活不错，至少比我（向来）好十倍，

致任世评、任锡周、董素心14（1）

14-2

不必为她们担心揭不到东西。我就不赞成她家开三个电子去住在杭州的。（我未对她表示过此意，只对你说起而已）春节前有人在温出差，急于回长过春节，自温至金华的长途汽车票每张18元5角，火车站员工、旅店营业员内部分到发生（三四角一斤）就在店门口摆地摊卖三元一斤，都出于我的意外。以存早该归私有，于何仍要化外？此间一切都比别省好，目前烟较市容，扒手减少，公共汽车（仅几路）请解放军和民兵售票，因而其他几路也必断好些了。秩序及卫生已坏，现在整改治了，西广西最好。我上月（每月八元（约九斤多）猪肉都给友人买去支援在汉的两个女儿，闻只有咸猪卜有卖，一分钱一片的一片下饭。贵阳是素来苦的，不消说起，江西也极坏。昨元宵，托友人买了两斤糯米粉，自制汤团，湘人是重视吃糯的。她病仍服药，只基本好转了。苗今（5日）晚、后三天在厂开职工代表会，三个晚饭不回来吃，忙得很，他被封为厂的技术革新副组长、"检修班长"，厂及北区的"先进生产者"，开会不发财。我为彼拖累影响他找对象结婚，在家为此而痛苦多年，怀疚不安，其情可悯！温用钢筋水泥大造新房甚多，切勿羡慕，此账[illegible]他日必悔，所谓"他日"，必不远；此间过去多做几件木器的都怕算账。我每年暖、热天都健康些，且也每天出去走走，寒冷的冬天必病，去冬特冷（室内零下四度），刻已升到十二、三度了。做饭的藕煤炉仍在房中，到阳历四月才可移出。弟此故乡在最近将完全改观，本月底能得你出好转的信！

湛　三月五日

下班归家读读书，少与人交往是最上策。多读书，我仍相信将来有用处，（快则一年内，慢则三年内必重视肚里有货而厌弃草包的）有学问，对得起国家、祖宗，也对得起自己，张铁生之流决不能登上舞台。拆旧屋建新房了，切勿再动念头，要做，也得等一、二年再说。　又及

致任世评、任锡周、董素心14（2）

15 评：发出复你信后二日，收到你除夕写的信，不知何故反而迟到？你大约不是比我大一些，即几个月，我生日是丁未年五月二十日。做人实在乏味，他老了些也好。所说黑市价太惊人了！去年初秉经托贵阳友人以黑价元五一斤买了八公斤腊肉给我，火车托运被偷了三公斤，那五公斤送人及自己吃至今还有三四斤。此物湖南人最喜吃"墨鱼煨腊肉"（这吃法比炒、凉拌、红烧好，汤极鲜）所以年节都[illegible]，（去年起才没有了）今年要吃的都买过各商品"墨鱼"，价等于过黑市[illegible]一斤。这种吓人的价钱，犯不上吃，切勿为我费这些钱！我想起给你看的"无题"——即拙作《阅多难大》一绝，想当时你未明所指就是那一个人帮吧？现在可再吟味一下。改革，全垮了，如何黑市场依然？我不懂这内中道理。钢筋、水泥是国家控制的一类物资，当然柱石如何有能力帮人搞几吨？他说恐是"吹牛"。不管公家弄到多少，以勿搞为上。过只要走上大路之日，盖了洋楼的必被清算，此间向来不许盖私房，旧有私房，也不准私自买卖的。我现在喝的茶叶是你寄的，因保存得好（在原塑料袋外加一只黄的塑料雨衣袋，又放在铁桶里）完全像新茶。因茶叶多，今后有新茶也不必寄出了，少寄些也行。（秉经和素心寄的都还有不少）此信大约等到春分后付邮，有新茶不必寄。白糖鸡蛋买到了，请此马上发此信免你去找它的麻烦。

湛

3.11.

致任世评、任锡周、董素心15

16-1

评：复信到。我不是完全反对你拆迁房屋，只是反对在目前就盖新屋，且用钢筋水泥，只要你等一年或半年再说，整风必也接政治经济，尤其经济不会放松。光明日报已开过教育座谈会，强调了尊师爱生；参消载日本报导我国要两腿走路：一条留招工农兵学员，重点就中学选优升大学，重考试，这是一切要改的先声，四月起必有许多新气象出现，可拭目以待。此信不必急发，等到四月初的发。（3.24）

十多年不与京中诗友通信，近得出版社一友信告以消息，悼存的也被［illegible］'诗名空存'，他赠我一绝，题为'答海滨锺来书'：'不遣［illegible］即成灰，天意茫茫遂可回，雨粟未闻闻鬼哭，屠愚终日望惊雷。'我打油以答：'无声处必有惊雷，只待春随蛰出来，莫笑屠愚空盼望，人间当见百花开。'对发展趋势，我确是乐观的。列国志可读，因对历史很忠实，可以增加历史知识，当时我是学他辅助读'左传'的；在艺术上说（作为'演义'来说）是不及'三国'远甚的，（在家墨）'原形现出是妲袭'的妲己就在此书中出现。我是不存任何信件的，阅毕即火，这可慎告你等等！不过，我的诗可抄录保存，因我自己也不保存，倒希望有人代保留。我二十四岁前曾手词，着有'永嘉长短句'，柳亚子先生为我作序，郁达夫先生为我写跋，后不刊印，日久就失去了；可是三表弟爱我的词，代抄下来，解放后会来抄了一份，至66年又失去了，终于不留一阕。你给我的茶叶才开始用，阿心的喝了一半，现还有一半（斤左右），秉经的也还有斤左右，所以你今年可以少寄，你经济不宽裕，勿为我多花钱。有一件东西到处买不到，你是不看的，今后你丈人也许可以弄到，就是'木耳'，有则，为我想法！你患哮喘，和我一样是支气管炎引起的肺气肿，照理在温州不易得此病；在此土名叫气满病，本地人有十之五得此病，外地人十之七八，我家三人全得了，此病急性发作时注射青霉素五至十针即好，服药慢，'四环素'及'长效磺胺'（S.M.P.）也有用，不过须服数十片才行。到冬天你若发，必望注射青霉素！有机，平时弄几针留在手上备用。我现在只有此病威胁我，动，走都气喘，其他如少时即有的周身神经痛及肺结核好了已多年，胃痛偶发，不太严重。因为长期不出大门，少见太阳，近来肤胖，有如浮肿，实则是健康不足。

木耳不易得，不急需，等将来有时再说

致任世评、任锡周、董素心16（1）

第六十一号文件想已传达到[illegible]了，人们拥护的可以有了大段的答复。近来故乡当好些了罢？等到黑市绝迹的时候，我那时若有些好转，自然会汇款托你买明前、糯米……之类海味的，现在不去想它，而你也是经济困难的人，不必为我破费。切切！这里传闻最近可能学上海来一批[illegible]我们的东北几个省[illegible]盗窃投机倒把的，温州迟早会把黑市商人及盗窃国家财产的搞掉几个的，“治乱国，用重典”，绝对必要。此信迟想再等几天发。（4.5）

阿贝很热情，说寄些四川当归来了，使我想起了一个故事，安禄山之乱时，唐明皇偕杨贵妃逃往四川，同一行法师将来就不能回长安，法师给一盒子要他将来开了看，后由蜀回开了，盒中只一只“川当归”。她的[illegible]每日还有少许，可说有七八十好了，且因服当归已达一斤，其他的杞子、党参、[illegible]、“海螵蛸”也服过不少，虚弱算补起了。近来干旱地区[illegible]湖南支援任务又加重，第一季度每户的猪油就不配了，茶油很缺，用[illegible]油，青菜以后用棉油。猪肉每月每户八元减为每口二元了，我家只六元（肚肉排也归计划内，以前是可以开后门买的，在我说来倒好，否则吃不到猪肚猪肝排骨）。这么，物资越来越少，除长沙外各地春节以后就没肉吃了。急想知道温州近况，此信不拟等太久，明后天拟发出。温州若能买得到“川芎”（一两）因服当归必须放些药少许，才使肚子不觉气胀；另治心脏病的“枣仁”（二或三两）望买寄，此间已多年买不到了。（6）

“白鸡冠花”又缺货，[illegible]，那末和“向日葵杆”同寄（各三两）；还有一样也缺了，是“海螵蛸”（乌贼板）三两，合起来是：

川芎 1两　枣仁 川两　海螵蛸 川两　白鸡冠花 川两，

向日葵茎 川两

戡 4.7

致任世评、任锡周、董素心16（2）

17-1

评侄：

(27) 天气转暖，不过雨多，晴天28度，穿单；雨天18度，仍穿棉。遇晴天，我已开始去像湖边走走散步一圈回家。阿旦来书说她婚已回沪，因老三生了孩子，夫妇上班无人带，她去带孩子了。我以为她这几天会寄来白鸡冠花，所以先执笔写几句。（4.28）

这里早已开始打击贪污盗窃、损公益私……运动，今天西区就判了一批七十多年到二十年徒刑的。想故乡当也一样。我已忙了一个月，晨七时工作到夜十时始回家睡，无加班费，不补休，白干。所得是'77.4全战优秀战士'，赐盖枕毛巾一条，奖状一张，1.又两天休息，四日去参观'井冈山'，约六天来回。又是连雨，气温低到13—17度，棉衣又上身。我的信想早在十一、二到你手，不致失落，这几天不见你复，或因药未买齐之故罢？闷得无聊，又写几句。（5.1）

这次要你买的药，主要是'白鸡冠花'，今年越多越好（三斤以上），其他只川芎1斤及海螵蛸三斤目前极需要；枣仁是治心脏病的，目前不急需，希先急需的药寄上付邮！如果到5.9仍不见你信，只怕是我那信失落了，再发此信，因白鸡冠花是此间无法再得的而又是主要治带病的药，你能弄到多于三斤的话就多寄些！早点寄出！（5.5）

我这多雨天，毕竟晴天多了，这几天早晨我都出去锻炼后转一圈，节后她出发去井冈山了。她因服了一个月的补药，健康好多，惟带病仍未完全好，寄希望于'白鸡冠花'，如仍无效，非去检查是否癌症不可。你若进城，望过绸缎店问一下有否'华丝纱'（或'香云纱'）？有些什么颜色的？每尺多少钱？此间没真丝的香云纱卖，有人托我打听。最后一绝：'斩棘披荆二十年，朝朝盼见艳阳天，老来应了平生愿，重吐胸藏剑史篇'。我来艳阳天是会有的，不过还在遥远处未露面，总得要三四个月后罢？急于要鸡冠花，不写了，马上投邮。

湛

5.7

（四月六日写去楼的）

前信要你买的药是：

川芎 1斤 海螵蛸 〣斤 枣仁 〣斤 白鸡冠花（多多益善）向日葵茎

77

致任世评、任锡周、董素心17（1）

17-2

七日上午收到复信，我估计你出外工作去了，正对。枣仁尚存一些，不急需，慢慢设法好了。向日葵籽也可免，因常写的药是鸡冠花；若仍然不好，则试向日葵籽，我盼望的以后再寄些鸡冠花！迁居无望了，我讲的话一点没错了，今后已走的非接受不可，决不放松，此间近对贪污盗窃，损公肥私的都判十或二十年。西北敢判了廿几个，接下来更多。你下乡搞一年工作，好得很，是锻炼，四十来岁的壮年人，正该如此。阿贝累艰得好，我喜爱那种性格，人在精神上必须坚强，垮不得，我的处境可说到了底，但精神永不垮，最佩服刘备的'败而不馁'。这几天又在琢磨西厢记论，就因气不馁。包裹单到后再写。（5.7）

温州'青黄不接'，自然供应有问题，这里最近也十分缺，鸡、鸭、鱼、肉都缺，尤其鱼，没鲜的，连咸的都买不到。猪油没配了，很伤脑筋。过年时她的侄女送来一只鸡，良种鸡不生蛋只长肉，来时只三斤，现在六斤多了，打算四月初一前生日杀了吃，前9日已由井岗山回来。乌贼板可以不制作，以后洗净了存起来，有便就寄给我，此药补胃，可制胃病药，现在所谓'204'，'胃灵'之类药主要成份就是它。我的胃病大大减轻，即发了，也不厉害，就因几年来吃过不少'乌贼板'制的药片。我有一个斤多重的'明府'，捨不得吃，存在塑料袋里，因想起拿那块大板入药，才发现老鼠咬破袋把明府干吃去大半边了，真可惜！前日家晚由云'木耳'井岗山的，惜作紫命发及卖给外宾的。实则外宾未必吃它。包裹已收到，勿念！

湛 5.9.

77

致任世评、任锡周、董素心17（2）

18-1

(29)

长沙市兴无化工厂

评：信到。教中学可现在起可以考虑了；不过拖到明夏也可，只教育被破坏得最彻底，恐需两三年时间才能上正轨。你终身的职业，确是教书，可以在扭转混乱局面后几年走上岗位，到那时学生树立起'读书有用'思想了。趁未恢复教书时抽空多读几篇古文，无书则从'古文观止'里选来，'四人帮'搞愚民政策，凡是民族的优秀文化必破坏，文化大革命既终以宣传砸烂'四人帮'胜利结束了，以后中学重国文，且尊重古文。几个月来教局办进修班，选文颇多是左传、庄子的，当然连我处也有高中教员来请教了。清查'四人帮'还在继续，有'除恶务尽'之意，那些被腐蚀，什么都是'莫明其妙'的。（8.29）

各大学也许都仍招生一年，加强中小学，我看十年后才能有真合格的大学生可招，你走上教书岗位更可慢慢来，迟两年再说也可。阿心说温州供应还是困难，究因何故？这里也不如往日，尤其是鲜鱼缺。私分仍很多，打派子仗也还有，恶习很难改。华主席政治报告发表了不久，此有一段说关于中央遗留的问题都须从快给以安排，做结论的话，也许是指十多年来所有遗留问题，不仅此大革命期中的罢？我如此猜想，若所猜中，则静师在年内也会有望。两月前传武汉集体摘了在农场劳动二十年六右帽的六十余人，在各单位及街道尚有数百未摘，据说也将集体摘云。近得在合肥的袁弟信云他的姨妹及其夫，在农场，也有很快摘的消息了，而此间农场新鲜，共还有三五百人。（9.1）

厂址：浏阳河路九尾冲 电话：5833 电报：6671

77

致任世评、任锡周、董素心18（1）

18-2

长沙市兴无化工厂

这信拟等些时发，但估计最近不会有新鲜话可说，要是生活上会有什么变化，至早也在年底，那末，此信就在一週内发了。你在学习工作得在何时可了？这一个月来温供应有些好转否？（9.11）

这里拟重办进修学院，正在寻觅教古典文学的老师，证实此后能教古文学的人吃香，切盼在诗、词、文上用一年功，将来去教书，一定吃香。因一学生（中大史系毕业）要我教他，送来庄子、史记、老杜诗选、杜牧诗选等，因之常看了读，越读越爱。这里各高中都缺教语文教员，就为原有的都不能教文言诗文，他们现教英文，想进修语文，将来设法到中学教师进修的学院去当助教。前年我教过他了'文心雕龙'从头到尾，又教过'唐宋词选'及其他文。我还颇健康，只齿已缺五六个，视力一年来大衰，不能看最小的字了（去年还能看'辞海'上小字）；她病仍未好，常工作忙。有人才从北京、天津、上海、杭州玩了回来说，只北京供应尚可，他处都不及长沙。天气忽冷，22度，夜盖薄棉，快到秋分，月底住房可能放大一只，板壁改砖墙，又得多花十几元招待泥木工，不过长沙已定自四月起房租减半，我住两间，月有二元就够了。人们都盼望着五届人大，开过后料想一切都更好些，新猷必大展。存稿已整理一过，共约七八十万字，希望年内能好转，则明春可望出手。（9.15）

正想这几天发此信，刚接你来信，附复在此，有便转去免以悬念为盼！

湛 9.18.

厂　址：浏阳河路九尾冲　　电　话：5833　　电　报：6671

1977

致任世评、任锡周、董素心18（2）

19

(19)

长沙市兴无化工厂

周、素如握：先接董后世评信，你信刚来。（近有点传闻，据云要集体解，非一个一个地办，所以一直不想去报告；又闻邓副总理有一篇讲话极好，可惜此间未传达，不知区委会有听过传达未？评如听到过，望告我以关于高知的话！我给心信所说是极乐观的看法，并非真有根据，估计年底可能有些解，否则明春。（明春二月或开全国科技人员大会，参加的五千人云）苗婚了，只要我可结束，也立刻就办，目前只有等待。向评速楼打听一下，该厂出蛋粉、奶粉否？价如何？这里买不到，有人托买。元凡处我久未去信了。明年去子鑫、解仁娃、蠡眼上部的时候能回湘，就称大幸，今年底是不可能了。现在还在'只听楼梯响，不见人下来'阶段。即使我能平反，也不能登坛讲学，（因为肺气肿病以来，喉音嘶哑，且讲20分钟话就上气不接下气了）只能搞搞科研了。只望再活十年，把失去的著作重写出来就大好了。前写给你的一首诗，改了两句，抄下，可见我是乐观的：'廿载徘徊湘水滨，逸才能总作闲人，高瞻远瞩忘年老，双眼犹馋待好春'。昨写'西厢记论'序中有两句反用李白'梁甫吟'首两句：'長嘯梁甫吟，何時見阳春'，為：'梁甫吟餘，阳春在望'，我确是乐观主义者。

[签名] 9.18

厂　址：浏阳河路九尾冲　　电　话：5833　　电　报：6671

致任世评、任锡周、董素心19

20-1

(26)

李叔华

评：10.25收你信，先写点，拟等11月半发出，因还在等待。文件不少搁，大致我都能背到。已做起教员来，也好，班主任最好不当，教研组长可当。你们国文底子还算是好的，古文，可读《古文观止》，我认为选得不错。李君来，我就问为他花半天工夫，现教《左传》，颇难读，非教他不行。今后古文至少占30%，"教学相长"，你教一年后便知有进步。

价高，这里比温还好些，肉每月每人二两，可买两斤；鲜鱼每斤八角到元四，不过少有；鸡蛋八角，自由市价元四一斤。母鸡元四一斤。（10.26）

郭溪中学是否办在张阁老那座大屋里？那是郭溪最好的一所房子。此间师院中文系未解放者一人，昨解了。看最近会不会全开动搞解放的工作？仍然希望在年底或明年一月有可能就好！（10.27）

顷友人问武汉友信云"闻谓有令不久统解的消息"。即长沙近也有类似传说，有说"长沙县为试点，十一月初即进行。"十一月半省人代、政协开会，已见了毛书记之报告，那末传说也许有点可靠，自然，真轮到才算数。（10.29）

刻问知解放已定长沙县为试点，下月十日集中某区学习几天。（31）

正在扩大住房（放宽一尺，木壁改砖墙），一周时间大致可完工。传说可靠性愈多起来，本月底或下月底也许有行动。（11.5）

忽冷，已穿棉衣。下了几天雨，房未完工，恐还须五六天才行。据现消息猜想，有人甚至说年底肯定有话，此信拟再等月半左右发。此间省人代会、政协都在十八日开到二十二日。（11.9）

泥木工真正工作每天上下午各只两小时，拖至今天还只完一小半，尚须一周才行。

厂　址：浏阳河路九尾冲　　电　话：5833　　电　报：6671

致任世评、任锡周、董素心20（1）

2022

我所希望的事业一样，仍不可捉摸，开完人代会（20日）看如何？　（13）

修房子一边再边，泥工已了，明天木工来，有一天可完工，了却一项。教育及人民日报文（批'两个估计'）想你们在学习，估计形势大好，教育一旦大扭转，必影响其他跟着扭转，不过，真好须看明春两个大会（人代及科技）而定。她病初步检查非癌症，但老是不好，仍在服药，你如有办法，请再为她设法三味药各三两：白鹤灵芝，柏子仁，枣仁。　（11、20）

都说我可快要解决，但仍难捉摸，只好等待。不管急躁，此信在本周出发，我只有气喘病，一到冬天就重起来，天气开始冷起来，已有点要趋重的影子了。初一至高二国文篇目已看到，共59篇文言诗词文，比五六年的浅易多了，容易教，你可以胜任愉快。楼々山信不再等，索性发出，望你在下月初给我信，详告故乡近况，尤其供应有否好转？下月半复你时也许有点新鲜话说，本月是不会有了。'明府'于你怎样？望告！这里供应不及往日远甚，过去逢年过节总有冰黄鱼、带鱼、乌贼，今年冬节都没有来。苗生差衡阳四天才回，昨又去了，约月底回，说衡阳有些菜，十元及五元一斤的，虾米（次等货都得五六元一斤）太贵了，摆着看，无人买。形势看来会大好，精神上放松多了。

湛

11、22、

厂　址：浏阳河路九尾冲　电　话：5833　电　报：6671

致任世评、任锡周、董素心20（2）

25-1

(25)

长沙市兴无化工厂

评侄：篡信到。改百四十多本卷就够忙了，不但教无忙，自己会因而提高，自比当干部有益。高中文仍选三国演义里的"失街亭"一文，往日教此课的都参考拼作的"试论"一书中的谈"空城计"一节（尤其湘省各中学教员），我读的"艺术真实和历史真实"曾寄给你，可参考。~~[illegible]~~。温州吃的有干鲜凉拌，牙齿不好，吃不得；湘人很得法，喜吃"墨鱼炖肉"鲜美，且齿不好也吃得下，我有时和肉红烧，也烧得很烂。由温到巨溪已有公共汽车，前不知。三溪本该把各高中并为一个，集中师资才好，分散是不好的，集中后图书馆也可充实些，潘家店很大，作高中校舍相宜。过几天慧如信。(10)

你今年每月工资多少？我现为区小厂四级工，月41.60，这次限于年资本没加，因搞革新有成绩，党委负责提出加一级48.50，连附加工资2、米贴1、营养费3元，将共有54元五角。今天开始喝你给我的茶叶，天气已冷，火炉进了房，此信拟至冬至后寄。(16)

12.22（冬至）总出区委集中区城厂及街道的37人学习三天，解了六人，据说这是第一批，春节前有第二批，数字会多些。各区共约200人，约共解二三十人，而区以上各单位及未动，（如高等院校的）不知何故？这次动是十五六年来第一次，是好趋势。除夕晚间看望了定共还有十一人，也解了八人，余二人据说是"顽固些"，还得拼等；并追解两已故者。春节前后如何？卖知告诉！(1.3)

阿良来信，把你的信也剪附来，知你也加了7元，不知教育界几级了？温

厂 址：浏阳河路九尾冲　　电 话：5833　　电 报：6671

致任世评、任锡周、董素心21（1）

21-2

长沙市兴无化工厂

州指数当比长沙低，47元不易，此间中学教员非院校毕业的都只有卅几元。楼梯响了一阵，我可又无声息了，"少说空话""多做实事"的老毛病未见改，说是"五大"前后会"楼"来，恐也只是好心人的空想。此信再等一周看，27号是春节，春节前一週没投邮。（1.14）

此间开始"一批两打"（续批"四人帮"和打击投机倒把及贪污盗窃）运动，据说把大革命初期打砸抢掳包括在内算帐。前天处决四个，判刑十多个（是以前判了未执行的）这几天根据此律，估计在一个月内不会有好转迹象，即使有，也在春节之后。这里人只爱吃喝穿干，任何海味都不流行，生活差点！天冷，下过雪，我因气喘病，有时不下床，整天坐床上，此病讨厌之至，我饮食，大便，睡眠都很正常，好像任何病都没有，只动不得，洗脸都喘，有效的药如"复方安茶碱""复方新诺明"，药房没得卖，医院控制严，无法弄到，你若有机会到素心（或托梅伯伯）帮忙她去医院为我弄几十粒来为幸！我的腿力走五六里路是不成问题的，但因气喘走二十步都困难，就是动不得，不动就是好人。周围有此病者数十人，想因湖南气候之故，苗子也开始有了。形势是越来越糟，艰难比往日增加，运气好的话，三两个月内必解决。

达

1.20.

厂址：浏阳河路九尾冲　　电话 5833　　电报：6671

致任世评、任锡周、董素心21（2）

这两天暖，气喘轻一半，立春后定可好，饮食、睡眠、大便都正常，勿念！素心寄的是收到两斤，治气喘药一并收。你寄的大概本上午可以买？ 1.27晨又及

包裹拿来了，谢谢！ 29又及

(74)

长沙市兴无化工厂

评：23日收你信，想本明你也收到我在20投邮的信，你们对我们的热情，使我全家感动。明甫于1940年在此间斋温岩出产的"墨鱼纹"你相同，正想赶发一信要你办买，可是看到末尾你说寄出了，药啊、鞋了，可不必再想法。我在学，因所有"高知"未有一个解，反掌的"非知"倒解了四十余，所以只有等，说是春节前后解，待八个字："全摘（帽）必平（反）安排，调整（学非所用的）"，大批确定了。"卅年代"的老友们也一一出头露面了，甚至很多要重募文稿，有些书也开始重印，趋势是好的，真见到"阳春"，落在最近的"人大"及三月间的"科技大会"之后。教书是最好的，切勿回头公室，教着学着，逐步提高。只要我能出来，一定设法寄些书——如"古汉语"之类给你。我虽算是好人，一动是病人，说把脸都气喘，无了我整磨旧稿，准想1978年能写出80万字（大工著作）。（1.23）

你查对我是好意，但错了，（的推的想法）早跟上任了，不能"弄巧成拙"。真的到了三月份流传，我有（向中央）上书，目前只好等待，尤其旁人更不可轻率妄动地去写文去，那样做了不但无补，而且有害。我唯一的希望在78年上期若能平反，则可再起，明后年也许可以写写出去的著作。阿贝春节由洛返厂后，菡会出差无锡去看她（哮喘（肺气肿）无根治药，前信要素心设法的是能治标使减轻的药。"气喘气雾剂"是临时止一下的（元五角一个，可买一个给你备救急时用），总之，营养第一。正在等你寄的包裹，来了却是素心寄的，上写"炊然"两字，把我搞糊涂了，索性再等你的来了，一起去拿。

[illegible] 1.26

厂址：浏阳河路九尾冲　　电话：5863　　电报：6671

致任世评、任锡周、董素心22

23

(23)

评：复信到。明前在你处来不多，这里只要有就欢喜，温岭出产的这都缺货半年了。我把小的送两个给她弟弟，自己吃过一次红烧，一次清炖。阿贝特热情，也寄来拾元，三月间苗可能出差再转去看她。这一周特冷，大雪，气喘每年到'立春'好转，现虽冷，也没有加重，你为我再到多方买茶碱，更好，可留一半给你们，每天只须服一粒，可保十二小时（如果是一边白一边咖啡色的；大小的则酌量服）。寄给我时切再买药水棉花几两一起寄，这是此间两年来没有卖的。（15）

天气转暖，明日雨水，气喘已减轻百分之八十，安茶碱迟些时寄也可。今天稍暖，气喘轻些，过了'春分'也许可以出去走走。'人大'将开，必有'新猷'，此信拟在3月初旬发出。你最好能设法弄到中华书局印'古汉语'（共四册）（王力编）来读，用两年的功夫以后教高中国文就够了。王是你中大同学，后被北京大学拉去，任语言系主任，当时译法国文学作品时名'王了一'，'了一'即力字之切音。年令比我稍大些。如我有了这本书，一定买来送你。（2月22）

天渐暖，喘渐减，但还有'倒春寒'，故火炉仍在房中，昨出去试一下，初步可以走一小圈了，想'春分'前后会好，总之同年令关系比去年重了，过了5.20（阴历）满71进72岁。能否好转，我看这三个月内，所以此信拟在20左右发出。（10）

关于我学历尚无[illegible]的问，信就发出。望[illegible]！（15）

?

[illegible]

致任世评、任锡周、董素心23

24-1

(22)

长沙市兴无化工厂

评：信及抄件到，抄件早已看过，据说另有详细办法，我想是真的，因仅据此文不易作具体安排，可惜办起来快不了，到今天止下边尚未普遍传达，不过已人人知道了，所有当事人都未得到通知，起码还得一个月才有人下来谈，我在等着。温州请得，长沙同样，可能我会回到原处，可是恢复一切我才去，否则，请给我退休（不能反薪，减低也行）。徐风笛是我的拜把兄弟（同年，会他比我少几个月，同学，蒋下人）英文在温州也许须[illegible]指的，半[illegible]已在二中代课，也是60年摘帽的。近来一天到晚都有来逢喜的朋友，其实我笑不起来，创伤太重了！我今年恐还不能回温，因冬天温州和长沙一样冷，明年清明大概才可能归扫墓。唯一的希望再活十年，把丢了的著作重写出来，并希望在返温前使儿子结婚！当生上月二十四到长沙，曾到无锡看过贝辉。（5.3）

那四首绝句气还壮，再活十年是会可能的。八十万字（六种）手稿快整理完毕。'李自成'作者姚雪垠系我老友，他也是60左右脱帽的，40年我荐他教书，和我同住一屋。近有友晋京，昨来信说现在朋友都才知你还活着，老友们都以为我早在乡下了，真做了一场大恶梦！此间领导小组已成立，首先是须把流散的找回来（许多被送下乡后离了东流西荡了），办起来问题很多。天热起来，气喘已好，可以慢步走一小圈了，我只有这个病，热天仍像好人。这几天新华书店一样长龙争买'古文观止'之类书，风气变了。说好好教书，至少二十年内老师是被人尊敬的。廿年来不进剧院，昨晚开始看一场电影'野猪林'，去去走回亚

厂　址：浏阳河路九尾冲　　电　话：5833　　电　报：6671

致任世评、任锡周、董素心24（1）

24-2

长沙市兴无化工厂

坐看二小时，不觉累，因几乎一流演员都是相熟的，而且李少春56年一别，去年逝世，真可惜！此信等有了什么新动静后发。(5.6)

市处理右案十六家才成立，开始办专业工作干部的学习班，也许一周后会开始办理，我们究由原校抑此间办之尚未明。本市四区各不同，东、南两区快，且将所有人员出红榜，到这类人家放鞭炮，我们北及西区仍丝毫不见动静。[illegible]21年等过了，再等三两月，不妨。(5.10)

斯 5.12.

致任世评、任锡周、董素心24（2）

25

长沙市兴无化工厂

评评：不见你信和茶叶，是否因忙和大女病又发了？念念！这里忙了一批两打两老娘，我们的安排可又付搁了，想当前都为此一二三忙。据说我的安排归广州原校办。上月底我给中大去一信，迄未复。月初此间有人来我处了解了生活、健康、工作等情况，以后未有动静，那个人总称说了一句同情话：'总算还好你没有死'。我的要求实不高，只要有足够我两人生活的费用，有几间空气好、环境安静的住房，有可参考的书籍借用，使下六〇年工夫重写丢了的120万字稿子，至于回原校抑留此都行，其他可都不想做，已看穿了。在此住了21年，原有上火的胃受得怕寒了，服附子泡姜之类热药都惦好了，胃病发就得服'附桂理中丸'，过半月进72片。久不进戏院，最近来孙看过'野猪林''十五贯'，下午还去看'红楼梦'。（6，11）

附信交楼楼或素心转唐家表娘！安排了得经等领导班子调查后才办，也许还得等两个月。近来经常告我以故乡近情，此间行行搞展销，仓库多年积存统统拿出来卖，南货、百货店门市兴旺，猪肉不限量，饮食排长队。

每 11下午

78

厂　址：浏阳河路九尾冲　电　话：5833　电　报：6671

致任世评、任锡周、董素心25

26 这里糖铺真会赚钱，所谓'瑶柱鸡'一元六角一碗，吃的都是青年人，其中大半是扒手，撞白吃，瑶柱即'干贝'，电影早五点开始，夜十二点完，每天加很多场，永远是客满，青年人被弄得似醉如痴，足见文娱之重要。附信给你，看了后转给锡却。

长沙市兴无化工厂

(21)

评：昨是我满71岁生日，巧得很，早晨一在农学院教书的（中大毕业的）学生来问左传，带来桃子十多个，接下一个邻人送来一个西瓜（这两人都不知是我生日），接下包裹单到了。当时肾之和小表弟来吃午饭，主要菜是他五前天送来的四斤半重母鸡，鸡到我家就生蛋，前日邻队居嫌一鸡不生蛋，我买了，巧生蛋日即生蛋，因此吃了一个，还养两鸡，每天各生一蛋。到晚上想上床睡，又有当地朋友送来蛋糕（这可能是记得我的生日）。省来学安排不久会得到落实，不过各省都未安排，京友来信说也一样，因中央未有具体指示。都生等。 26

包裹取来，有那么多明前，出我意外，素心曾给我九十个，你经济那样困难，又为我花这笔钱，使我们心难安，从此以后，我决钱寄给你托买什么，切勿寄东西！一个熟西医，后又学中医的说气喘病服西药只治标，还是中药补肾药及食物补肾的有效，温州有条件，要你是平时吃蛎的，蛏子，乌贼，淡菜，蚌肉等东西，到冬天服些补肾[illegible]药如海螵蛸，五味子，兔丝子，金樱子，党参，生地，熟地之类，对眼睛，牙齿都有益。写到此，送来包裹单，是素心寄茶叶来。 (27)

接你我唐家表妹的信想已收，刹附给素心信，有便转去，再等几天看有否你信，信手边搞卫生，昨天杀一鸡，可惜了一肚子蛋。你信来了，子蟹即供有也免寄，天气太热。明年可能回温吃。 (7.1)

芷

厂 址：浏阳河路九尾冲 电 话：5833 电 报：6671

78

致任世评、任锡周、董素心26

27

(18)

评侄：复到。恢复了原50元生活津贴，正安心地等待中大来人，看来趋势好，十月份会有人来，我只要回到中大，才好把一些万或万五千字一篇的论文写出去，首先要的是先四篇出来——即寄给所有的一级刊物发表，一为了通知人们我还在人间的消息；二为了显显身手，我国真治戏剧学史者仅我和周贻白，他已去世了，当然'挂羊头，卖狗肉'者是颇有几个的。你能否像前去抄来'11'文那样把最近的'55文'内容弄到手摘收，你设法寄来，越快越好！免得有些话重複写，仍要费你四分邮花把给阿笆信换邮，原谅我病手握写太吃力。

在教育中一点儿，你是能胜任的，胆须大，心须细，力求老实，路是人走出来的，只要努力干就行。我有一绝不知已写给你没有？可以看出我还是'雄心勃勃'的：

千秋大业付吾曹，愿与前贤共比高。余悸余生赍余勇，春来又试解牛刀。

戡

9.29.

28号

78

致任世评、任锡周、董素心27

28-1

(17)

评侄：信和抄件收到，中大尚未再来人，想不久会有人来，至于我去不去？看抄件后倒犹予起来了，因我是保留公职的，但"离职"，后（62年）说我是"作自动退职论"；你表妈是"降级降薪"后请求"退职"的，按抄件得照"第二条"办理，那末，前和中大来人说："我系条件地回去，她则请改为'退休'处理"，恐有问题。老实说，我不恢复原二级教授及原工资，我并不预去；她呢，有望得"改正"，因原无"右"的实据，是由我牵累的。"改正"的"附件"虽未见，但已知，甚至，我也不够格。不过，要本人提出申请改正，我是不提的，二十年都过了，还提它干么！昨晚有人来说，又跟着下达一文了，但不知内容如何？"55号除有关于改正问题"一项是新精神外，其他和"烟台会议20条"大致差不多，好不了多少，想以调动积极因素是困难的。我估计我去纵不是原二级工资，也只能降为三级，如是，我才去；降多了，则不去，请退休。近体健很好，还可以搞十年。安置办想我还在年内基本完成，耐心等待着，看此到校后必立刻给

78

致任世评、任锡周、董素心28（1）

28-2

你信。我原来想像是：俟戢返美；她退休，说不定会像往日一样要我物色一个"助手"，那末，调你来作"专家助手"，为了你着想，可以在中文、历史两系听几门课，等于上大学，三年以后你回国任教师或历史的语文。当助手一年有一次探亲假，另外我当每年返温一次，你同走，这样，可以和世蕃每年会两次，不至于"长相思"了。然而，想像不是现实的，但不可没有。照情况来看不是绝无可能，一因中央决心要完成"四化"，急于调动积极因素；二因中大已招了五名"中国戏剧史"研究生，为认真，周贻白死后，真治此专史者只我一人了；三因前次校方已来过要我回校的人。快则本月底，慢则下月中会再来。当然婚事动了，已有七个介绍，就中选了一个，他正在接触，是我好朋友的侄孙女，满29进30岁了。倘能定下，则明年春节行婚礼。

戢
10.14.

致任世评、任锡周、董素心28（2）

29

(16)

评侄：复信到，未见65文，多半没发来！有说是安排的详细办法，不知确否？我去看来快不了，弟还得几个月罢？你的朋友，前天出差杭州、上海、苏州，约十天以后回来，将来一定寄照片给你，我回中山戏后，他才能结婚。你说几个老友，组织已通知六九年起复，是否"六"係"七"之误？因补薪是不大可能的了。如指明年"七九"起，那末为何不由现在便起复职复薪呢？不解，世吉！一般估间是从78年四月"11文"之日补起。近有两首打油诗：

北京市委宣佈76年天安门事件完全是革命行动，

感而咕：

聆雪群冤正及时，"四人帮"已堕泥犁，是非黑白终分晓，

血洗天衢发相师。（寄相叶导师也）

66秋两度抄家情景，78年某夜又入梦境，醒后心

有馀悸，打油纪实。

浩劫临头遇二黄，（二黄者何？非系所爱之"二黄腔"，乃黄口孺子与黄毛丫头也）扬言造反理应当，新颁谕旨"破四旧"，顺手牵羊抄撬光。

温州供应不好，不必寄海味，将来的有可能，仅明年干一物就好，（小的好，大的差）我们安心等中大落实人，也许十二月份可能。甚

11.28.

78

装

订

线

39

致任世评、任锡周、董素心29

30

心侄：天冷，喘病发，坐在床上写此信，阅后加封交四介转评侄，省得我另写。北京公安了改正报告出来后，传中央有(75)文件下来，强调有错必改正，但未知确否？希评侄打听，有则抄寄！广州友那里信说"传中大共有240人，正在复查"！如此，则我至早须等到一二季度才有可能定了。你给我的"复方新诺明"，只剩十粒，今又开始日服四粒，拟请一熟医师来注"青霉素"。如有便，此药请将新诺明，寄时附些药棉，也要。此间供应甚好，有自由市场，就是猪肉多，我山乡年过得比去年好些，可以勿念！温州市场好转未？你和武家情况如何？剑云病好些吗？大表嫂仍是正常了吗？你妈身体怎样？纪念会中，希详复！趋势大好，今后必越来越好，人民的生活必逐步提高，国家有救了。

作宇

1.21.

校稿事请托人设法，好像寄不到。

遥为四侄过春节、附纸祈面交剑云嫂转鉴表叔！

23

装

订

线

68

78

致任世评、任锡周、董素心30

心俗：昨收你信，今上午中山大学派人来，我答应月底可以去，那时再派人来接。苗留长沙，拟在四月结婚，我和你大妈不回长，由她寒寒主持婚礼。我到中大后会给你信，棉和蓆棉可不寄了。世评处，望即以此纸转给他看。我气喘已减轻，因天气转暖故，到广州后一定更会好些，近一周胃痛，也在服药中，到校后一周当给你信。苗想趁未婚前有十二天探亲假，那时和她（姓吴名扬）同到广州玩一趟（约三月下旬），回长后结婚。附给一张凤莲信阅付校部。

伯宇

2.19.

致任世评、任锡周、董素心31

32 三角牌大林蒂价几何？肉松每斤多少钱，望告！将来会汇钱给你买。

(14) 评侄：信和素素及棉衣收到，不知是心侄托你付邮抑你设法寄来的？天气渐暖，喘好得多了，胃痛也停止了，約中大十日左右派人来接，想不久都会好，因此间还穿棉衣裤，广州已穿夹衣了。我理想的是得到改正，恢复原职原薪，她则办退休，苗子留长结婚（已批了结婚证来），调我回学再说，中央规定必有一子或一女在身边，只要他能去广州，随时两口都可调去。看来今年八九月归里不大可能，一因新复职有许多事待办（包括彻底检查身体，治病，镶牙等）；二因春节七八月留德赴美，拟留他住半月；三因校门复苏也须时日，很可能延到明夏始成行，想吃子糕，鲜红菱，调藕粉。（3、5）下面给心侄：

听说近中央有文催落实，给有几点：百分之九十九'改正'；三月底基本完成；改正后复原，工资从去年十月补起，此间院校有一些已照办了，有些正在落实，如十日左右仍未来人，或索性应湘潭大学聘，第一书记兼校长曾说自登门邀请，十分礼遇，得了回中大是照'哪里跌倒，哪里爬起'原则办；留湘是'宁为鸡口，毋为牛后'，可是天气实在不宜于我，此间到四月才能把火炉移出房间，春冬多雨，冷。听说我对你妈不好，索性住你家算了。你三叔家四个儿子没有一个像他那样为人，阿贝和你同，很好，董家的不幸就出了他。半个月后我再给你们信，此信阅后转世评！

伯字 3.8.

79

致任世评、任锡周、董素心32

33

⑬

第　　页

周弟：70元早到，你总是记得公债，以后切忘掉这件事！20元送礼我收了，50元到校后即汇还给你。

我自4月8日起病在床上，打针，服药直到4月15日停止，这两天算正常下床了。中大派的人到了，但他还有事要办，到江西去一趟，月底方能回到这里，5月3日我们离此赴廣州，那时再给你信。我去恢复原职原薪，不上课，暂不带研究生，医病，搞科研；她复职后办退休。苗子送我们去，便于为我买东西，做点事。一周后返長，下月内结婚。知你们念，就写这一点。

[illegible]　4月20日

79

致任世评、任锡周、董素心33

34

(2)

评：　你前几信及你寄茶叶和信都到了，我大病一月，才好。先注射青霉素退烧并服白人参等中药一周，却控制不住肺气肿，又用强剂量——每日上下午各注射青霉素两针（80万单位），链霉素各一针才控制住了，好得比去年夏天还好些，气管喘不厉害了，此病只有如此治，任何口服药都无效，不过发时每天服四环素四次每次二粒有点益处，主要靠营养，最低限度每天须吃两个鸡蛋及其他，我现在是：蜂乳浆，鸡蛋，牛奶，并吃田鸡，甲鱼之类东西，你处，蛋，甲鱼，田鸡，泥鳅，鳝鱼之类在乡下易办到，我三月走（车票已买，并送我去），到广州后不易有此类高蛋白食物（广州多甲鱼，田鸡，即使有也贵得怕人），蛋两角六分一个，肉二元多一斤，白菜一角五一斤，一切比此贵两倍。到后会马上给你详信。

戡　4.30.

79

致任世评、任锡周、董素心34

35

(11)

评侄：　5.3下午七时半开车，5.4上午十时到广州，校已派车来接，现住中山大学西南区77号甲之三楼下，信可迳寄。房三间，另有厨房，厕所兼浴室间，坐北朝南，前后都有树木，且有小坪可养鸡，晒衣，阳光空气都好，过一周安下来，再给你详信。你爸之病只有注意寒暑控制，并应吃点营养东西。服任何药都控制不住气喘，这次我全靠注射和营养。

安戡

5.6

站岗78.683　79

致任世评、任锡周、董素心35

36

(10)

心侄：别此后即附信在给世　字中，不知已寄到未？苗子17下午搭車回長了。這一段时间我休养，什么事都不管，一二把手赴美未回，等他们回后我才出户稍稍同事们。现在只每晨在房前走廊里打几下太極，到附近散步转圈子。我的主观愿望是永遠写稿科研著作，只怕明年起不可能，因中大是全国80个重点大学中18个特重点之一，校将办教育院就各大学中文系選二、三十个副教授、讲师来进修中国戲劇史，那时，只怕推卸不了任务。不管怎么样，明年是会让我休养、写著作的。這里是富裕地区，比長沙高四倍，物价也高两三倍，而工资二十多年来不变，物资供应又特缺，吃不到海味（鲜的），真奇！每口每月只配二角钱鱼，连咸鱼都没有，淡菜（干）最便宜，元8角一斤，明府四元多一斤，這些需肉配，肉月只斤半（元一斤），议价肉二元多一斤，吃不起。蛋二角一个，皮蛋二角六（咸蛋同）香肠二元八一斤，幸這些都可由長沙寄，我要你办好只几样，先得你告我，等收到钱后代我办：①三角牌大床蓆，②肉松，③牛油（白塔油）。茶叶勿寄，這里寄来不一破的，是用壶斟，用茶叶有限。廿一年在長沙，現在想来是大幸，若在此，即使不死也被打伤，我没有受冲击，因廿一年不出门当隐士，没有人知我在長，所以只扫地出门破产，外省朋友都传我已死，可是我还争取活十至十五年。系中五六个老的我年最轻，五四个都八十以上九十以下了，他们都挨过拳打足踢，甚至用铁筹皮抽）我连劳動都没有，他们都进五七干校劳動，我真是陆定一同志说的"有福之人"。此信看后转傳世评。

伯宇

5.19.

广州中山大学西南区77号甲之三楼下

站岗79.684

79

致任世评、任锡周、董素心36

37 "三角帐"附在此，若一样，就买两床：一红格直寄长沙九尾冲基础化工厂董苗一件格寄给我，都要4.2尺的。 6.30下午

(9) 心侄：前给你信要你勿花钱买海味，怎么又寄来明府干？这里自由市场上海味不大缺，以后勿再寄东西来买！这里螃蟹是一角到头都有的，我前日那天花一元五角买来两只，只是太瘦，无膏；今天买了一张手的黄鱼白，只花四角。近来每晨在林荫道上散步，打几下太极拳，转个大圈回家吃早点，体质转好些了。校里医务所设备很好，我的血压、肝、脾都正常，X光透视，胶大片，只有"慢性肺气肿"；又做超声波心电图，慢得去省诊断结果，我自信和血压一样正常的。沅表叔她月底（六月）来，说其女来信，拟请一个月假到我家小住，你要买的什么酱用正楷写来，我交他。温州有元专纺绸及白华丝纱卖否？多少钱一尺？也打听来告我，要真丝的。我全休，任何事不做，正式休养，先把身体培养好再说。到秋凉才开始写作，主观愿望是专写作，不干其他的培养教师、带研究生之类工作，问题是到明年能否推辞了？因教育部想在全国80个重点大学里选派二十多个副教授、讲师来进修'中国戏剧史'。你大妈身体太坏，病了我就没饭吃，因买东西都得坐车去买，所以七月一日请钟点女工，工资25元，连吃每月得花四十五元左右。你大妈七月起退休，月可拿七十元左右退休金，我因延续，到明春经济才松动，苗子结婚得花几百元，他和其杨九月后来看我们，住十多天。世评近暂不去信，可以此信给他看。你妈在我家抑你家？大表妈、到霞表娘处代候！明年八月如我身体好，想和你大妈同回温州住一个月，我怕的就是从火车到汽车站一段路，气不喘才能走。刚才接你信，你说的帐不知是否可以折的什么三角帐做的？记得娘娘在时寄来一床4尺的好像16元，只怕11.22元不是那一种，是像白[illegible]布，比夏布好看，白色[illegible]或红格子的，最好你去看一下，当年也许是阿我去买的，问他一下好了。牛油不要了。你信留着等沅弟来给他，他不来就寄给他，同时，我可以托学生在港打听，如有，你所可直接去信什么公司联系买。

伯宇 6.30、上午

穗關781751 16元，也许我记错，总之是可以折成四方的，不是那种丸状，不可折方的说了。火速来信告我，寄钱给你买邮。 又及 帐子上写明三角帐。

79

致任世评、任锡周、董素心37

38

(8) 评侄：明府干收到，以后勿再寄吃的东西，海味这里有，每年只
寄茶叶就行。我的身体已大大好转，每晨仍在林荫道上
散步，打几下太极，转个大圈回家用早点。透视后又照了大片，
证明只有"增殖性肺气肿"，心脏描图，结果正常，血压，肝，
脏都正常，如果肺气肿气喘能治愈，就全身健康，这点
可以告慰。目前依然全休，拟到秋凉开始整理和补写
译存稿。你表婶已办了退休手续，进行了体检，也有肺气肿，心
跳是因动脉硬化引起的，医说不要紧，血，胆固醇等都正常，只血
压低得出奇，高90，低60，由于极度弱的结果，这里和温州一样
极易上火（热），吃不得补药，目前注射B1及B6，先增加食欲，俟秋
凉后吃中补药。两年来的带病未行，在长检查非有癌或瘤，最近
拟再检查。中大卫生所设备完善，比長市立医院还大还好些，
加之医生都熟，長期治下去总是好的。我有两个女弟子在港，
对我极关切，正为我寻治肺气肿特效药，若有，当即寄给我。
经济方面，到明春才能好转，年内须办苗结婚了，自己样样东西
须要置，收入无多只够支出。潘表弟，我约他在暑假前来我家
小住一月，也许月底会来。弟子英杨九月来作为旅行结婚，回去
时只在亲中办几桌席一下就算，免铺张浪费。现在趕漆木器。
（是他岳母两个表妹夫做的，一出木料，一出工，计有大床，大柜，中柜，桌，凳，自己漆）長
沙租房比我家人还难些，就用我现住的两小间。你爸爸妈妈前代
问好。

戡
7.20.

79

站岗78.683

致任世评、任锡周、董素心38

39

世评：信到，燮弟上月28来，已将你信给他看了。我上月27出差开封，回毕转洛阳看三婶和弟弟们，正好文秋接母由杭回，未谈起到过温州。我只知她对阿戎不满，不知和素心有意见。什么六号文，我不知，因三个月来不出校门，且与校内人也少接触。刘接省社联邀于十日到肇庆星湖旅游五天，每天上午开会'就学术界应如何贯彻五届人大二次会议精神，努力做出贡献'这中心议题展开讨论，交流思想。我去开始与学术界知名人士见见面也好。家玉说，她要菜回，'河虾''黄鱼'，昨吃黄鱼。深弟定廿日赴衡阳看其侄后回合肥。系里送来一册'中国文学史话'要提意见，自然我也学乖了，不提什么，还想买本已由出版社印行的'古汉语'一起寄给你，在星湖回来后寄出。（8.8）

燮弟进城，'中国文学史话'托他挂邮，我明动身，回来后还得（19—25）开剧协会，知我身体不好，只须我去参加一个上午讲讲话。（8.9）

应社会科学联合会之邀，10日赴肇庆市（市区）游'星湖''七星岩''鼎湖''庆云寺'，并座谈学术如何为四化作出贡献，今（14）傍晚返校。行前要燮弟将'史话'去挂邮，想已到，此稿似是'庸俗社会学'观点，备参考之用而已。本到家，省文化局戏剧研究室（主任是我1943在四川东北大学的学生）派干了来打个招呼说省剧协定19—25开会，知我坐不能久，只要一天派车来接我去讲讲话半个上午。因我54—57在此主持戏剧工作之故。在庆云寺吃了一盘红烧豆腐皮，妙的是放有少许'发菜'，这是我28年在温州吃发菜鱼丸以来第一次重吃，广州有牌价（6.5斤）无货，因香港卖60元一斤之故，国内吃不到了。肇庆市蚊子少，凉爽，我夜盖呢毯，广州仍是29—31度，长沙、开封、洛阳都39—40度。

8.15.

燮弟定20日赴衡阳看侄子，月底返合肥。

穗芳7921121

致任世评、任锡周、董素心39

40

⑥

评侄：两次寄书给你：'中国文学史话'及'古汉语'到巨溪中学，收到没有？这么久不见你信，念念！素心去天津学习后来过信。我近较忙，因出版社催我整理'说剧'旧稿安排付印；后赶写一篇论文在十一月讨论会用（已提出交了）接着仍整理和补写'五大名剧论'。八月10-14日应省社联邀游肇庆市区'星湖'并座谈，最近'南方日报'登了报导，因此廿多年关心我之存亡的朋友和学生纷纷来信，为此忙于复信。鉴表弟来我家住了廿几天，回安徽了。苗子和莫扬本月十六日来，定国庆后一日回长作为旅行结婚，回长后请亲戚吃一顿就算完成了喜事。我的身体除气喘病依然未能治愈外一切正常，最近也许有必要出去走动一下，几个月来都在赶稿，最近一月才忙上述整理稿子，开始了就丢不下，须到明春才完了，然后就着手重写'中国戏剧发展史'工作，当搞科研。要我担任的指导研究生或教研所副教授（别的大学请了廿多人）事，我已谢绝了。因你久不来信，才写此信，收到后即复！　祝

全家安好

董每戡
9.27

订　装　线

站岗78.865　　　　第　　页　79

致任世评、任锡周、董素心40

由京返后移住新建三级以上教授住宅，质量较高，外国来宾可以看得的，有四间一厕，约七十多平方，地铺瓷砖，壁下半也是瓷砖的，我免得爬梯，也仍住楼下（共四层）。共四栋，已修成两栋。

(5) 德钊，玉莲病好些没有？不至于要开刀罢？念念！你需要的书只要我能弄到，就会寄给你，能者总是多劳的，今后只要有好成绩，党不会让你吃亏的，年内各级学校都有百分之四十人加工资，任务重，有贡献，都可加，贡献大的更有加，像你工资本低，当然属于四十%内，像我工资极高，就贡献大也不会加。我最近忙于整理人民文学出版社为我保存的戏剧史专题研究论文集——《说剧》，已毕共约30篇约25万字，日内就交去安排付印，明春也许可印出。最近中央宣传部来文说第四届全国文代会决定我为"特邀代表"出席大会，省委宣传部问我坐"飞机"抑坐"软卧"？我答以坐飞机，并要作好"大会发言"的准备，党对我关切得很，我正为此，天天打针，服药，控制气喘并增强体力，可能月底或二十左右会出发，我老萧子回长住，因在此老是不服水土，瘦弱甚，想去长吃点要吃的东西，这里菜蔬鱼少，且样样贵。苗夫妇是九月十六来的，十月三日回长，中秋节请亲戚好友吃了三桌，算完成了婚礼，仍住二条巷12号，房子弄漂亮了，但你寄信还是寄"长沙九尾冲无机化工厂技术室"，他和莫扬的休息日都是星期五（两厂前后只隔一墙）。名誉落实，文秋已告我，后一步是为贞贞呼冤和她自己请求生活费，中下层都是顽固的，还经多次才成，像我在此，就有几个英雄反对改正我，敢于违抗省委命令，至今未落实，但压我不倒，省委重视我，中央也对我好，所以我一直不表态，"瞎子看唱本"——"走着瞧"罢。你俩好好！

戡 10.12.

站岗79.685　　第　页　79

致任世评、任锡周、董素心41

42

④

周弟：承中央不棄，以我为这一次全国文代大會的"特邀代表"，会是在卅日开起到十一月十五日止，我已定于廿八日坐飞机晋京，老伴在此总是不服水土，因之廿八晚搭车回長沙小住调剂一下。你要登报寻找科長，如湖南日报有服务栏可登启事，她一定去登。不过以前是没有这一栏的。氣喘妨碍我行動，否则会到天津看一下在那儿进修的素心侄女，因有一个四十年前的老友在天津当了二十年的司令员，他要我去玩，恐怕行動不方便，只好不去。世评能力強，工作得出色，我很欣慰！他要的書，我能买到的都会买来寄给他。最近我忙于整理人民文学出版社为我保存下的戲剧史专题研究論文集—談劇，约卅篇共二十餘万字，年内可付印，明春印出后会给世评一本。你的稿实了，我想会落实，趋势可能很好。你若能吃猫，家猫吃肉及肠子治氣喘，有些熟人治好了，我怕吃。祝

健安

董每戡 10.23.

附给芭信代投邮。

站岗79.685　　第 79 页

订 装 线

致任世评、任锡周、董素心42

43-1

③ 第　页

评侄：我十月28飞京，十一月17飞回，不料20左右就病，住院十多天好了回家，因现实给我兴奋，所以精神仍好。此次当代表出我意外，尤其出一些校中在位的57英雄和文革中爬上来的意外，他们表面对我客气，内心忌嫉，还想压，他们知中央和省委都对我好，只好假装着尊重我，我不是傻瓜，决心今后除中央和省委我做的我不推，校里的一概不管，拿钱养老，搞科研。昨要我带研究生，我以健康太坏为辞推了。这个月需要好好养，黄在长沙已为我买到海参和冬虫夏草以断才寄到，想明日买鸭子来炖了吃，过了年才能動手整理稿子，已整理好的《诗词》已交人民出版社，年来印刷慢，须在六至八个月后才出书。经济方面到明年上期才能好转，总之1980年我还得奋斗一年才行。本想暂不给你信，今天精神很好，趁给素心信之便就写这一纸由她转给你。你爸爸妈妈前代候！

(反面有)

原稿纸(20×20)=400　　　　79

致任世评、任锡周、董素心43（1）

43-2

我暂不迁东北区新居，因分配给爬不得楼梯的老人都是一楼，窗无铁栅，所以都未搬去住，中大几年来治安大成问题，所以等装好铁栅后才迁，混[illegible]过了年，因中大职员有千多人，真做事的没有几个，迟迟未办，这现象全国各大单位都如此，一个和尚和三个和尚的比喻最有典型性。 文及

致任世评、任锡周、董素心43（2）

44-1

②

世评：最近专在疗养，吃得好，所以健康大增，想一直疗养到春节以后，开始整理工作。温州朋友想要温州师专请我在暑中回温讲学，可以不自出来回机钱，我说已不能连续讲一小时的话了，不能教这个课程。最近教育厅决派卅来个（各省学校派的）讲师，副教师来进修，二月廿四日就来，王~~彦~~太概内心有点羞愧，某夜专归来我家解释前嫌，有道歉意，我不能不表示姿态，我说："过去的不必提了，我早不放在心上，可惜我已不能做报告，你一定要我参加，若采座谈方式，我参加好了，发言二三十分钟我还能。"他满意地去了。这个进修班到七月半结束，如我健康和经济允许，想结业后就回温（因由金华公路汽车回温须走一段路，气喘怕去（不动））住一个月，萧子回长住一个月，等我回杭时，她由长到杭，同一起玩几天，看几晚京剧和越剧，赴沪住几天看越剧和沪剧，到无锡和阳县植一下面，北上去北京住到国庆后返杭。我能需读一些资料，准备写戏剧史，计划如此，如愿否？未可知。

致任世评、任锡周、董素心44（1）

44之2

最近我会寄些我和讲师、副教授们的科研稿文（关于汉隶及新文艺作品的和我自己的论剧的）给你在寒假中读（直寄巨溪中学），阿旦春节结婚，有信告诉你嘛？在京时一友人子（在北京影院工作的）为我拍一照，附一张给你。你爸和妈健康如何？请告！苗子来此过春节，英权已有孕，我要她勿来。校分配新居给我，不合我的（两人都有风湿关节炎）用，我不想搬，其他人也一样对分配有意见，就停下来，所以最近不会移居。

1.14.

1980

致任世评、任锡周、董素心44（2）

45

①

评：我胃痛发躺在床上，收读你信和明甫干。以前要你不寄茶叶之外的任何东西，不是客气话，一因明甫等海味这里都有，二因我和你大姐的胆固醇偏高（305），我们血三脂都高，其中一项高到500，明甫、肥肉都吃不得了。以后千万勿寄，只要茶叶。暑假（七月七日起）中很想回温一趟，须看那时的健康状况而定，若回去拟住五马街一带的旅馆，不知现在五马街有旅馆否？价格如何？顺便打听来告我！我想在温住一个月。温州现有人力车没有？北京、广州把三轮车取消了，甚不方便，肯定会恢复。我在北京开会时就为了无三轮车，任何好友都没去看。你教课能那么多？领导如何不顾人家的身体？我未有一袋参考资料给你，因学我自己的一篇还还未印出，所以未投邮。今派一些高校老师来进修"中国戏剧史"，二月廿六到校，我已答应在座谈时出席，这样，新学期就[illegible]。刚汇壹百元，还你垫前寄的70元，另10元给你爸爸妈妈过春节买点东西吃。20元给你三女孩各做一件花衣穿。因这里也0上七八度了，索性不下床，胃痛已好，气喘未好，也难得好，每天服"咳喘"片。我的论文未印出，以后另邮，先将其他寄出。校方认为我的论文水平高，另一位讲师的也高，拟将全校教员的编集为一册，送国内外有关的单位和人。校三日起放假。祝

阖家康乐

你看了就此笑了，云南[illegible]的，不少[illegible]此地丧，过去我一[illegible]60年被抄[illegible]了。

戡 1980.2.3.

站岗79.958　　第　页

致任世评、任锡周、董素心45

龙兄：慌慌忙忙地信封面忘写"解放南路"四字，所以退回，计来回共六天，因此把已写好的两纸一併寄出。 23下午

1973年

龙兄：忽得手教，喜极！弟仍健在，但困苦过着，66年举家除
米、書、稿（约数十万字）及一切衣物荡失去，等于火烧，不幸
中之大幸，仅未受其他冲击而已。七二年来靠苗之资月入四十余
元度无聊岁月，真是鹑衣百结，饔飧难继。名弟更甚，一
言难尽，秋在横山已数年，问题仍悬而未决，他的一切，当
嘹由他[illegible]告，各卧床已五六年，[illegible]流脓，[illegible]（肺
氣胸疾），他弟二子桂南当工人，住"洛阳市老城東大街55
號"，兄可去信，他收下会转的（不必写名之名，董桂南收好
了）。大子在大連某厂任技术员，下放农村，近已上调，惜不知分配
何厂；三、四两子亦在洛当工人，小女肺病则在横山。近时闻
开始贯彻知识分子政策，各院校已在做，前日报上整版登載
各院校报导文，不知何时能到衡道？一切在好转。急于回
信，不能详告我的一切，拟明后将手教转告，我自己则等
你来第二信后详告六七年来种种情况，先发此信，让兄
早点为我释念。我这66岁了，除满牙落了几个外，余都如常，
她有心脏病及肺氣肿，近稍好；苗健康，较久这一二年轻松
了，能背诗文，翻译。 此祝
康安
弟 堪 十月十七下午

新通讯处："長沙北区学工街二条巷十二號"

湘印72.6.

致林亦龙1

2-1

1.

亦龙兄：十七日信即收复一笺，未及详告前后一切情况，兹先写点，免第二信来后不能多写。失物时间是66年深秋九月，书千几百册，稿百数十万（中国戏剧发展史五十余万言，"盛明曲谈拔萃论释"二十万言，"三国演义论"二十万言，其他零稿及所有研究资料等）未失稿有"五大名剧论"（五十万言），却又被鼠啮其半（现已补，未完者仅"桃花扇论"最后一部分）"说剧"二十余万言（其半存出版社，所携回失三之一，已补完）这就是说我存仅此两种共七十余万言而已。衣物尽失（床椅、腰镜、皮箱、柳箱在内），犹如水洗火焚，穷困之情，不言可喻。一身尚存，痛苦万分。幸能达观，兼每晨室内运动半小时，故往日病痛逐已痊愈，惟因气候不宜，新得胃病（今已不发）及轻度肺气肿。两鬓及须五年来全是白色，目力因老近对消，比往日好些，每餐两碗，睡眠能到八九小时，记忆力则大衰退。写字每仍用两手推，却能写蝇头小楷，精力尚可日写三四千字小楷，估计还可活五至十年。缺点是无条件继续写作，穿用物之破烂不堪，生活尚不够，无力添补穿用物，如此困厄，实非始料所及。

舍弟情况，除前信所告外是由当县现契书到被撵出校，且今又不得复（适补的都不得）一点未告，将来兄去信后当直接告你。寒亭兄在68年即有信闻已自经去世，未知确否？秋几次想去看他，因学不便，故中止。凤芝亦早已无通信，不知近况如何。我又失其通讯地点，千里之外的地址亦失去，均望为留意打听。（兹知她家一切）元骥当仍在西安，亭郎今在何处工作？

附说剧自序……供消遣用

装 订 线

湘中 72.6.

致林亦龙2（1）

2-2

2.

希详告我！名之大，二子均已结婚，各生一女，二媳系一老红军（师级）女，在南昌电台，后下放农村，近正接洽调治中。（其叔现任某军区副司令）桂南（老二）极能干，且丁等为工人，等于技术员地位。我所患之"腰毂肿"，据郭老说李白即死于此疾，名"腐胁病"。我脓流量至今未减，数可虑，加以精神压抑，因此可知。我与小女在66年亦被害逼走，强迫仍回乡，不久又扣以"地"，迄今挂着。弟家不幸中大幸者即无此种伤残，所失者惟身外物，而痛惜者为经济奇窘，数米而炊及半生心血结晶物尽已存（尤其"剧展史"为王海宁开山以来近八十年第一部自上古迄民初的剧史，此为创举。）幸"五剧论"勉强存下，其中"西厢记论"自许不恶，解决五百年来难决问题颇多，原稿十四万字左右，倘还能活十年，并有书可读，则我能重写剧史，阿门！（原为草稿存下"曲话"编辑之初稿约十万字，已印"说剧"简史可作剧展史之基础，已印"演说论"可作基础再续。）弟之所以苟活，仅想少许致力学术尽力，耿耿此心，未审能得谅鉴否？忆57深秋曾作呈寅老一诗云："书生积习总难忘，酒后常踈或应霜，长日空怀心耿耿，遥宵深悔得莅莅！浮名已误多言误，大错宁成致命伤？枕上排愁歌代哭，喜蛙声里起彷徨。"今寅老已归道山（寅老抗战时失明，60年病瘫，硕学通儒，66亦不免被揪出斗，且为该校之第一人。），不胜戚慨！弟有为剧史立一完整体系之雄心，原定1、剧展史；2、五大名剧论；3、说剧；4、"宝篆曲话"校笺编释、5、元人杂剧选编；6、明清传奇选编；7、中国剧场史讲话；8、老树新花集。共二百万字之计划，自59至65完成了百五十万言；除后四种五十万未写，假我以年和条件，当偿了此宿愿也。

弟 戡 23下午五时

湘中 72.6.

致林亦龙2（2）

3

装

订

线

龙兄：等你回信不来，很心焦，刚来了，又不能即复，因10月29跌交，仰翻在地，右手掌擦出脱血，幸接好，天天服药，迄今基本无问题了，但多欠了30元债，不成残废，为不幸中之大幸。来晤道，不要紧，只须告我以他的通讯地址就行。兄信，我转寄弟了，所举陈朱例为借手攻故。以后新西湖仪寄华苗二字（去子字），尤其为写温之自注之"英"字，郎遇另带为此孔老好之连的不满。今世东正义和道义者不多，故沉沦十多年不向人乞援，虽邀尚须斟酌。近来方情势似渐趋好，再等些年，也许能到榜间。这儿也抓出一条似南萍类大鱼，落实政策对大、中学几已都办了，其他单位都如'冷灰地里迸火星'东一下，西一下，点缀而已。还要拖三五个月才能'皆大欢喜'。手还得半月才能如常，不多写，将另一序文附上供浙遗，此稿近五十万言，待存，仅底稿一二万字将来须补写。此间温度低到10度，有时高到18度。近来'天无三日晴'，冷时为多。温州将吃酱肉、腿蛋，真比燕鲤更美，不知何年月日能到市楼对饮？惆怅。

弟

海凄　十二月六日

藏

湘中 72.6.

致林亦龙3

4-1

读了复，知道在搞基建，不知是自己找到在某单位工作而搞基建？抑被动地要她去搞？且搞的是那一项吃得下的劳动？回家又须搞家务，难道爱人不在温吗？的疑而念，希详告！我因未有变化，最近不拟给他信，估计在三五个月内或能稍好转，那时再去信。手因没有接好，右边骨节突出，变了相，现用力按它仍有痛感，故仍贴跌打膏药，且服云南白药，似减轻，也许再有十天可以全愈。这个月来天冷并无毒可讲，不穿什么，炉边烤火，气候已在7—10度，入冬至，半月后也许会冷起来到4.5度。昨接名信，云正在"三停"（不调干，不吸新党员，不提拔新干部）此间虽未有所闻，想亦相同。并云正在开三级会议，酝酿实施落实政策工作。此间则传中央有人下来分驻在东南西北及河西区各一大厂（什么厂）和一校（干校）搞落实典型，然后铺开。最近放出一批造字头头，省革似真要开始解决矛盾，对老五类也放松得多，有谈"今后无五（右）"，不知确否？此作律元旦前后发，当续寄。（22）

剑阁两绝，录其一："荒芜文苑长蓬蒿，古典何缘若粕糟？吾辈崇真应斟酌，老庖去捨解牛刀。"又纪梦一绝："梦中花发七千树，春满人间万艳齐，笑上征鞍试身手，[illegible]？"又书怀一绝："壮作雄心未肯灰，多年犹抱旧春回。此情若得逢天眷，日暮苍龙待雨来。"（用顾炎武"日暮苍龙还行雨，老树春深更着花"诗意。）（25）

湘中 72.6.

装订线

致林亦龙4（1）

4-2

‘读长安’六十万言，自上古迄清末民初，补王国维氏之缺，惜全失；原拟续写解放后的先齐放或复之‘新华辑续录’。

又记起旧作三绝，一并录存：戊申阅‘中国解剖读剧史’后作：‘王氏开山止两章，宋前元后未能详，年来试为通今古，修定尚期硕学商。’‘王氏开山八十年，多人继武缺犹然，溯源究委通今古，预续新华辑续篇。’无题：‘平生百了不如人，常辛苦，（强出头，试为书册，改弟的）作嫁卅年（27－57）多僝僽，老来笔底感奇神。’记忆力大衰，诗、词、曲剧全失，更不敢言诗，因勉概此刻。今18日，仍尝一遍有新鲜了物的苦头，续字若此。去年七月起中等学校的旧先五几分都解决了，高校及一切不动，直到本月初湖大、铁院又解一个，其他院校仍无，留厂也解一个，尚有几个未被刷。目前最大的问题好像是……人不听话，持刀行凶，抢劫撬窃，打群架等等时有所闻，县以省都如此。近传贵州白菜六、七角一斤，猪肉二八角一斤，鸡蛋每个一元。贵州供应都如此，此间还稍比附近几省好些，总好得也有限。前附一篇‘谈剧中蔡文姬’的‘附说’，因有关温州，供足消遣；惟只此一份，消遣后附袋中还我，等空时候有诠说时发，不急。

（页边：这条是缀自62年以后回返那时，也是好的，成作依据点。）

刘基

一月廿一日

湘中 72.6.

致林亦龙4（2）

5

龍兄：示奉到，知伤腰，我们真是老了。我的手脚尚有微痛，无大碍，自去十一月起到本月初曾服过不少补药，健康有增，可释念。温物价惊人。昨买到冰冻鲜带鱼（六角），过去来的黄鱼（五角），乌贼（四角），今年尚未见此两种，带鱼前几年湘人怕腥不吃，现在人人爱吃，故常运来。湘人素爱吃的腊干熏肉，前几年常有卖，今年连腊肉都没有了。此间供应虽比不上去年远甚，但为中南几省之冠，广州、武汉都不及此，近物价亦涨，惟稍涨，不惊人。去年不许点电灯，今年有电了。本月有地震之警，长非中心区，纵有也不要紧的，雨则已连下几月，还得下，每月只有三两天出太阳。上半去年夏天曾想往了，一圈十次，惟推不得耳。且看今夏秋罢？‘长沙马王堆汉墓彩色纪录片’分析你和范去看一下，丰富多彩，技艺惊人，当掘出时女尸经千一二百年仍如生人，注射药水，肌肉突起一块，渐渐散而平复，轰动世界，当时（去秋）日本考古学家们仅凭新华社报导及几张照片，便大写论文出了专集，而我国那时连简报尚未出来，中央始知落后远甚，要大力发展‘考古’，近拨百万元给长沙，拟续掘第二、三号墓；你看后岂止这一门？说不定明年古典研究也会被重视起来。中大荼几年文字被冲垮点是容庚（今年81），去年冬二次被召上京，又得重视，中央要他把金文续编整理出来；史系是刘节，原已瘫，近稍能走几步了（今73），都很艰难。发现资治通鉴标点颇多错处，他正在标点（自动，非上交任务）。这些是新去过中大的一个往日学生告诉我的。我经常困之至，仍然乐观，只苦无书可读，既不能提高，也不能新写什么，若能尚有许多日，当要写‘剧展史’，这是最大的愿望，就是为这愿望而活下去。只要老兄能为我弄白之日，几年之内，依然可以完成二百万字计划。在本自许‘剧展史’是我一生著述中之‘状元’（惜全失），‘说剧’为‘榜眼’，‘五大名剧论’为‘探花’，‘读文论’为‘传胪’，今年春经屋常打氧，把‘五论’中之‘西厢记’论整理，怎外也搜寻则成为序中

致林亦龙5（1）

5-2　　　　　　　　　　　　　　二

三日课，已取《党史》的研究地位而代之，因多读五百年来方家们所未能道的，~~[illegible]~~。此信抵达一周后，有何好消息可当时速写发出。（12）

温人只吃明府千丝粽拌，榧茶；湘人用以炖汤吃，较聪明，我已些年也爱上了，只用二或三只明府炖一斤肉连汤，可够四人吃，鲜得很，望试试！现在是产地吃不到土产，如红枣，洛阳都见不到了，黄鱼在北京也只五角一斤，炊锅往年常来，近一年不见了，价比温贵得多。此间肉猪（瓦八角），不限量，鸡蛋八角几（瓦七角八分），不易买到，鱼如鲤、鲢、丝丝（大头鱼）等今年多来也少，据说都出国留学了，若有都只五角左右一斤。广州每人每月肉一斤（瓦五角，自由市场为二、三元），广，汉人到此都带肉去（香肠元六，腊肉元六）。　（3.21）

午夜醒来，惜失稿，痛亡友，百感交集，吟此抒怀。

八亿人中一疑迷，独尊小道走难移。穷庐索垂通今古，究抵寻根辩是非。日食三餐甘藜藿，身衣百结胜轻肥。偷生为国存元气，善护低眉我亦依。

常为查微前头误押否？刻接升九签手札，挂号方惠承到，因学待有善尽除时笺，故迟迟未发此信。近此间四月已连晴三天，气温骤高至28度，今又雨，跌到15度，这样时冷时热，必须过了'冻死鸭'广的四月初八'才有定准（热到）夏天，因向无春秋，只有冬夏故，不过火炉已于前天出房了。上周省委开过扩大会议动员'批修整风'，完毕后始能开展'落实'工作，恐要拖迟到五、六月里了。前些时说将有81文件（中央专为解5问题而发的），结了被开始重视也许是为实[illegible]，谁到实现恐还须半年时间，好多道是慢慢地的，目前只对待的态度上客气些而已。

蘅　4.3

刻得确息：京中四5全解，条件仅一：文革前之老中阶层职都（宗派性）。转弟此间必得了，道明日当善后阳第三款。　4.6　[illegible]

致林亦龙5（2）

6

1.

龙兄：复书到，即苗自沪返家之日(17)，这次他在沪和叔及
二、三、四三个兄弟聚谈了一周。他叔独住，自做饭，问题是胡
子永不能拔掉，每日仍须去多C.C.胀，最近倒接近正常。
目前困难的是经济(比我们还稍好些)，可能要待到六、七月
能落实有所改善。兄信，我拟在廿外发信时附给他。我
记不起你说的叶君了，像那类可笑剧处出现，大致都
知道那都完待到家人，似此不同。(本剧即有一例，家人仍
旧贯，毫无改善。)那首律诗内容自己满意，索性照词韵例。
用韵自由是进步，平水韵把支微齐分开不一定正确，我曾在
失去的《笠翁曲话拔萃论释》之《音律章》论过，我认为最进步
的还是艺人们创造的"京剧"只分"十三道辙"，比词韵更少部数，
最精的是明代人的"曲韵"，越分越多(洪武正韵)，所以在曲家都不依
照，仍依"中州韵"。(主席诗有时也较自由用)。兄倦老衰，目力又
不好，不少抄韵目，劳得我"辞海"一下，以后可查了。(18)
在川的一个卅年前的学生见诗也来书说最好不为韵牵掣，又说最爱
日衰身老一联，那末就索性依词韵好了(请同一下)。一个在参加宝
的已八年未来我处的朋友昨忽来望，备表关切，并说该宝如湾的
共有18人，去年五月解四人，近将有更多的得解。又说大革命
中该宝湾洗出队的卅屡人，近也已下收归队了，足见趋势
大好也，且将先生日前，或迟至国庆前如何。(28)
旧作"平生百了"一绝后两句现改动如下：
平生百了不如人，日夜摩书尝甚辛，未学柳韩和李杜，每

致林亦龙6（1）

6-2

2.

来笔亦惊神。

李横岫之小保姆已于四月廿三病逝，秋更孤寂了。兄腰伤，不妨试我多年来随时实行练功法之一：'两足稍分开站立，转腰，扭屁股'。所以我腰腿都健。此间一女体操教师，每日对我扭。近由上海传来治百病的'甩手法'，本巷就有几人在练，我也开始了，站法一切与动三之'定动'同（定动太静，易出毛病，我往日试图站而厥，面神经抽起来，后不站了），这站而甩手就静中有动了，前后甩（算一下）由每晨甩百下到三百下，一个星期，我已增到二百下了。（两手向前平举，向后平举，口中数数，据说由一位癌症老人甩好了才引起推广）。两周来东南西三区各有一条了解12345不少（13，17，15人），仅北区尚无动静，这非谣传，系被解之一人来说的。另一传闻者与否未明，是说省委据81文件精神另下一具体文（专对5和言），将①二八开（认属于少人评议的，不够5格，平，找其工作）；三，②对开（认有原思想的，够5格，解，可要求原单位安排工作）；③八二开（十分够格的，解，给出路）等一个月看好的。（5.3.1.

自我解嘲一掬一律

雪鬓霜髭镜里知，弯腰驼背缺了姿，精神犹满豪情在，~~[illegible]~~小住输中岂自卑？

十五年中多二毛，老来贫病债台高，纵钢也得千锤炼，陈土何能百折挠？一了无成余浩气，三生有幸少守骛，埋头话我消长日，文不容辞岂惮劳？

第二句不知这样抑'问天懒学首频搔'好？两联都自喜爱。不

致林亦龙6（2）

3.

也祇在叹气出屋守瞎，不如用“问天好”，是以为如何？意外地收到你抄刻目，见兄兴致之高，腕力不弱，又心地善良，素重友情，有此四长，皆寿徵也，活到八十多是无可疑的。昨接素心信，知匡陵全由农村撤回，足见温市执行新政策比此快得多。苏州省委正做了大报告，刻学习中，催落实的大字报早上了，那大多是来有些当[illegible]抗还不执行些的口气，且省下田公解！[illegible]肯三子四种[illegible]赴温省母，这几天想还在温；第二子去苏、伊、杭，云下月可来此看我。此信拟在星六寄出，留三天也许还可续写。（5.9）

“风气”逐渐由五十下，[illegible]清晨三百下，下午或晚一百下，似有好处，很简便，望兄实行之。调说据你“藏之风日盛”，已因而伤人杂人者。但也有些好了，如房租减百之二十，有些老年需要吃[illegible]钱的得到安排，不过一切是“急惊风遇慢郎中”，不着急，慢慢的好。总之上面是要做团结工作，据说内部曾开过“团结计划”会议。这几天也开始处理由68—71的各案，本属就落实了一些。（因沿而被开除大帽送农村三年多的老干部）落进一于了解了被去1、2、3情况五个，那末，“落实”步式会快些来，然后轮到处理旧案，估计至少还得两三个月。

戡 5.12.

致林亦龙6（3）

敬祝毛主席万寿无疆！

龙兄：自西安寄的手教早收到，这个时候想已返里。离
立冬又只一个月了，天气刚转凉，室内20度左右，想故
乡也如此。寄西安又搁了一个月，因想兄未必很快回到
温州故。前接十一月六日手教，就可复了。先说弟
处境依然未变，仅从获户口于前月中已办妥，但仍住
二儿住處处，吃的东西做好送去，弟只烧烧开水。有时
坐着小孩坐的车子由她推往南处去晒晒，看街上人来
人往而已。这里自上月始得中央八条指示，才安静下来，
然青少年犯罪者特多，最近有铺子以打劫，用菜刀。
关于落实，到最近颇多传说，近证实确有其文，是
六月下的'20号文'，内容七条，又一拖被拖了几月，听说
由省统办，因人员未配备齐，故尚未动，如此看来，纵
开动了也须到明春方可完成，因除个别单位联系一
文事一文结，便很费时，弟是十七年来没有错的平
解，且安排工作（复职复薪），只好再等待。弟之健康
还马虎，身上只有支气管炎，肺气肿，萍之也有此病，
因她心脏有病，气喘发得比我严重。今之矣，精神上
较前好些，主要原因是有了20文。前些时曾有两
绝：'方寸心田当肇雪（李煜句），执来肇而心更艰，但
嗟此番经摧撲，焚肯学舌好为文'；'独留冷眼
看沉浮，万古江河日夜流，自喜秋来身渐健，一刀

致林亦龙7（1）

7-2

敬祝毛主席万寿无疆！

足可解千牛。'阿林大概也有六十三、四岁了吧？只是不免我们当有吾邕之日，万一如明春有能起整，明年期当回乡。我以为温州已安静，现在仍乱，想也不久可安定，因主席说'大革命已经八年了，以安定为好'。近读了一些法家的文章，其他事都没有做，工具已全失，整理的稿都不可能，自然谈不到新写什么了。民瞻来时不知有提起我没有？去年寄呈的一律，因最后两句已改，重抄如此：

八亿人中一钝迷，独尊小道也难移。穷原宏委通今古，究抵寻根辨是非。日展三餐甘粝藿，身衣百结胜轻肥。砚田自力多新解，笔挟风雷立说奇。

弟 湛

11.8.

致林亦龙7（2）

8-1

龙兄：6.16日名弟落信给我说你要携经沪回温，托你转给林苍信请接济我，可先未对我说，16才写信告我；不料18收到该信，他18子夜一时许就去世了，真是一闷雷，使我悲恸难已！他自己也不错，居然在5月一日见去他家后即汇来60元，足见剑道义，不负也。(？)以为最近会有兄信，至今不见，索性再等几天，我和她的体健还好，可勿念！近遇一熟人，始知三年前上有命将分统解择，他便照办了，近三年他调一中央厂里，故不知为什么别人都不照办。这就是成为夹缝里的牺牲，如不再来，或能从墙上取下来办，也许年内还有点希望？你来杭后，[illegible]，温市除自由市场猖獗外，没别的惊人事故罢？名弟病情自三月份起趋坏，只想到杭和兄见一面，可是不能走，你有一信附诗的，他读后便嚎啕大哭。他61年特来长看我，而我在这些年限于经济不能去看他一次，终于无缘再日了，这是我终身大憾！我和蒂子近来健康，我清晨五时半即到附近青少年宫森林里练气功、散步，七时返家，早点，来回也有五里路。信到后，希即详复。

弟 [signature] 7.18.

上午写成此信，揣明晨散步时投邮，下午即得14日手札，名之逝去出我意外，以为还有一二年活，不料已油尽灯自熄灭，好在儿子均已能自立，他也已年过花甲，亦能瞑目了，不过和你和我都不能在生前见一面，不能不使活着的都刻骨痛苦。

下午又及

致林亦龙8（1）

8-2

所云"无物不…，无日不…"两语些穢切的，那对比起此间还不及，几乎日日有奇闻。前些时出现了一个"幸福团"一个"快活团"，成员全是高干子弟，前者十三个年青人，光嫖女人就有百二四十个，结果是"死刑不上大夫之子"，只判三徒刑了事；后者十七个，不知如何糟蹋了人们都懒得提了。本里仅五十来户，偷扒、溜窃、打架杀人的二十来个（有一两个已判刑），大致都是兴进，放出，自七进十出的，因为出身优越。女的当"婊子"（暗娼），十三岁到十八九岁的，据说有牌价三角、五角一次，地点是防空洞、下水道等。都穿的确良"三合一"之类衣服，父母都装作不知，也是以好出身的为多。十二三岁女孩"括脑"的常有所闻。年青人开口就是骂娘的粗话，女的也同，极时髦。我们这批六七十岁的顽固脑筋是看不下去，但也说这些都是"革命行动"。天气很热，一般是34—37度，只供应比附近几省好些，工业生产是挪倒第二，倒第一推贵州，贵阳几年来黑市为全国第一，温州还是小巫。

19 又及

两次邮回邮局叠无会议捷早共门而带回，奉些补充：今晚五六七车经过，前二车两边站满偷盗犯名牌的家伙几十个，中坐武装民兵，后三车堆了百货除列[illegible]衣物、手表、乐器、木器……等赃物；前头五六辆，后头三四辆民警骑机动车开路和护送，所以十分威风，笑逐颜开的行人。此种游街在此是家常便饭，隔半月一月就有，温还未见罢？附近民兵指挥部抓到一个十二岁怀孕的女孩，原来跟一十六岁男孩生下的，道里搞出来的，十二岁，真进步！剖检文艺信附件及名路[illegible]村信。

湘中75.8

20日

致林亦龙8（2）

9

龙兄：手教悉，但所说前月给你信，则未见；芑弟处已去两信了。总理噩耗于九点广播中得知，不禁泪下，一绝哭悼：'纵横捭阖建殊勋，世界同钦德望隆，众庶都如丧考妣，八音遏密哭周公。'56四度西眺，游仰之间，近四十年，今成永诀，痛何如之！我的处境三年来已变，除经济左拆外，一切平平，一言以蔽之曰：'不闻不问'，可以放心。近数月报有厚望，不料横出：批奇谈怪论，影响所及，至于搞僵。前天此间院校才传

（除25关于陆卫外）

达了23、24、26文，看来过了春节会展开运动，那末搞的时间不能不拖长，且辨春夏或夏秋之交有何好转？问题仍然是经济，其他却处处想得开了。嫂夫人之癌症，确否还待考，因现今医院一开口就是癌，都未必确，我五年来见多了，大致都是'乱说一通'，不说癌不过癌似的。这是担经置之为妙，人类都不同，最都最易使人生癌。（懒散

（除理，陈帅沉痛，前之徐文先师及家母谢不例外）（我对一切置之度外，所以未生癌）

人并未受惊恐，最怕，我想不容于生癌。总仍未能如人民所望，可胜叹！所说钱很远，但能当用，读禅师赞有一偈子言：'昔日英雄今狗熊，建功立业早成空，难寻当年强梁本，毕竟黔驴笑技穷'。此日后要依此界。弟虽然岁又蒙拨，却气未衰竭，床头依然，也有一绝云：'果尔多姿数晚霞，暮年心境也如花，兼因贫病除烟酒，偏嗜犹留喝好茶'。也许仍有后望也。（25）

湛　26日换邮

据夏国屏兄来说鸟炖真有"抗癌素"，温州有条件吃，明暖可手炖肉汤也好。

湘中75.8（金）

致林亦龙9

10-1 龙兄：前复想早已达览，故乡情况已由他人来书中得知大概；嫂夫人近况如何？时在念中。春节吃运亨通，送东西来的戚友很多，可说是渐有起色的第一个春节。这几天才随忙于成立'向阳院'，所属居委会的各巷都先后成立，今天我们这条巷的成立，住屋的小辈也打扮起来，我住室门上被贴上红对联，上边贴双喜字，出乎意外，也许是机微之光罢？隔壁回来一个被宽大的伪营兵队长，人们不少到他家道喜，赞颂党的宽大。附近一巷叫'賜閒湖'，巷内有井上题隶书'賜閒湖古井'五字，往日有过賜閒湖古井一绝，再度录呈：'心非古井岂能闲？欲攀多年未卸鞍，梦里驱驰绝大漠，醒来犹欲上层峦。'今得一绝：'賜閒湖畔徜徉久，终日人间心未閒，詠我自寻閒里乐，生才有用开颜。'（李白诗：天生吾才必有用）另一绝：'冷眼静观世已明，坎坷不少悔今生，是非黑白糊涂账，且待他年有定评。'今惊蛰，转暖，但须过了四月八，冻死鸭，才真暖和起来，所以火炉仍在室内，此信拟再等二十天到月底才投邮，也许那时有些新鲜话可说。（3.5）

月初起日夜不停地下雨，今放晴就感觉暖和，看来到月底或下月初总会有些新鲜话可谈，想来值你也会觉得好的罢？（3.16）

前信我曾告这几年对我们不问不管，今忽居委主任带办事处干部来，说要组织学习，週一次。想是又把这提到日程表上了，且待两个月或有好消息可能（不过我反推测在夏秋之交，这样一来也许提前在夏天罢？）近温市情况想好些罢？这儿是上个月

厂　址：浏阳河路九尾冲　电　话：5833　电　报：6671

致林亦龙10（1）

10-2

门上有大字报，这个月渐减而至于没有新的贴出了，物资供应则紧张，尤甚蔬菜，今起凭购菜卡供（隔天买一次）；肉在前几月是大量供应，从早到晚都有，且一次可买十元二十元，所以外流陕省极多，上月起早起至十时才有，下午就没有了，且一次只许买二元，排长队。所谈西安一如川贵，什么都没卖，芹菜都卖五角一斤了。想令嫒当已痊愈。我自去年到今健康不错，乐观依旧，可勿惦念！近仍然是把一些旧稿寻起读而不倦，希望再有所提高。三月这一个月没有一天不下雨，春分还下雪霰，今天总算出了太阳，暖和起来，就想去文化宫散步，火炉尚在室，棉衣还在身，至少再过一个月才有暖的希望。阿芭处望以此示之，不另笺。嫂夫人病好何？我是不相信她生癌的，生癌的，据我所知多受过惊恐，长期思想折郁才生的，上个月老友冯雪峰也因癌去世。在温最好多吃乌贼，即使干的也明府打，乌贼要都好。

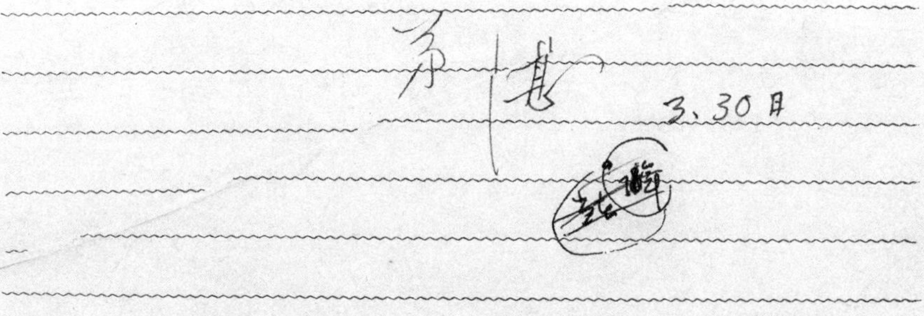

弟 [illegible]

3.30日

厂　址：浏阳河路九尾冲　　电　话：5833　　电　报：6671

致林亦龙10（2）

11

（四月初一）

龍兄：尊复到此已过一个多月，因实触巨礁而搁置起来，故无言可告致迟迟不作书，想兄亦必意料到了。所说"命运多舛""夜长梦多"即此是也。惟仍放弃春秋之交的预测，耐心等候"精诚所至"或能"金石为开"。气候已转暖，晴日穿单，雨天尚须穿卫生衣，已开始出门散步，体健还好，气喘早付，胃痛也止，睡眠大好，仅饭量不及去年耳。嫂夫人近况何如？不管是否癌症，年过70者以不动手术为佳。所示诗作，我爱后半四句，公道自在人心，历史将作见证，非人力可左右也。我的"韧性"亦即由此信念来。很快又是端午节，无论如何，此节后一定把此信投邮。道路传闻，杭温都乱，不知真相如何？此间尚安定。晨起得四句："垂老豪情尚满胸，苍茫独立战寒风，精诚坚可开金石，文苑花时再建勋。"忆起刘禹锡酬乐天咏老见示中"莫道桑榆晚，为霞尚满天"壮语，又得四句："俗说'人穷志不穷'，为霞散绮满天红，手中一笔堪驰骋，余勇犹能立大功。"近无工具（书籍）可述作，只得将"西厢记论"及"桃花扇论"（自以为平生最高水平的述作，共三十万字）重读一过，甚为得意。倘能再活十年，理想定可实现，迎观此学续看文苑花时。（料当不远了）写到此，一大学同学（前年去世）之夫人自武汉来，偕其舅母枉过（其舅父係主席之老同事，今年85岁，尚健），人活至八九十岁者长沙不少，我想我当可等到文苑花时也。望你和芭挂念，不等节后，提前发出，晤芭时希转示之！

每戡 （印） 5.30.

致林亦龙11

12

长沙市兴无化工厂

龙兄：手教与蓝芳信同时到此，知兄已到杭，我早已告文秋不日去杭，将来去信当再告知要她去看你。故乡无恙底下，而别处都在强震中，近预报常济，正在疏散，如猫鼠同处，甚至上层之异现象频频出现，若矣，常德到此之距离，正等于唐山一北京，又传广东东到福建都有，因而提倡法家精神的都不免惶惶彷徨，而非法家的海港则如法家王安石所说：'天变不足畏'，无畏处之散步锻炼，得过且过。~~[illegible]~~。（17）

续旧唐书将完功，暑热未退，仍为35度。前告所作绝句，韵不叶，后改了，再抄如下：

有感于刘禹锡'莫道桑榆晚，为霞尚满天'壮语，得句：

俗说'人穷志不穷'，为霞散绮满天红，手中一笔扬鞭骋，余勇犹能立战功。

百炼千锤心尚雄，苍松独立战寒风，精诚坚可开金石，文苑花时重建功。

韧性当师不老松，风吹雨打自从容，华年壮想依然在，豪气如虹尚满胸。

天地生才原至公，人间安可计穷通；当年豪想匡时意，犹在依稀梦寐中。

乡思三首

故乡风物最宜人，膏蟹鲜蜻味可珍，凤尾鱼怀满肚子，

厂　址：浏阳河路九尾冲　　电　话：5833　　电　报：6671

致林亦龙12（1）

12

长沙市兴无化工厂

蘇蝦軟甲世無倫。

故鄉山水有佳名，雁蕩山奇海内惊，昨夜龙湫飞入梦，枕边忽起撼天聲。

谢池春草多々缘，月夜花朝入梦频，我亦有家归未得，痛心追悔负慈親。

读文汇报载温州城乡上访游行阑人民鲜血文，不知何所据而云然？感赋。

随流批判作典模，加罪之辞何患無？一旦报刊显身手，封官得禄喜山呼。

假冒專恩两列斷，長篇大論罵人辞，江潮退后应追悔，苦脸愁眉淚滿垂。

苗子六月初出差上海，见到姑妈彭蛮，知女奎在旧金山当律师兼教书，次子也在当工程师。长子在川一厂当技术员，近座家庭震返沪了，三子在上海厂当工人。苗6.23返，經杭見过三姨及大表哥，经过看到二表哥。7.17又出差上海、苏州，8.6回来了。刻知常德已有三级震，成都附近有几县大震，且大雪，天变如许，奈何奈何！

笋湛　8.19.

厂址：浏阳河路九尾冲　电话：5833　电报：6671

致林亦龙12（2）

13

长沙市兴无化工厂

弦兄：正拟发给父秋信，兄信到了，因而此信附给秋转你。此间供应虽不及以往宽甚，却比任何省好（除北京、上海外），秩序也较正常，只小偷多，杀人事件逐渐减少了。至于恐慌心理半月来渐减，我们更不把这放在心上，近得两绝：'我本人间一蠢驴，坐無車子食無魚，此身之外無長物，却喜胸藏万卷書。''昔年曾效唐生哭，今日谁怜范叔寒？用蹬车被踏践氣，興来上市买新鞋。'我想总有兴来之日，当买部鞍配花马驰骋于战场也。故乡太不像话，但终有一日安定下来，我以前时不在意，近没有给益弟信，仍然等待有可告之事时去信。旧唐书标点本新印的共十六厚册，还有两册未读完，获益匪浅。氣温在廿四五度，夜可盖薄棉被了，下月可能真冷起来。苗还是早出晚归，只在家吃一顿晚饭，原定又出差上海，要他到杭再看三婶并要她弟去看你，就因知道杭有武鬪，我不要他去，已由另一姓黄的去沪了。

祝

康健

湛

9.20.

厂址：浏阳河路九尾冲　电话：5833　电报：6671

致林亦龙13

14-1

长沙市兴无化工厂

戡兄：两次来示均奉到，因在思想上有所期待，拟俟稍得好转时写信，故未作复。现在虽仍渺茫，却总觉有点希望，如上月此间师院忽有两熟人作长沙之游，得步亭舅后尘，因而，秋凉也许能有好转之望。弟子病自发已两月，迄今未全好，日来又打摆子，倒是心脏病没有发。嫂夫人直肠癌只有土郎中的草药试治，西医是无法治的。前工作忙，昨又出差了，领导指定他，参在区办厂，我以为守存难口。我嫌春夏秋都比冬天好，近来算是健康的，此间已热到37度，还是开始，前此则多雨，淹大水的地区不少。久未给楚信，不知温州近况如何？你若去信，希代告我的近况如常为盼！久获返沪后未来信，他是以返沪为对。半年来也哼哼，录来几首：

碰碎四人帮后，悼敬爱的周总理。

为国辛勤数十年，盘梅鼎鼐善烹鲜，人民心里存公道，不朽芳名世代传。

偶感

廿载徘徊湘水滨，逢才无德作闲人，风神岂能忘年老，双眼犹随绕如春。

斩棘披荆二十年，心期得见艳阳天，老来应了平生愿，要吐胸怀到史篇。

厂　址：浏阳河路九尾冲　　电　话：5833　　电　报：6671

致林亦龙14（1）

14-2

~~78.1.14~~

长沙市兴无化工厂

闻杨君由红变紫，由紫成黑，感而口占：

当年若却为牺牲，今日何求曳尾羞？白了鬓眉忘叹息，长留冷眼看沉浮。

夏历五月二十日满七十岁，题西厢记论稿后。

初探西厢祖考知，敢为古作释群疑。人生七十耆年始，（俗云：'人过花甲，又成童稚'，我今七十，恰正童年。）恕我胡言入寄思。

人生七十耆年始，今后应多少壮时，整鼓搞鞍旧兜鍪，衝锋陷阵再搴旗。

自我解嘲

我本人间一蠢驴，出无车子食无鱼，此身之外无长物，却喜胸藏几卷书。

乡思三首

故乡山水有佳名，雁荡出奇海内惊，昨夜龙湫飞入梦，枕边忽起撼天声。

故乡风物最宜人，膏蟹鲜蛏味可珍，凤尾鱼怀满肚子，鳌虾软甲世无伦。（世界凤尾鱼少子，唯子鲚为第一；虾均硬壳，独鳌虾举世无匹。）

谢池春草年年绿，月夜亲颜入梦频，我亦有家归未得，痛心追悔负慈亲。

7.14

约1977年

厂　址：浏阳河路九尾冲　　电　话：5833　　电　报：6671

致林亦龙14（2）

15

敬祝毛主席万寿无疆

我们这个队伍完全是为着解放人民的，是彻底地为人民的利益工作的。 毛泽东

龙兄：

前教收到已一个多月。今年秋老虎比伏中更热，近下两日雨，“一雨便成冬”。（此间向无春秋）金、温近况不明，料想当有好转。此间一直安定，连小规模的蔬菜自由市场也取缔了。因两手见冷风即极痛，以后每晨不能出去散步。（9.20）文秋到大连看大儿，来信附兄7.18复她的信，实系最近会出差北方，顺便过大连访她返沪。文事足慰，此信再迟些时发。（10.2）国庆宴会济济一堂，显团结气象，三个月后元旦宴会当更盛大，趋势大好。久不见其名的已出现一半，也有半数，我想也许可能在下次露面罢？（10.4）已开始盖薄棉被，冷的时间比去年还早个多月。听说有“老九还不能走”的话，“老九”非臭知识分子也，还有点用处，不是“百无一用是书生”了。事实，宴会上已有了一些，俞平伯即其一。昨又有好传闻，因而此信拟再等几日才发。（6日）不仅人，凡学术、文艺、教育都将有大好形势，传已有六七点指示，要三年内大大开展云。倘该事在半年（最多说一年）一切解决，连兄的英语也大有用武之地。这也就是说过去两传出消不实都有可能。拙稿尚有80万字，只要一解决就有望印出。同时可搜集工具——必要书籍，查写失去的钱剑发展史。问题是变化多端，不可以常理测耳。兄处暂不易去信，便时希即以此示之！

弟 湛 10.10

6146

致林亦龙15

长沙市兴无化工厂

龙兄：嫂夫人已恢复健康否？时在念中！十四日此间一级单位已听过上述的‘11号’文件，要人人听到，日内会正式传达，主要是在‘全了脱帽翻案，照行如仪’，不久会有人下来通知本人。喜赋四绝：‘山摇地动发风雷，头上摇鬼一震开，渊底苍龙惊起蛰，凌云夭矫舞千回’；‘头上阴霾一扫空，‘吾将曳尾於塗中’（庄子语）弓弦初卸精神爽，跃馬郊原試臂功’；‘噩梦醒时天已明，荆丛斩尽見前程，自珍腕底留奇氣，彩筆精描未了生’；‘大地春来異昔时，低眉‘老九’可扬眉，天公許我重抖擻，老樹繁花子滿枝’！（指偉存七、八十万字手稿）已函阿苞，要他即去报告市统、省统及原单位请安排。此信待几天发出。（4.17）

你几时返温？望告！天气已热，气喘好了百之九十，明日后可出去散步了，带子还在服药。我的下文如何？想半月内可知，那时再给你信，此信到后复我时将邮票剪下附还，隔居小孩要，我答应他了。

弟 湛

4.18.

厂　址：浏阳河路九尾冲　　电　话：5833　　电　报：6671

致林亦龙16

17

1978年

龙兄：手教及赠诗奉到，一直在等中大再来人，观中央（55）文已下达，想不久会有人来，好在湘省统战部已于九月份将文革期中扣了的每月50元生活津贴恢复了，可以安心地等待。（55）文和烟台议定的二十条好不了多少，只多了"改正"部分，所谓"改正"即"纠偏"或"平反"，如依"附件"当有百分八十可改正，但恐说说而已。我万一七十会回中大，只是"重新评定"工资，那就减低许多，仅低两级也许是我能受了，决不会讨厌，所以日来对去不去一点又犹豫起来。我的大事有三件：1为苗子找对象，已从六七个中选了一个由其接触，如顺利，则明年春节结婚；2是走上岗位后将存稿整理交一级刊物发表，后集了印书；3依"那里跌倒，那里爬起"的道理做去，希望在两年内真正站起来。近来养精蓄锐，健康好起来了，心情很好，有一绝云："千秋大业付吾曹，顿觉前贤共比高，余悸余生需余勇，春来又试解牛刀。"此间供应好，家人打架之类已少见，年青人都为读书忙了，抓纲治国，已见成效，风气转变之快，真意想不到，由这种实践才能检验真理，林江等的歪理，已被革命旋风扫光了，可喜之至！

每戡　10.18

致林亦龙17

18-1 正想发此信，接广州作协友人信云：'初一陈则光来（陈系中大讲师）说听说校方将请董回校，至于致武是不成问题的'。 又及

79年
2月6日

张兄：示奉悉，感刺之至！我爱人就跟兄一样疑小二玩弄阴谋，我却始终不敢以小人待他，唐君是小二之婿，惟翁婿之间並不太融洽，或非受小二播弄之故。故乡归老之念，我一直没有，只准备秋或明春归扫墓而已。我对来人说养病是出于不得已，目的想避免和小二产生矛盾，因他从53年下期及54年上期悬悬听我教'中国戏剧史'一年；58年我离穗来长，59年他即以'戏剧史专家'自居进北大教此课一年（实则教的非戏剧史而是'元剧'），这两年更猖狂了，全国仅有二人（我早垮，周贻白死）都不能有所为了，他就招收五名研究生，我怕去了，领导必要我带或分带，那就必然产生矛盾，所以谈假养病，不带研究生，只搞科研。前天我还写了二首'刺赠某专家教授'打油诗：

①'登龙有术吹（捧自己）打（贬别人）逼（款级红人，上级大人），著作无才抄摘偷，什么风尘（北京、西安、温州做报告）卖狗肉，沾沾自喜挂羊头。

②'人前不少自夸夸，求实精神莫少差，若挂羊头卖狗肉，行家笑掉老门牙。'

安徽来邀，我早已辞谢，此间师院亦来邀，尤其昨（初八、立春）湘潭大学第一书记亲带系主任及教研组长来邀，我正坐

致林亦龙18（1）

18-2

在床（喘病发）上，我只好说：'主要是湖南气候不宜于我，所以还在等中大，不过，我考虑考虑好了！'晚上又来了两位熟人劝我决定去湘大，我决心再等中大一月或半月，万一不再来人或不'改正'，我就就此职。（条件很好：只培养几名讲、助，或带一二名研究生，或搞科研写作，不住湘潭也可，在长沙为我租几间洋房；带子改退职为退休，如能再工作就复职；苗子在外语系培养为外语教员，家人调为职员）我的结果，至多一个月内可知。大陆都局阅到改正，并第必得恢复原职原薪（起码级讲师七八十元一月是肯定，客气点，应升一级。）文化部正在筹备为'四条汉子'平反（只是田老大哥不在人间了）前周梦中作一诗：

梦和悼老大诗，边吟边哭，枕面尽湿，醒后记忆，一字未遗，不再推敲，存其真实。

南国论交五十年，艰难剧运曾同肩，才高惯作惊坛语，笔健常挥急就篇，肝胆照人似朗月，深情慰我届华轩，（62年因公来长相过，我有一绝记实：'忽讶高轩枉敝庐，深情慰我陷泥途，相逢不作时行语，只问年来病有无。'）谁知一别成长诀，诗未终吟泪湿笺。

祝

春天安乐　阿苗附叫

每戡

2.6

致林亦龙18（2）

龙兄、蔻弟：信已到。最近揭发王小二确是小人，去年底六省盟负责人在广州开会，他在湘省负责人面前说了些关于我的坏话，59年他到温、杭、京，我的"右派"就在他所经之处传了，当年我落井，他下石，居然去年还怕我复活，又下石，因此，决回中大，将来在学术上我就对他不客气。六月全国九十多重点大学及廿几个研究所共招几万名研究生，也许我也带几个，他一辈子未有一篇关于戏剧史的文章，我拟在本年内拿出八十万字六种论著作卅周年献礼用，让他眼角红点。湘大请不到一个教授，和温师院差不多，且为纪念"神而首"雪公已不少着，将来能存在么？还在未知之数，不考虑了。我在十三楼一电去，中大党委会派两个干部于十八来了，说定月底再派人来接我去，我至迟三月初可动身，到校后一周必给你信。气喘已因气候转暖减轻，可是这一周胃痛病发，广州可穿夹衣了，气候宜于我，也许病自能好起来。苗子留此，定四月结婚，将来他带敏去，仍可调回口去的。

琪

2.19.

1979年

致林亦龙19

20

龙兄：　两信早到，我正病在床上，前天才停止打针服药下床了。中大接我的人来了，但他还有别的事要办，须到江西去一趟，本月底回長沙，我们大概在5月3日动身赴廣州。我们都恢复原職原薪，她刚恢复后即又退休。我不教课，暂不带研究生，只搞科研。小二並不太走红，因為不出科研成绩，不过是个注释家，来人谈近又和几个讲师選些元劇来註，有些本领，今年正好显身手，一是建国卅周年；二是建校六十周年，十一月举行论文讨论会，邀全国院校派人来参加，看他拿点什么出来，我已决心拿七十万字为卅周年献礼；六十周年提一篇四万字的《论長生殿的情节结构》。如晤献同志，希代致意！

致林亦龙20

21

张兄：　5.4上午十时到中大，真有化鹤归来之感！王氏夫妇已来看我，不免有点不自然，我看妇比夫更滑头，当然王的字惧从好处搞，我也该从好处搞。我决心治病，养病，更搞科研，不参加任何社会活動，少交游，少出城，少说话，多写作。中大人比我离开时多几倍，住屋紧張，我住的比往日少了一半，不过房前后都有一小坪，可晒衣养鷄，早晨可练功，半乡村生活，宜于颐养。大概半个月后，生活才能安定下来，那时才写信给阳范，此次苗子送我来，便于办一切琐事，十天后回去準备结婚，同时过两月他和濮人来，一是作为旅行结婚，看去舖張很艷；二是为我们办些食物来，此间甚西缺。中央規定教授不退休，我就让养到正首丘，唯一願望是为学术作些貢献，再活十至十五年就好了，过两月满72进73歲，蒂子也65岁了，早已办退休（先渡职误养退休）。王亦有往还态，■小字和你差不多，年会忙于社会活動，是红人。我的通讯处是：'广州中山大学西南区77號甲之三樓下'。

黄安甦

5.5

昨在車上口占：'依晨車已过韶关，廿一年来初見山（是不出户者廿一年），我笑青山青未了，青山笑我走蹒跚。（气喘走不得路）

致林亦龙21

22-1

龙兄：正要写给兄信，手教到来，知起居违和，暑中自更觉烦燥，好在住令嫒家，老年人有后辈照拂，料不久当可勿药。广州气候也变得不及20年前好，这时早晚虽仍凉爽（约27度），上午十时至下午四时也高到32度（室内）了。我两个月来全休养病，每晨在林荫道上散步，打几下太极，转个大圈回家用早点，体质大有好转，体检结果只有'肺气肿'，喘已减轻，但无特效药使它断根。物质上都已恢复，精神上还未完全转好，原因是阻力未完全消除，二十年前英雄们依然得势之故。小二和其他打手们是不甘心的，兄前要我警惕，我确已时刻提防，明知'外来笑语中特恶'，始终要倒霉的。校派人和我洽商回穗是去年九月，到今年四月才派人来接我，就因小二等董姐们唱反调，所以拖到省委书记点我的名说：'为什么还不去接×××回来？'才着慌了派人去接我，我5.4到校，有关人员都笑脸相迎，客气对待，实则内里另有一套。我一直沉默，等省一级办理，大概还得斗争，拼了养病到秋凉再说，我一到已留一手。我说身体太坏，说话已不能连续讲半小时，今后只能去搞科研著作，连带研究生及培养教师工作都不能做了。决心今后以养老为主，搞科研为副，其他任务坚辞不干。可是教育部规定中大任务特重，能否完全办到不干？尚未明，但我是坚决推卸的，不答应就提出退休（规定教授不能退休）。蒂子已办了退休手续，体检结果主要是极虚弱，开始治疗了。治子和莫杨九月来穗以旅行结婚，回时办几桌请至亲好友吃一顿就算，免铺张浪费。过一个月，再给你信，不多写了。

弟戡 7.21.

站岗78.683

致林亦龙22（1）

22-2

小二踹在我的肩上爬上去，二十多年来成为红人，他于文革中又想捞一把，左得出奇，居
然参加了校中两个极左派组织之一，（老师中他是唯一的）结果两派打架，他
被打得头破血流，打断两根肋骨（学生们以为"活该"），几乎送命；但因二十年前
有汗马功劳，现在仍是红人，社会上有一大堆头衔：如盟主委，文联副主席……等。
一天到晚开会忙，东奔西跑卖膏药，写应景文章，自以为是"中国戏剧史"权
威，所以带五名研究生，用一助手。要讲师们注解"元剧选"之类，自己写上个主
持名义，剥削人家劳力，所以我曾打油诗几句送给他："登龙有术吹（自己）打
（别人）[illegible]（上级），著作无才抄窃编，什么风光卖狗肉（在全国各处做报告），
风沾沾自喜挂羊头。（一辈子未写过一篇有关剧史文章，故云）"爱人比他更狡猾，
真是一对！他大概肖虎，比我大四五岁，今年有七七岁罢？胃已切去一半，但是
仍能会吃，真怪！三个老婆，共有十一二个儿女，家庭内麻烦不少。他以为
我决不能回，但出他意外回来了，料不到看[illegible]对我很好。可是我不
想和他过不去，敢忘却前仇，因而我沉默不争什么，等时间解决疙瘩。
放心养老，不争夺什么，两个月来我未出门看一人，送来看过我的，我都
未回访。历史系一友"改正"后北大要上请他去讲学50天，回校来看我说："盟中央要
在京盟员蔡[illegible]，中委[illegible]了问："姜书阁同志还在长沙未回中大吗？"他说"我来时尚
未回。"他又说听说上海孙大雨（已故）陈任娴尚未改正。听说家中贾芳通也未（但
已当政协委员）。昨得长沙友信云民盟秘书长及民进秘书长都来，不知何故？
阿范已得改正否？已拿自去年10月起的补薪否？在温师院是否拿在杭时的
原薪呢？告我！常子是已拿了去年十月起的补薪，七月一日起批准退休（七五折）。我
仅拿原二级薪（照理未改正，重新安置须降级，怪就怪在给我原职原薪，或者
是怕我吵，怕有委说话才以此把我心安下来）所以一定有下文，我将不动声色，
再等两个月，最后若不改正，将直接给上级去信询问。　又及（21）

站岗78.683

致林亦龙22（2）

23

龙兄：两示均奉悉，因忙，故迟覆。'改'仍未改，原因又是两温人作梗（我仅识一姓陈的，另一姓刘的我不识），不过，我仍不表态，等到势所趋时估计他们不得不。最近半月又出现了对我特殊表示尊重的现象，而小王也很奇特，一再表示好意，甚至在学习会（我以事请假，同学告我）上说些冒风险的话，所以大家疑必有新趋势，否则，善于看风使舵的决不那么大胆。八月十五十四日我应'省社联'邀往肇庆'星湖'去参加座谈，近'南方日报'报导中提我名并连上职衔，因而多年关心我的一些人都来看我；八月廿二上午省文化局派車来接我去对在粤中学习一周的戏剧工作干部讲了一次话。我估计他们（对不久的将来）会来得不，正如一同事所估计那两温人'枉作小人'。十一月55周校庆科研论文讨论会，指定我提一篇，已交。北京人民文学出版社准备重印我的论文集，这几天正为整补旧稿忙，且苗子和郁风来住半月。你说支援，这是应该的，十月一定寄一点。乡弟之女阿贝在无锡河埒口农机厂当工人，名黄静兰，可打电话给她，她很热情，会去看你的。你到沪后来信告我住址，暇时拼时代便好，启西在台因車祸去世了。

（人家都称以上为'晴雨表'，可能他得到什么秘闻。）

祝

杖履安健

董每戡 9.24

启同志住院吗？请代道候！

站岗78.865　　第　　页

致林亦龙23

24

龙兄：薪收到，拿十日发工薪，立刻汇出50元。我在此有足以使老友放心的优点：①省一级对我特好，反对的只校中一姓刘、一姓连的温州人，自然是受了小二影响，可笑的是小二最近当人面甚至在学习会上说我好；又在和我好的友人面前说当时就想为我打不平。友人说无耻之尤！②校方以至系主任、系支书……等对我特客气，想是知省书记对我好，不敢得罪。③新建给三级以上教授住宅四栋，已落成两栋，安排我就近去住，我说不慌，等几天再说，我也许会去去看看的。④小二想写而二十多年写不出的，我已交了《论长生殿的情节结构》三万多字供11月校庆纪念科研讨论会用；明春中大学报第一期拟发〔该〕篇《西厢记论证》，摆点颜色给小二看看。苗夫妇廿日回长沙去了，刘接文获信，附给你。静蔚在兵器当车工多年了，早已离了婚，两男各分一个，未再结婚。你在沪拟久住抑不久便回温？盼告！

戡

康乐

董每戡

10.7.

我也许最近会回以出去一趟，日来正忙于整理《说剧》专题研究论文集——《说剧》稿，共30篇约25万字，人民文学出版社年内要安排付印。我对小二和校里党委书记们同样客客气气笑脸相迎，不表一点不满，应付到水落石出时再说。

第 页

致林亦龙24

25

龍兄：手教讀到，我因中央以我為特邀代表參加第四屆全國文代會，于上月28日飛北京，本月十七飛回广州，這一次碰到許多二三十年前的老戰友，握手言歡，往往落淚。同行的演員們對我生活上都特別照顧，所以沒有感到什么不方便，凡是上樓級總有人扶我，每天服几粒止喘藥也就可以了。大會代表共有三千二百人，列席的八百人，是空前的盛會。北京已冷到零下，广州是零上15-20度，蚊子特多。'說劇'稿此次已帶給出版社，惟印刷特慢，恐要六七個月后才能出書。最近就开始整理'五大名劇論'。中央要出'大百科全書'，預定為78卷，二卷索引共八十卷計一億到伍億字，我被推薦為戲曲卷編委之一，明年就須動手，全書定以十年出齊，所以專成立一'大百科全書出版社'，'天文卷'已开始付排。今后要強調實際拿出成績來，滿足于虛名是不行的，小玉需搞這一套。最近又要到开封師院講學一週，滿口溫州話，誰都听不懂，他一再向我解釋往事，并說：'過去的過去了，我並不放在心上'。我想明年七月到溫州住一月，然后到金華、杭州、上海各看几次戲，冬天也許會到北京搜資料住几個月，張庚、[illegible]局長答應為我安排住處及助手。致

敬礼

董每戡 11.20、

站岗78.865

（1979年第） 页

致林亦龙25

26

龙兄：自京返校，病了一场，住院半月，刻已复元，可毋念也。王君因郑派名大学讲师副教授卅许人来进修骈文史（二月廿四即来），内心有点着慌，祖九时夫妇来我处解释前嫌有道歉意，我不得不高姿态，我说："过去的不必提了，我从未放在心上，我做不得报告了，若采取座谈方式，我可以参加。"他满意地走了，我推得太干净，不好，只好撑他腰。他到开封讲学时碰到天赵萦人，知其近乎了反，可能跟我一封信有关，我分析谣言啥是假的，并证明天赵历任都是找我的，一直工作没缺点，决非自杀，而是被迫害死的，也许他将信呈上级，拖了几年的申诉，总处理了。天赵对辛名对我都不大够朋友，我一直（由68起多次写外调材料）都始终如一地为他说好话，我决不歪良心。我二十多年来在死的边沿走，能活下来，我坚信都因没有害人之故。目前啥事不做，专心疗养，想在春节前移住新居。移居后才动手整理稿子，刻附学术研究的抽印本给你浏览。原想避免培训班在五月底住一个月后，到杭州、上海、无锡，然后赴京读资料至国庆后返校，现在必须等培训班结业（七月半）后才能离校。阿苞昨来行说搬住师专了，现仍原住屋是他自己的，为什么住学校？难道他要人不生这嘛？和王公当通了信，我催他上诉，他和辛名一样只开除出校，不戴帽，辛名平了反，他该赶快上诉才对。各省都是中下层不听话，地区不办，就得上告于省委，辛名就是省解决的。你信，没有说由谁转，我这样写，不知能收到否？入冬，健康如何？希告。毕竟老了，祈多多珍重！

弟 黄寿祺

12.6

附在京时拍的相片一张

站岗79.958

致林亦龙26

1-2

宇衡：信收到了。因无事可告及对地震探那听之任之态度，所以这么久未给你信。我们一切仍旧，丝毫无改变。去年康[illegible]候来一信，迄未复，故只好听之任之了；近有迹象表明77上半年省些处理，又只好拭目以待了。任先生健旺，很欣慰，只要境遇改换，当即痊愈。近几年有感即噫，噫过即了，从不录存，故有些成为残篇断简，炎琦的五言诗，稍忆出几首录另纸见一斑。此信家中学过新年后发，也许还有话的。(12.30)

人事开始以就很紧张，被冲击，后总理调到山西任二把手，后调回为二把手，这次华主席还兼此间一把手名义。华也是总理调他入京任国务院办公厅主任的，原为此间省委兼副省长，是由县委书记干起的，深知民情，任副省长前任文教办公厅主任，对知识界也有些理解。[illegible]发表，定有目的。华主席25日报告[illegible]调后后[illegible]，据在77年春必有新气象出现，我和你一样可能在上半年有点好转罢？倘果好转，过了春节一定再给你好音。此间铁路[illegible]及往年[illegible]，仍然比各省好，且支援京、津、沪任务一直很重，近还加了支援四川。缺的是鲜鱼、鸡、蛋、蔬菜，猪肉对每一户（不拘一口或多口）月可买八次，每次一元（猪肉九角一斤）新年加一元及一斤糖，据说春节配供项目会有很多，确调关后门，抓生活。(12.31)

华报告中点名的"翁森鹤"就是浙省的坏头头，温州这些年混乱就由于他，抓了此人，浙省便大有希望了。[illegible]今年32进了了岁，尚未找对象。(1.1)

新年过了，无话可说，此信即发。春节前后再通信罢。

每戡 77.1.2.

致谢宇衡1（1）

1-2

七二年某晚听广播钢琴伴奏"红灯记"有感

戏剧山中无虎狼，纸做猴子也称王，洋琴奏后出洋相，足蹈丝弦头顶钢。（京剧为丝弦乐）

由来狂妄即无知，梅枝也学大棍吹，尽把群花尖艳起，牡丹先得举降旗。（投降主义者、爱国主义者）

顺口溜体 七三年作

蜡妖把怪竟成宝，一口唐腔一肚草，自许才华同吕武，原形现出是媒、[illegible]。

七六年元旦示评儒一偈

昔日英雄片物态，建功立业早成空，难穿鲁缟强弩末，毕竟黔驴只技穷。

（十月已见现此予言）

致谢宇衡1（2）

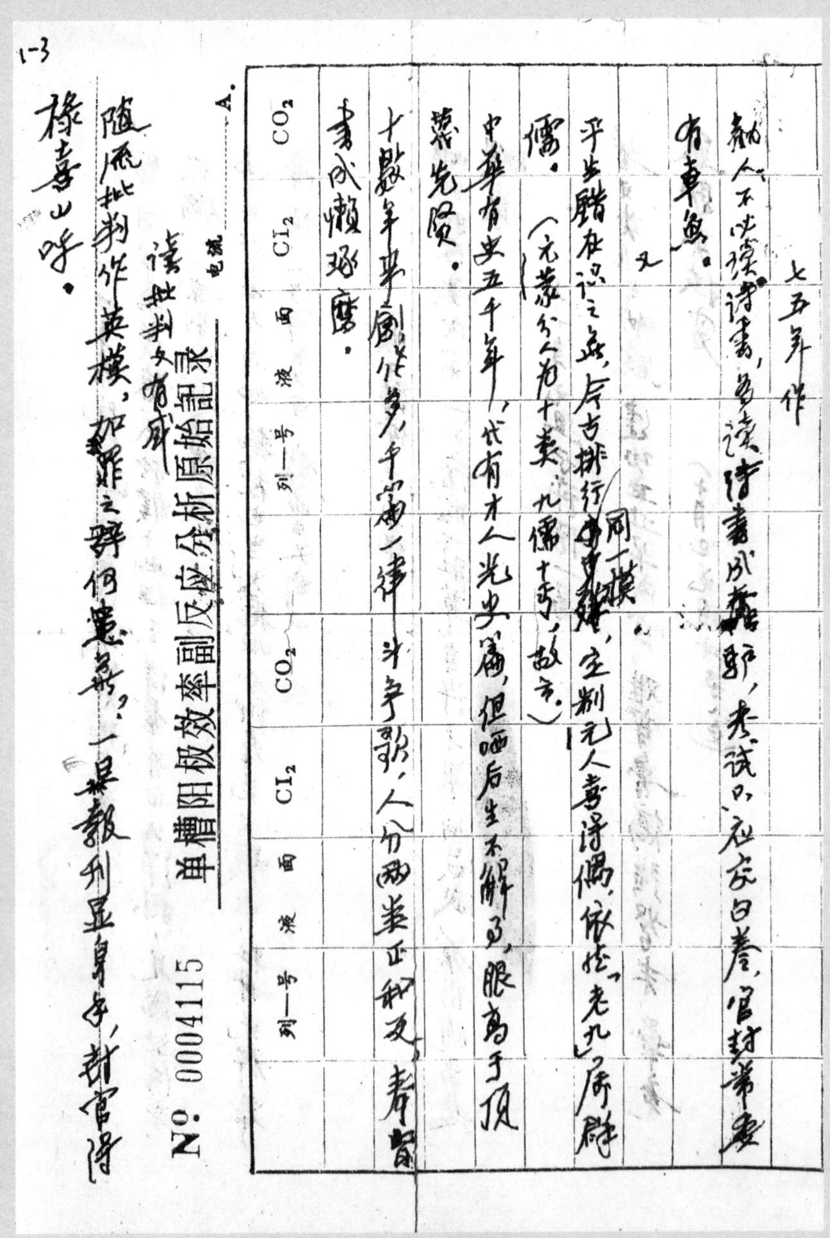

1-3

七五年作

新人不必读诗书，多读诗书成蠢驴，考试只应交白卷，官封常委有车坐。

又

平生踏在识之无，今古排行同一模，定制元人当得偶，依然老九居群儒。（元蒙分人为十类，九儒十丐，故云。）

中华有史五千年，代有才人光史篇，但嗟后生不解事，眼高手低藐先贤。

十数年来创作多，千篇一律斗争歌，人分两类正和反，书成懒琢磨。

读批判文有感

随风批判作英模，加罪之辞何患无？一朝报刊显身手，封官得禄喜山呼。

致谢宇衡1（3）

2-1

衡：　3月5日收到你的复信，知陆公早已辞世，深为哀悼！然当日也有预感他受不了冲击。我和陆冯自1929年开始交往，情谊极好。冯公想无大问题，当仍健在，惟亦八十左右高龄了。徐先生也已八十出头，多不通信，此时不在家中。像他那样积学的老人，现在也不多了。你说R.后到来，我也如此想；不过觉得为时尚远，今夏若出现新苗头，方有希望。你想将来创作小说，我以为不宜，没有工农兵生活体验的，难以符合今后需要的创作，倒不如专古典文学研究大上力，因五十年来懂这方面的也不太多，还是在这方面作出些贡献为佳。我只望今年能够把未尚可整理出约10万字几种东西，尤其谈六百年来所有专家学者所未决、未谈问题的《西厢巵论》（14万字），曾有诗题一绝云：'初探西厢粗有知，敢为古作释群疑，人生七十童年始，胡言久审思！'后另有一绝云：'人生七十童年始，应当多少壮时，稳坐旧鞍回旧镫，挑战新将且搴旗。'师院一友来闲谈，我谈起陆已去世，他说前些时听人说冯也已亡故，不知确否？像在长沙，几乎老教授早已没有，师院中文系最老的一个是副教授（我们在湖大同事时还是讲师，现年会约五十多岁）刚才半坐的近六十岁，还是讲师。中大历史系老的几乎死光，只剩刘节一人躺在病院多年；中文系只死了詹安泰，还剩两文字、考古的老人——容庚（八十多）和商承祚（近八十）及王季思（七十多）。川大除徐仲舒外，也只缪钺先生了罢？复旦也只有刘大杰、陈子展、赵景深了。所以我说你还是在古典遗产方面搞点头，写小说不是你应走的路。你说前几年一人退职，因生活无着而改为退休，旋又被召复职。该人是为犯错而退职的吗？我倒要知道。师院友说此间医学院有十三位老教授在批判时请退职，批准了；近闻批准是不对的，因此院的台柱子，近仍有请复职之说。总之，再过一二个月，若有转机现象出现，你就该去信过去，不复就上书请落实。这两天听广播，似有趋向现代化，调动各种因素的萌芽，只能静看其发展了。

（3.12）

下10，　　1977　　79年　OK

致谢宇衡2（1）

2-2 现在将退休工资提高了，原六折，近改为八折，本区一人去邮局因病提前几年退休，只支七五折。你若争到退休待遇就大好；不过若肯给你此待遇，不是得退后或会改为恢复原位，因为要搞科研、现代化，便到处需要识途老马，别说高校缺教师，中学更缺，老马太少了。我觉得你该继续下工夫在"文心"上，写些文章。前年一个中大历史系毕业的学生在此教中学，他受刘节和詹安泰的影响，欲读几部古书，每周来一次缠着我为他讲"文心"，我推不了，就从头到尾。今年又来缠，而我已失讲书条件（因肺气肿，胃痛，讲十分钟话就上气不接下气，稍提高声音则喉音嘶哑，且引起心口痛。），才劝他自读"史记"，要问的有空来问。据"文遗"的此次有新文艺理论底下，你很适宜，五十岁的人，不能再走冤了路，切勿轻易创作去矣！近给十多年不通音问之在京老友信，今得复云："承询学术研究消息，京终日闭门可静，交游极少，孤陋寡闻，实怅惘哭。唯执估料，此可遣须时日，以朝夕之间形舒遽改风尚也。"我们暂难适，还得等待半载（但恐）罢了与目前喊叫改文风一样，白叫一阵。　（3.15）

据日来信问估计，你四月初旬即可去信询江大，到五月若不见复，便可上书了。

湛　3.18.

前发信问以后寄家，此信索性迟半个月才投邮。光明日报开过教育座谈会，提"尊师爱生"的老口号；参考消息载日报云要西……超专题：保留相当农业学生；并就中学选优升大学，要考试了。看来新政在四月起会陆续出现，这是不能改的是多非，此信就不再等，即发出。　（3.24）

72
10

1977

致谢宇衡2（2）

3

长沙市兴无化工厂

宇衡：近来健康怎样？我很好。廖安君至出茅庐，你们联系过了？周前从汉口得来消息："上月在农科所劳动之'右'六十人全解，现住招待所等分配工作，先每月送数十元生活费；但在各单位及下放者尚有二三百人未解。"又闻遣散农场登记非党人员大学毕业者云，此间最新动静，故疑信参半，不知川中亦有此类动作否？希打听详告！此间师院中文系助教五六十，竟无一懂古文者，正苦缺师资而发愁。市曾为中学教员开了进修班，选的是左传、庄子某文章，看来古典文学会脱出厄运。京友信云出版社正在印古今中外名著不少。湘剧排演旧戏，惜老艺人已死一批，五六十岁的大多改业了，行头亦已烧光，这一切从头做起。这里霉雨弄的多处涨大水后进入酷暑，室内温度37度，物资供应不及往年丰盈甚，由此想他省来还不如也，川中已好转否？旧稿约有七八十万字，整理已毕，惟凡引文空白处颇多，俟有书可借时填补，百废俱兴，学术大展之日，始和出版社联系，目前仍只能等待。祝

健康

湛

7.23.

2（1–7月可能有的未存）

厂　址：浏阳河路九尾冲　　电　话：5833　　电　报：6671

致谢宇衡3

4

长沙市兴无化工厂

宇衡：老是"只听楼梯响，不见人下来"，所以久不给你信。道路传闻了两个月，近又寂无声息了，只得希望明春，"此情若问邀天眷"，仍然无盼望着。闽川中一切无好转，不知你有向统方上书否？即使大方面，也不妨去函联系。我只能静候，据云始能复苏。据云始能将"说剑"（25万）"五大名剑论"（50万）送出。赵和杨一探恐都沉下去。前年我有二绝云："独留冷眼看沉浮，至古江河日夜流，自喜暮年豪气在，一刀尚可解千牛。""千秋可此付吾曹，敢与前贤共比高，磨砺待时气未縠，手中紧握解牛刀。"道路传闻甚多，有云赵之骞子李红楼垮了，而姚先生则浮起来了，又有云周将任文化厅副長，不知确否？此间供应大不如往年，样样蔬菜，猪肉每人一元八角（可买两斤），鸡蛋一斤，豆付干三片等，我乡如何？苗田華歆有成绩，且任机修班長，无因年限，仍得加一级（原为区厂四级），今后月可得54元（连米贴，加班工资，营养费），你也加了一点吗？健康怎样？只要不死，总会好转，我想是快了，姚先生就是例子。今天，我的肺气肿及胃痛又发，近已稍愈。七十岁了，希望再活十年，把去了的"武侠"刘艺展史等重写起来！祈即详复。

湛 12.18.

3

厂址：浏阳河路九尾冲　电话：5833　电报：6671

致谢宇衡4

5-1

长沙市兴无化工厂

衡：：复到。冬已经通知集中学习三天（区办厂及宁道的37人），后
宣布解六人（东南西北及两郊区都解五六人，共二百许人解约卅人，
这是十五年第一次动，而区以上的各高等院校，厂及其他单位均尚未
动，待春节前解第二批数字大些。）昨听说人大提前至春节前
开；科技大会移后至三月开，也许这两会中间有望。赵有否垮？
未听；杨在中大，确大垮。李系在三台时赵师母的小弟弟。姚结
婚很早，爱人在某故了，感情不很好，故想另起炉灶，现在才觉
还是老伴好。他写旧诗不内行，友人云那诗尚记未最好不附，可以
藏拙。任先生当八十多岁了，居然能健步如飞，壮甚！我的肺气肿
使我走十步即喘，很痛苦！若无此喘病，腿力尚可一气走七八
里路。你今后主要仗靠稍说安排。此信拟在元月初寄发。（26）
几个月前传广州方人大会斗杨，当时感作一绝：'当年若都为牺牲，（卻）
今日何来曳尾羞？白了鬓眉忘叹息，长留冷眼看沉浮。'此间
冷到零上五六度，气喘大发，日守炉边，间有一二老友来闲谈。
传闻：周及贺敬之任文化部副长；林默涵暂主持人文出版社之'鲁编
室'工作，原李何林调任'鲁迅纪念馆馆长'，出版社长仍为严文井，
'鲁编室'工作的有秦牧。胡乔木任'中国社会科学院院长'，邓力
群，于光远副之。出版单位开始向人约稿，恢复稿费，比往日少一
半，著作2～7元，译稿2～5元，只付一次，不许予支。此间学了
字原有右十人，总解八人，并将已故中队两人追解，未解之三人据
说係'顽固者'，看来不久也会解。趋势确是好的。（1.3）78年？

4 厂址：浏阳河路九尾冲　电话：5833　电报：6671

致谢宇衡5（1）

5-2

长沙市兴无化工厂

姚先生已走红，超过我所想像，向来党外人不能发表文章的《红旗》也登他的文章了，有人疑是否要树一面奇异的旗帜？因他也是大过骚扰的人。

你，从现在起必须完全依靠省统，可以再亲去一次请求安排川大，也许春天五届人大后会可能办。至于这大只不失联系就行，安排必由省统。我也等人大，到会后他们必好，精也拟上书。现存稿子大致可整成七十余万字（谈剧廿几万，五大名剧论五十万字）候好稿后，78年以半年工夫办应办了，如到洛阳一看居易骨灰及回故乡扫父母墓，以半年工夫重读书，也即做写《中国戏剧发展史》的准备工作，希望八〇年完成！此信再等几天发。（1.7）

川中所做的如整顿交通，此间早已做过。明（十日）起展开"一批（揭批四人帮）两打"（打击刑批和贪污盗窃）运动，据云先整党内后整党外。极多单位评薪未了，和揭发帽一样又寂无声息了，不知何故？此信不等了，下午若不发，明天也得发，希接到后即详复川中近况！

董　1.9.

昨得知友人周贻白因贤妻丧后神经失常，终患"脑癌"逝世葬八宝山，治戏史者仅余一人了，心境自然不好。

42

厂　址：浏阳河路九尾冲　　电　话：5833　　电　报：6671

致谢宇衡5（2）

6

读过川省落实知识分子的报道，盼望着你的来信。不知在这关键时刻你已去过省统或省文教办否？殊念念！你毕竟还只五十左右的壮年人，该努力抱由无到无观点，少使积极起来！此间春寒，气候仍冷，火炉依然在房里，因而气喘病只稍减轻，总之过了'四月八，冻死鸭'的时候我才能出去散步，目前还是走動不得，拟再等一周寄此信。(3.16)

杨栋在中大，被隔离已年多了，他生膀胱癌，开过两次刀，中大找不到他，不知被保护在何处？说在湘大是谣言，其第二子在长沙'科技报'工作。你必须再去省统请求安排，同时该给省文教办一文。全国只安徽、四川重视知识分子，我想不至于落空。所谓'湘大'，圈地甚广，迄今仅建成五幢职工宿舍，其他则啥也没有，离县城十多里，新开汽车路一条，两角钱由县城到校内。四处聘人，本省在外县归者来不少，可惜以助教居多，讲师级者有几个，史系已有十四五人，中文系仅四五人。关于我的，仍无所闻，未卜何时能了结？去冬我因只去坚持一日，该两天假，结果各区共三百余只解知识最少者四十余而已。川中有否另有消息？此间传春节前曾下一'全部摘帽'之文，不知确否？连雨一周，冷，故气喘仍烈。(3.19)

浩

20.

装

订

线

5

致谢宇衡6

7

长沙市兴无化工厂

衡：上月底给你信，不见你复，未审收到否？念念！前天此间一级单位都听传'11号'文件达，规定右'全脱帽鞠躬，照旧如仪'，惟尚未通知本人，想也快了，据说人人须听，但不少讨论，当传到基层，又说由中央新华社统一报道，地方报纸不必载。想将来上去省里，并上书省委文教办一报告，请求安排，同时可查本月5日人民日报的辽宁、安徽、广东三个科技代表团团长对记者的谈话，尤其安徽省委顾卓新说：'凡大学毕业生，恢复干部身分''别省有愿来我省的，需要就同意调进，不受户口、编制限制'，我想川省会重视你的。近气候暖，有时热到廿度，我的气喘已好了七八十，旬日后可开始出外散步。任先生地址失了，望再告我！前出差上海六天，顺嘉兴了，明后天会回长。此信到后，即复详信，邮我剪下寄还我，因邻居小孩要，我答应他了。

戡

4.17.

是否由中大安排抑此间安排未明？而我的主观愿望是①照原工资退休为上；②回原校搞科研（也教不得书了）为次，③留此当顾问为次，④仅每月送生活费为最下。大概半月内可明。

6

厂　址：浏阳河路九尾冲　　电　话：5833　　电　报：6671

致谢宇衡7

8-1

长沙市兴无化工厂

衡：两信都已收到。11号这几天内会去慕庐访谈，我已见抄件，有些提法含糊，如无另外详细指示，不易处理；同时当事人希望也不能太大，不使'脱帽鞠躬，照行如仪'是肯定了，差可'皆大欢喜'而已。我们以为你该直上'省文教办'谈去那的报告，并可向安徽省文教办接洽，去年湖大一老同志子在安徽，想调其子来此，此间不答应，他请退休，准了，去其子处，据悉万里知道了亲坐车到站去接他。我对你常喝酒一点，始终反对，必须振作起来！昨得四绝如下：

山摇地动发风雷，头上犹留一震开，渊底苍龙惊起蛰，凌空天际舞千回。

头上阴霾一扫空，'吾将曳尾于塗中'，弓弦初卸精神爽，跃马郊原试臂功。

噩梦醒时天已明，荆丛斩去见前程，自矜腕底留奇气，彩笔精描未了生。

大地春来异昔时，低眉'老九'可扬眉，天公许我重抖擞，老树繁花子满枝。

到现在止，当事人都未得通知，拟再等一周后有无人下来？(4.29)

我的事究竟由此间抑中大处理？未明，我想一个月内总有人来谈的。刚才有人说凡十七级以上的干部的资料袋都存原单位，我事可能由中大处理。我正希望如此。(5.9)

昨(5.17晚)'照行如仪'，21年噩梦真醒了，现在静候安排。有友到京看望周、夏诸兄，谈起我的情况，都说：'还在，就是胜利'。

厂　址：浏阳河路九尾冲　　电　话：5833　　电　报：6671

81

致谢宇衡8（1）

8-2

长沙市兴无化工厂

虽左腿被打折了，但精神很好，说不久就开文代会，许多问题待解决。近忙于接待认识不认识来道喜的友人，任先生处稍待些时去信。天渐热，气喘好了百之九十，可以出外散步了。今后被安排？未知，第二，书已不能教了，嗓子嘶哑，多讲话，心口就痛，只要有条件（书籍，生活费，较好的住房），就要写失去的著作，不想很高的奉些。创伤太深，哭不起来，再过一个多月满71岁进72，老了。卅年代的朋友都挨过，对老友的感情更会增加，已成的'谈剧'和'五大名剧论'等即付印不成，明年当可印，因朋友们都望我能在这方面作出点贡献，而我也还有余勇。（5.18）

戡

正拟投邮，你信到。来注明'遗作'，陆当健在，你不妨去信试试，我常得到安排，那时必再去信，我和陆鸿是1928年开始交往的，可以说是我最好的老友，闻此消息，悲喜交集！我虽带病延年，但雄心犹在，你正当壮年，该振作起来，不必指望过大，应请求来有安排，安徽和四川是目前多拨乱反正盛举的省，该寻上上书有关教办！！！

5.18下午

82

厂　址：浏阳河路九尾冲　　电　话：5833　　电　报：6671

致谢宇衡8（2）

9-1

衡：信收到。好久没有给你信，是在等待安排，迄今仍未成定局，只走了半局，就是七月末中大派两人（我的学生，现任讲师）来邀我回校，我答应了；可是去了一月余未派人来接，也未来信。今天起补发了把文革期中扣发的50元恢复了，安心地等待中大的最后决定。你说的104号文未下达，传闻很多，都不可靠。同一市各区不同，此间也一样，有四种人都可归队，即教育工作者（此系首先安排的），文艺工作者，医生，科技人员。你必须去登记，同时写一文去呈请速办，勿失这个时机。与正式工作单位的人接稿是决不同的，应要求请求早日归队，第二步才是写文章，退休也不好，勿靠出这一着。张郁有其人，56年见过面，你说的大概是自吹自擂。大本人还在，问题不久会解决，其弟弟在我处坐，新自京返，也用他署京通访卅年代老朋友，他们始知我尚活在人间。目前，中央和省的文联及各协都还只几个头头，下室等于了，老的干部将来有可能都归原位，眼下，张郁有可能归报创报。所谓每㐅名退修金，传说即指一般退休职工，是指11文解的人；104文件是一般的退休新规定，已由七折提高到八和八五折了。

9,

致谢宇衡9（1）

9-2

我最不同意的是你仍能喝酒，我希望你一样不[illegible]振作向前看，今天也不能活了，切戒酒！按猪可只能放在专上教学岗位之后，我手头存草稿的不少，所以不等出去。吉林出《社会科学战线》很有气魄，中华《文史》也已复刊，都比《文学评论》强，文研所沙汀、陈荒煤任正副所长，余冠英是管古典文学的副所长，出的是双月刊，适见所中论述不多。广州也出了《学术研究》，听说杨越归道山了，这几年未出过医院。任、陆先生处，我仍未去信，拟等回中大之后才写。朋友们给我介绍对象，已有六七个，正在选择中，若年内可定下，对明春节结婚，他已进了中学了。我和家人近体健还可以，今年特热，近始早晚凉，中间仍有28—33度。你切抓住目前的好机会，第一书记出去访问已归来，据闻对落实知识分子政策方面比前更坚决大胆些，必须上有要人撤办一文，光有道歉是无用的，那只是虚应故事而已。第一是戒酒，第二是上书请落实归队。

戡

9.14.

致谢宇衡9（2）

9-3

反右、文解的在国庆前基本安排毕，现又说年底了，等等，阻力未减。文艺界有些上层人物都堆在"文化部文学艺术研究所"，如张庚、马彦祥……等，"人民戏剧"工作现由张庚抓，中国戏曲研究院会恢复，明年院刊会复刊，刻下招研究生。各大学只中山大学招了"中国戏剧史"研究生五名。你如有了正式岗位，稿不妨投"社会科学战线"，不一定"文学评论"，该刊可能"官气"少些。张郁原是"戏剧报"的一般工作人员——记者，非高级的，有一个同样的"杜高"还在此干办厂当供销。阳和大同样问题未解决，但人已出来，现在天津养病；廖州问题已推翻，满口牙没有了，现病在北京医院。这里11文解的有很多已回原校，但多数都是代课老师，暂支45元；小学的大致是原职原薪。我大友人程千帆原被降为资料员，只得五六十元，早已退休，近被南京大学请去了，也是暂支200。（原三级的二百六十七）说明未有文件下达，所以工资都是暂支。不过，这些时也有明确规定，才符合"不歧视"，调动积极因素，如不原职原薪，积极性是难调动的，目前只能"等着瞧"。

又及

68 89 43

装订线

致谢宇衡9（3）

10

衡：复信到。大、阳、广指的是你想的三位，会昌系十瑟翁之孙。我在62年月资50元，系广兄赠我，雪似，不可然；大海为五十多年的老友，最重道义的也只他一人。62年来长，居然特来看我，我当时有这么四句：'忽讶高轩在敝庐，深情慰我陷泥途。相逢不作时行语，只问年来病有无。'（依前韵）'四人帮'将垮前有一绝思念他的：'遥忆东山老谢安，秋风始厉好加餐。敲棋未定安毋躁，纵有热场冷眼看'。这一周自早到夜，来客甚多，大致都为下的新文件——9.18发'55'文，据传是：①错的可平，党籍可复；②复职不补薪，复职不复官（长主任之类）③不分开除，保留、退职，一律归原单位安排；④失去工作能力者，国家养起来。估计原校本月内定有人来，安心等待。你省为全国之冠，都说是'紫阳高照'；第二是安徽，人说'鹏程万里'。并有说向南学习以川为试点。务须快抓时机，上从省领及文教办，时势显示大有可为，必须振作精神！昨有一绝：'千秋大业仗吾曹，歌舞前贤共比高，老去犹生贾余勇，春来又试解牛刀。'

戡 10.4.

我只要回到中大，就将存的万多字备函的稿内再设法整理成"文史""张骞"专书，然后集印单行本。

40 a

78

致谢宇衡10

11

第　　页

衡：　我也病，打针服药二十天才下床，体力未恢复，世佩的信后即来书，适在病中，故至今未复他。我大致五月初四五动身回中大，已得改正，因住房问题拖到现在。你的工作问题如何尚未解决？都说四川好，如何比别处还不好？任先生早已到了文研所，但我仍未去信，等下月初回陆任处我都会去信。关于胡的传闻，我尚不知。我在中大教出的学生中已有好几个是副教授，世佩更不该。我到校后会给他信。今年我不带研究生，专治病、养病，把旧存稿整理并复写出来，逢国卅周年献礼，且中大建校60周年，十一月举行科研论文讨论会，拟提出一篇"论长生殿的性格结构"。你必须直接向赵书记上书请求安排工作，勿失时机为要！

戡　4.24.

11

1979

致谢宇衡11

宇衡：

5.4上午安到中大，颇有似鹤归来之感！行前，新调到湖南师院的数学孔同志来看我，他是高亨和陆先生的研究生，说陆先生已于三月前去世，夫妇存有十几万元，無子女，故親戚、甚至保姆都争分錢，结果如何？不明。你趁此时机，須火速直接上書請安排，否則永遠無法恢复教学，勿迟疑！中央規定教授永不退休，我就此求搞科研到老，但研究生都不想带，决定以后不参加任何社会团体如文联、剧协、历史学会、民盟之类活动，少交游，少进城，少说话，多写作，争取再活十四五年，把史稿写起来。房前后都有一小坪，可养鸡、晒衣，像是过半乡村生活，也许会健康起来。系中七十以上九十以下的尚有數人，上课都是讲师、付教授（是我学生的占半数）。半月后可安定下来，那时再给你详信。广州物价比長沙高几倍，供应更不如長沙。苗子送我来，住十天回長，拟过两月再偕女友来，一为我带些吃的来；二亦为旅行结婚，免铺張浪费。車上口占：'凌晨車已过韶关，廿一年来初見山，（西[illegible]期中足不出户故）我爱青山青未了，青山笑我老蹣跚。'（氣喘走動困难）

董每戡

5.5.

广州中山大学西南区77號甲之二樓下

12　　站岗78.683

致谢宇衡12

13-1 湘大离长沙近，长沙去广州也很近，坐火车六、七小时可到。你若转去湘大，我们见面就容易了。且湖南物价低，物价低（比广州低得很多），有百元一月，两口之家就过得舒服。（副教授、讲师，约120元）近升为六类地区，可得有补贴。（二十年前七级教授140元）同时，婚姻也易解决。
六类

谢：前今天回长沙。世纲处我已复信。你的档案失踪是大障碍，因推荐你去的单位首先要这袋袋的，我想为你试试湖南湘潭大学及安徽淮北煤矿师院看，只要有一岗位，过些时候调就容易了，同时发表文章也容易了，我是希望你搞古典文学，勿搞文艺理论，目前最缺而且需要的不是讲教文艺理论的，报刊文章也要是古典文学方面的。（5.17）

全国80个重点大学中有十八个是特重点，中大系其中之一，直属于中央，规划到85年招生万名（包括三千研究生），另外教育部规定80大学中文系中选二、三十名副教授、讲师来进修"中国戏剧史"，中大想把这里成为"戏剧学"中心，请中央拨二百万元建房屋；中央一下就拨了二千万元，现正大兴土木。据说我现住是暂时的，较高质量的新居落成后移居。我的主观愿望是啥也不管，只搞科研，85年前把先秦诗歌整理起来，能否得到允许？未明。一二批去美国哈佛大学、加州大学讲学访问，回后再谈始能定下来，不过今年是不成问题的，只怕明年起不行。这几个月会让我全休养病，每晨已开始练功，并在附近散步转一圈，整个学校是个大公园，花木繁多，对我身体定有益处。系中还有五六位七十以上九十以下的，容庚86，也带三四个研究生，王季思也比我大四五岁，带五个研究生。我复职拿原二级工资，这里是十类地区，二十多年工资不变，仍照原六类地区时算的；她复职，现申请退休，尚未批下来。（5.19）

本想等半月发此信，为了要知道你愿不愿我向湘大及淮北试一下？如果不好试，告我原级别，及几时因病退职？并告我手头存有已发表和未发表的论文否？（然后该校要看）故立刻发出。

戴

5.20.

~~你现在闲门下工作吗？[illegible]~~

站岗79.684

13、来。最近好被湘大请去了。到我临走时，湘大坚邀我到该校去，太缺人了。

致谢宇衡13（1）

13-2

你该坐下写点东西——古典文学方面的论文，作恢复教学的準

?　备。如教"中国文学史""文学批评"，古书如"诗经""楚辞""文心雕龙"

"诗品"……之类，湘大需到处请这类教师请不到。至于教新文

艺没到处有人。过去计划过对"人间词话"研究著作，可以

搞起来。湘大也需要教"词曲""戏曲"的老师。若教"元明清

戏剧"，更欢迎。我过去主持湖南省戏改会时一女干部，这些年

下放在湘潭当教戏曲用，现回长沙省文化局"戏工室"了，曾来看

我说湘大请她教，她实则是吃不下的，湘大乱拉人。你如

果教此课，我推荐定被另眼看待。湘大舍在湘潭近郊（行汽

汽车十五分钟），每周可到长沙度周末，彭燕人在省博物馆

工作，每周回长沙。那边有我在湖大时的学生（教外国文学）。

该校一把手曾亲自带重点的老师们到我家来过，我还是回中

大了，我想推荐个讲师（我知你的待遇到湘大会吃香的）是可

能成功的。淮北生活太苦（吃杂粮一半），不妨试荐。考虑考虑！

现在搂稿不用党委层盖印才行了，只要是有个岗位的都行。

所以必须快些去上大学岗位。你多年缺营养，所以吃营养

糕"减"好，我近也吃它，早晨则牛奶、鸡蛋（蛋是长沙带来

的，吃完不吃），长沙八分到角二一个，此间角八到二角一个），也在

"打气"，争取至少再活十年把未竟之稿写起来，雄心一直

存在。我有一绝不知已写给你未？是："千秋大业付吾曹，敢

与前贤并比高。余惜余生要余勇，春来又试解牛刀。"

又及

132　　　　站岗79.684

致谢宇衡13（2）

14

宇衡：　读信，欣慰甚！照片确很老，多年被折磨，必然如此，否极泰来之后，不久会改变，你的相貌可活到八十岁，又有耳聋寿徵，还可大干一番，不过，勿喝酒，早睡早起一定要做到才行。能进川大当然好，成大也不恶，总之以在成都为上，勿到任何师院，专搞古典文学，勿再搞新文艺理论，这方面的修养已够，须把精力用在文古典学研究上，你的年令离60不远了罢？必须在三五年内写出几本有关古典文学的著作。这大学报要稿，该写给它，勿记过去的怨恨，心胸要宽大些。我下井时落石的英雄们都还是红人，且最近依然在下面，我并不放在心上，中大十一月举行建校55周年纪念科研论文讨论会，柬邀国内外一些大学教师来参加，昨要我提出一篇，我不记得，应重提'论长生殿的情节结构'一文，如你在十月以前进了川大或成大，当邀你来参加，我想仍以附和，请帖直发到川大或成大中文系，我们便可重逢。我每晨散步锻炼，健康大有好转，下周起拟注射'胎盘脂多糖'治气喘，除此病外别无他病，到秋凉开始整理旧稿，望你多成就好音，不多写了。祝

顺利

董每戡　7.31.

14

站岗78.683

致谢宇衡14

15

衡：信到，因你迟迟未来信，正在怕又有变化，也刚要来信念念了你的工作，董苗夫妇前天来看了你上一信就说为什么不到成大而定要川大？觉得你脾气太强，接信知获就武大职，很好！伍先生很恨川大，那是宗派衙门。武大又只要你搞研究和培养教师，比进衙门好得多，千万马上答应！评李贺诗这题目好；商隐诗不少古钻，宁可换别的专题。这大态度好，不易得，中大对我就不如这大，因有一级多人对我好，才不得不接我回来，且至今还坚持不予改正，仅表面对我客气，表示尊重而已。今后你该对这大表示谢意，且为该校学报写稿才对。上月广东省社联邀我到肇庆七星岩游"星湖"住了五天；省文化局集所有戏剧工作干部学习一周，又派专车接我去讲话，足见省方对我的尊重，也足以使那几个反对改正的英雄泄气，给二、三级教授住的新房已落成两栋，昨听说已分配给我的四房一所，大概月底或下月初会迁居。我很能沉着气等待，估计结果还是不得不改正的。这几天正忙于整理30篇"谈剧"稿，因人民文学出版社决定印。十一月论文讨论会要出发了，以纪念孙中山的论文及古文字为重点，我的论文已交，非重点就不邀请这方面的客人了。有兴致可写点什么给成都《戏剧与电影》月刊吗？稿约附。进了武大，暇当来信，这里就不多写了。

祝

健康

董每戡 9.20.

站岗78.865　　第　页

15

1979

致谢宇衡15

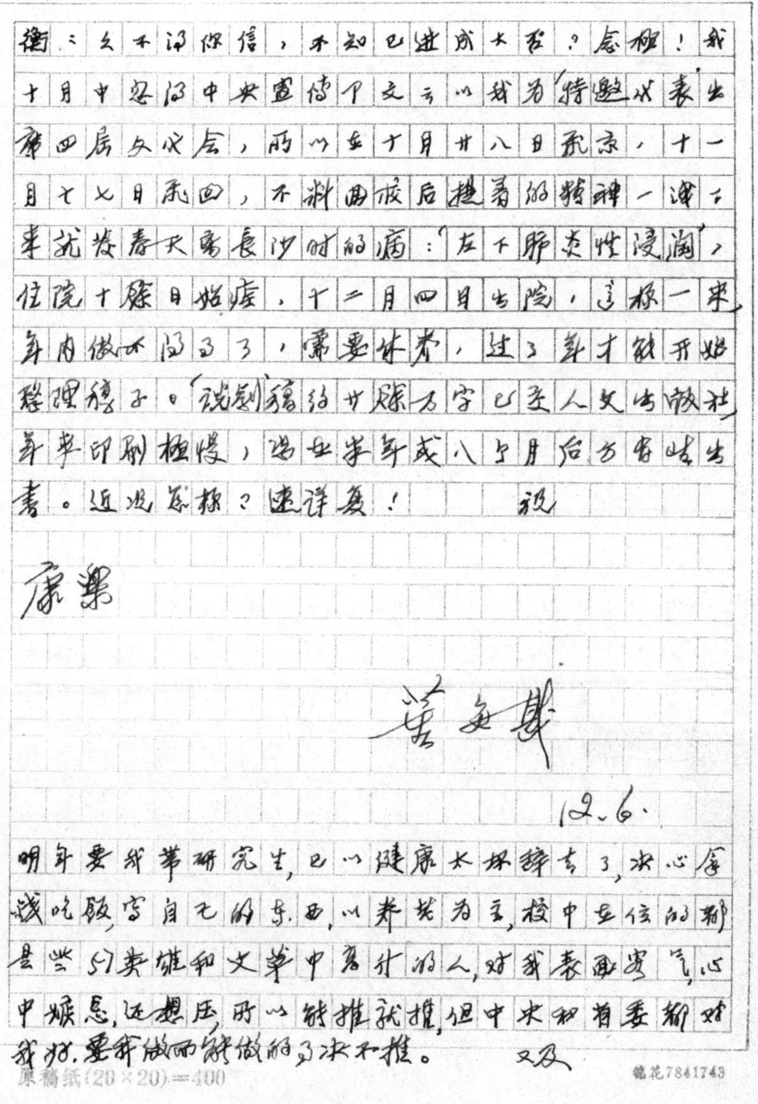

16

第　页

衡衡久不得你信，不知已进成大否？念极！我十月中忽得中央宣传部文艺局以我为'特邀代表'出席四届文代会，所以在十月廿八日飞京，十一月七日飞回，不料因疲后提着的精神一泄下来就发去春在长沙时的病：'左下肺炎性浸润'，住院十余日始愈，十二月四日出院，这样一来年内做不得了，需要休养，过了年才能开始整理稿子。'说剧'稿约廿余万字已交人民出版社，年来印刷极慢，须在半年或八个月后方當出书。近况怎样？速详复！　祝

康乐

[illegible]

12.6.

明年要我带研究生，已以健康太坏辞去了，决心拿钱吃饭，写自己的东西，以养老为主，校中在位的那些幻英雄和文学中高升的人，对我表面客气，心中嫉忌，还想压，所以能推就推，但中央和省委都对我好，要我做而能做的多决不推。　又及

16

原稿纸(20×20)=400　　毓花7841743

致谢宇衡16

17

宇衡：　来信到。辽大很好，中大就没那么好，至今还抗拒省委意见而不改正我，你不该对辽大发脾气，又提出补发问题。我要忍受中大欺凌，不理睬改正不改正，我只表示中央、省都认为应改正就行，今后中央、省要我做的做，中大要我做的就推，要我明年带研究生已以身体太坏，推了。今后专搞科研，拿钱养老，反正已恢复原职原薪了。暂时不移居，要移也过了年，因窗上铁栅未装，怕不谨慎。三台国杏一学生也见学术研究广告写了信来，实则刊物还未印出，「思刊」物是双期。文已收入我定人文出版社的「谈艺录」内，在京中印刷也慢，说要自六至八月才出，那时会寄给你。中大讲义有否我不知，明问之，有当寄给你。「文史哲」需要了我的稿子去，不久也许会刊出。我的科研论文现在才开始抄油印，讨论古文字时，以大徐中舒先生也来了。静心等成都大学，一意搞写作，「文学评论」索稿不写，不管吉林社会科学，上海「中华文史论丛」，北京「文艺研究」，省稿，也要「文评」。1980年我还得奋斗一年——在各处发表文章；你也一样，首先是拿出东西来发表。成大多半要启，也要上来信！我养病，过了年才整理旧稿。手抖，早不能提毛笔了。　　祝

康乐

董每戡
12.13.

希望你写古典文学研究的文章，勿再写那些形象思维的论文，在一二年内必须有一、二本著作，年过五十，不能再拖了。（又及）

17.

站岗79.958

致谢宇衡17

8

宇衡：来信到，我放下心来，这大确实好，该去信谢谢。目前各大学能有多少有那样好的。好在明下期才上课，在家准备讲稿，很好！但望勿再去茶馆、酒馆，那是消磨意志的地方，趁这几年学些东西才好。现在都保证六分之五时间给教师自己，只要用学习一下午，我则连这一个下午都未空过，决心存钱养老，再搞科研已算对得起校方，对我始终歧视，还想踩一脚，我心里的不满也很有。廖伟很好，姚又'打开天窗'，不必要，我已看透了，决心什么都不管，谈话是多余的。我认识的三位国学学生新海余在北京有大学校教书，和赵、姚、杨（向奎，历史系）先生都有联系。你最好教'古代文选'，我大最缺是能教古代文的老师罢？这中大都少，所以我望你在古典方面下功夫，切勿教现代的。资料想必大会陆续买起来的，同时可到省图书馆看，目前会找资料的人已不多，大致都在文革中丧失了。你是几级讲师？每月可拿多少元？首先把衣物置起来，吃些补药，体太虚易感冒。这几年升了的副教授，都仍拿讲师之资，未改。你若是七级就很好了。我过了年才坐下来整理旧稿，这次病无严重，一因不拖，马上注射青、链霉素，所以只十天就出院；二因半年来吃得好，体质已增，现完全复元，再疗养半个月就会更好。你已有公费医疗，该吃些现成补药如'六味地黄丸'之类，正好在冬天吃。

祝

愉快

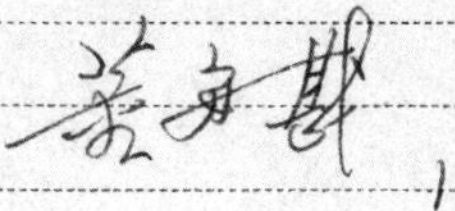

12.24.

18　　站岗79.958

致谢宇衡18

19

宇衡：《文学评论丛刊》3，有多篇你需参考的，关于诗品、词品、文心、人间词话、李贺诗的，些买一册读读！若世图书馆，再为我翻一下《后村大全集》中那首《田舍即事》诗（关于听戏的）抄给我！我希望你写关于李贺诗的论文先发表，后写专著。文章最好先给辽大学报，第二篇可投《文史哲》，最近他们到处拉稿，先登出一、二篇以后路道就通了，如吉林的《社会科学》，上海的《中华文史论丛》。一定要下决心奋斗几年，既要名，又可为将来升副教授打下基础。我因廿多年不露面，也得奋斗一年才行——80年就是奋斗年。你我糟糕的是性格倔强，不滑头，书生气太重，很吃亏。成都有几个熟人，今后若遇到，可交谈，一是陈大远，当过重大校长，副省长的，垮了，现在政协；一是川大讲师，48年在社教学院听过我的课，后在北大当研究生，川省文化局科长干了，名王世德；另有尚未见面，却和我的好友赵铭彝交好，知道我，现大概是成都文联戏剧协会负责人之一，名陈明中。西南艺术剧院院长萧锡荃。勿喝酒，多吃补品，健康第一。讲古典文学，文学史上古代的人最缺，就在这上面下功夫。教了将近已有剑史修养的副教授、讲师卅许人来进修半年，王季思有一点着慌，深夜来约来谈，我无法推辞，只得答应在座谈方式时我参加，因发言一二十分钟还可以，上课是吃不消了，他看我已退一步不坚持不参加，他满意了。刚才听说川大有位女的教研室副主任也来进修。附《学术研究》抽印本一份。

当为潘大逵之笔误。

董每戡

1.4.

此当为先生寄我之最后一信。
时为一九八〇年一月四日。

站岗79.958

19

致谢宇衡19

朱正同志：手札奉到，四十万文一定写，既然六月以前都行，更好了。拉到那么多名家的稿，真是为湖南出版社立一大功，也说明你的神通广大，只怕对你调京工作反有不利，拖住你不放。到了这里之后，才了解湖南落实政策算是快的，我想玉杲同志的改正当也不远，此间还有很多没落实的。晤以法同志，告诉她最好还是当医生或进中医研究机构，写剧本消遣则可，千万勿到文教单位或进剧团。我的主观愿望是要写些东西，但能否如意搞科研著作的愿望尚未可知，几个交好的同志对我说领导要派用场，现在一二把手赴美加州大学访问未回，过半月才能知道。系中五六个老的，我算是年轻的，只怕把带研究生的任务派给我。主要原因是80个重点大学中文系只中大较多几个戏剧方面的人（连我五个了，其中三个副教授是我教出来的学生），领导意图是想搞成"戏剧中心"，由各大学派副教授讲师来进修，当然，我是再为冯妇的心情不会有了。祝

工作愉快！

胜冰嫂，玉杲同志，希代致候！

董每戡

5.16.

雪峰同志追悼会重开时你若去京，希代我慰问冯兄家属，我和他是几十年的好友情，1950我匆促离沪来湖南，未及告诉他，上海开文代会，他还把我列为代表呢。 又及

站岗79.684

致朱正1

2

朱正同志：　　手示读过，真对不起你和冰封同志，答应写的至今未写出，想过几次提笔写，总是想不出如何写法，主要原因还是和迅翁接触次数太少，几乎没有什么可谈的，不过九月一定交卷。得知王果同志问题已解决，欣慰甚！近传那个"就地安排，不当补发十月起工资"是第43号文，人大、政协开会时有多人谈"过去"，并有人说该是"平反"不是什么"改正"，近另发一文，不知内容如何？长沙亦有此种传闻否？我来此快四个月，最近露两次面，一是"社联"邀游肇庆"星湖"，玩了五天；一是省文化局召集全省剧团剧院领导和戏剧工作干部开一周会，22上午邀我去讲一次话。体健比在长时好多了，这几天才开始坐下整理被耗子咬了的稿，因最近须交出一篇给十一月科研论文讨论会用的稿"论长生殿的情节结构"，这里只中午热(32°)，晚凉爽(28°)，在长睡懒惯了，一直在发懒病。你社选题计划及"西湖"编辑部通知都交鲁迅研究室的同事了，勿念！"作品"销路达38万，有说比"人民文学"还吃香些；"广州文艺"也畅销，"羊城"也达11万，"羊城晚报"正在筹备复刊；"南国戏剧"本月创刊(年内不公开发售)；社联的"学术研究"因印刷不出，八月一期下月才能发行；"随笔"第2册已发稿。广东省领导对文化是重视的，如剧协每月内部有"会讯"，还印很厚册的"戏剧艺术资料"(大本149面)，我正在读。这里将来成"特区"，趋势很好。常晓以德吗？近况怎样？很久没有给她信，时常想念！所写剧本已交剧团采用否？广东汉剧在排"王昭君"，剧本曾寄曹禺看，说比原作丰富了，我鼓动各剧种都改编，"不怕不识货，只怕货比货"，各显神通，总比出一个最好的来。何光华改的早交给湘剧，似还未排。长沙的"百花齐放"[illegible]有待否？

祝

撰安

董每戡　8.26.

穗芳7921121

致朱正2

3

朱同志：承赠所编唐著一册，谢谢！黄苗今晚離此返長，就带上这一纸。書印得相当漂亮，長沙出版如此的書，恐还是第一次，这当然是你的功勞。以你各方面的能力来論，該走红。这陣子我忽然忙起来，因此答应的稿又得拖一下，請原諒！致

敬礼

[illegible]

10.2.

站岗79.685　　第　页

致朱正3

4

朱同志：又承赠《我心中的鲁迅》，谢谢！立刻读了好多篇，对我写忆迅翁文有很多启发作用，因多年不写文章，拿起笔来总是不知怎样写才好，于是一拖再拖，过些时再学学别人的文章，我一定能写成奉上。近来总是被一些事把思想搞乱了，到今天好容易把人家寄来的存稿整理毕，共有30篇有关剧史专题的论文，约2[illegible]万字，只当时未及寄出的四篇遗失了，否则有34篇25万字。忙完这一件事，另外事来了，每上午跑医务所打针，急于要控制住气喘，才好晋京一趟。上面是收到书后写的，当时因潮剧要出国，看戏，提意见，写给该剧院带出国用的文章，所以搁下，刻接17日来书，不能不接下写，回忆文，还得请允延一下，近来脑子实在昏乱，一些事接连着来，就无法分这个心了，我想还到十一月下旬总会写成的。前天读茅盾先生在人民日报文，很合我的想法，我国人最爱神化所敬佩的人，鲁迅研究者确有此病。北京召各大学研究鲁迅的去开会，中大派四人月底前往，我不是为这个会，为全国文代会也得晋京，蒙中央不弃，以我为特邀代表去参加大会，因而，这里要我准备发言，廿多年过着僧人定生活，忽忙起来便手足无措了。附纸祈在晤树人同志时转交！脑子累，怪愚，以后晤同志时，常代问好！ 祝

撰祺

董每戡 10.22.

站岗79.685　　第　　页

丁　装　线

致朱正4

5

朱正同志：大作收到，谢谢！我在京20天，只奋紧张，回到广州精神一松下来，哮喘大发，转为"右下肺炎性浸润"，立刻住院，到12.5日才出院，现在疗养，过了年才可工作。这次总算碰到了二十或三十年代的老战友不少，遗憾的11.17日雪峰同志追悼会没能去参加，因17上午八时便赶往机场上机。你们的印刷倒比广州、北京都快，我的论文集交了人文出版社，认为"有特色"，马上安排付印，却说要6到8个月时间；这里学术研究广告早登了，到现今印不出，张庚他们的《中国戏剧通史》由人文付印，到现在还上册都还未印出。稿费标准低要恢复大革命前数字，明年会实现吗？陈寿庚同志，你认得吗？他有一个小说稿由你社拿去很久了，据楼栖同志说写得很不错，他曾读过，不知你能帮他点忙促使早通过否？拜托拜托！王匡同志到上台讲课时，坐他辞去行政职务，老年教书可不费气力，搞行政太麻烦，我连带研究任务都推掉了，余暇养花来搞科研写作。你去信王同志时，请将此纸转去，免另写信。致

敬礼

冰封同志前代候

[illegible]

12.8.

站岗79.958

致朱正5

1-1

小朱：承你伉俪送行，这些年来时常来我家坐，都使我难以忘怀。5.4上午按时到达，校方已派车来接。坐到中大，颇有化鹤归来之感！有些与想和我想像的不同，好二十一年不住在长沙，恐已不死即傻，容老他们都挨鞭打，一好友告诉我副教授、讲师们（大半是我的学生）一再提出请我回校，还是拖，省委文教书记点我名，才推快了。系里人比往日也多几倍，近百人，七十以上九十以下的还有五六个，我开始加入这行列，可是也不是我所想像那样可以养老为主，领导要派用场，若明年起只带研究生，还是轻松的，似乎有意成为辞制中心，培养全国各大学派来进修的副教授讲师们，我当然不敢怠慢，但那时能否辞得了亦可未知。今年是首先治病、养病，多搞科研著作。现在过半乡村生活，因为这学校是个大公园，花木极多，晨有鸡啼，夜无犬吠，正好疗养。车出韶关时是天亮以后，曾口占：晴晨车已过韶关，二十一年初见山，我爱青山青未了，青山笑我老蹒跚。自以为有唐人风味。晤朱正同志，告以他要我的字一定写，并请他代向李冰封同志致谢，劳他们送行，甚为感动！这一周发出九十封信给多年不通信的老友们，就忙得不得了。我爱人立刻要办退休手续，怕的是这里才能办，因之要等至十五以后才回长沙，一切都须她跑腿故，她退休是宿愿，实现了。我是被养到老，而且得干到老死，估计再活十年是可能的，预定今年四面出书打游击战（发表东西）以示我还活着，明年起总想打阵地战，主要是写大稿。每晨已在房前走廊里练功，然后在校园内慢步转圈子了。 祝

双双好

小姜均此一纸

董每戡

5.11.

（广州中山大学西南区77号甲之三楼下）

站閔78.683

(1)

致朱树人1（1）

1-2

美苗十七日走了以后，非得请保姆不可，因为学校内外市场都远。以住屋的阳光、空气都好来说，我的身体会好起来的。中大和美国加州大学结成姊妹学校，一、二把手去答访未回。据说是全国80个重点大学之中18个特重点之一，直属于中央，规划到85年要招生万名，中有三千名研究生，包括欧美各英语国家及日本派来进修的中文、历史付教授、讲师600名（这一点，事实上难无人能教他们，光日本有十多大学有中文系，他们的修养都很高的）。这里，我离开时尚有一级教授三四人，现都去世了；二级十多人，现在仅有四人了，中文系仅了三个（容商和我）。上课都是些四十上下的付教授讲师。能搞好科研的，后继少人，青黄不接。我主观愿望是专搞科研工作，明年起重写戏剧发展史，今下午，客来了，是一位女同志，中国科学（社会）院的院刊要在国庆日创刊，为此来拉稿。中央特重科研工作，这大学是一个方面军，实际上能搞这工作的已不多，也许领导会答应我这要求。早晨散步还只在附近转一圈，能慢慢发展到向西门口农园就好，邮局、茶馆都在门口，大致有由潮音旧里到北正街口中山路那么远。今下午，朱正同志信到了，该信祈转交！系中有一讲师是南开毕业的，小姜考南开，所以我问华粹深的情况，他说华老师对于民间文学有兴趣，所以对地方戏比较熟，但不是搞戏剧史的。好在小姜年令不大，考不起，明年再考。我最欣赏的是他的朋友能鼓励他读书考研究生，应该多学。搞戏剧史非多读书多写作不可，考取与否？不重要，混资格是无用的。中大文革期中毕业的助教从去年起都停止工作，再学一年半，以后再说，就是「回炉」。晤小姜时，嘱代我谢他的同学小张送行，年青人首先是练功夫，有了功夫，不进学校也能崭露头角的。我还没有出去拜访朋友，起码半个月后才到系中走走，开始借书来工作。七点半就睡觉的习惯改了，晚饭后总有同事来，改在九时上床了。在长当了廿一年的"隐士"，希望以后仍过隐士生活——多读书，多写作。　5.16晚。

站岗78.683

致朱树人1（2）

2

小朱：信到。摘报刘俗崇和萧艾文章我没見过；《一捧雪》在光明报上读过。你补课，極好！古汉语、文学史都得好好补，研究生也是听这两门课。搞古典文学不必进学校，自学多读多练是可以有成就的。我也学乖，六到十二月不想多花脑力，只想当消遣似的整理旧稿，也就是今年以轻松愉快地休养为主，明年上期才开始要写的工作。前天接到一个1944年东北大学的学生信，他現在辽宁大连师院任付教授，說我当时写给他的条幅掛了几十年在文革中被抄没了，但记得诗："辛豪李艳国堪誇，自许新词亦可嘉！醉后猶能降汉简，素笺秃笔走龍蛇。"要读旧作（我早忘干净了），好多感慨！当时豪而狂，老了，狂[illegible]不敢再有，只勉强留点儿豪气。他不知我手已不能写毛笔，还要我再写条幅给他，词也已卅年少写了（年青时的词很为柳亚子、郁达夫、冯沅君赞美，都丢了、忘了），尤其二十年来不曾填过。报载萧涤非在山大报告对郭老的《李白与杜甫》很不满，当时人人有此意，但都不敢碰权威，现在是可以争鸣了，我曾在《三国演义试论》上有些不同意郭对曹操捧场的，将来大发也不妨了。正想发给黄苗信，就写几句附给你。朱正若能调北京工作就好，他约我写的还未动手，本月内一定写。迅翁是我敬佩怀念的人，不过对这些年来捧为神，我不很同意，应该回到做"伟大的人"才好。各大学几乎都有鲁迅研究室或组，将来成績都不一定可观。

戡　6.1.

站岗78.683

③

致朱树人2

3

小朱：信读到。《世界书谈》已买一册，且已读过一遍。郭久不写文章了，他说的那几句正是我二十年来所想的，所以59年起拚命写，不幸又白写了！日内当借《论丛》来读钱锺书两文。最近在上海铁道学院的刊物上读了几篇需要读的文章，早想到也是惊叹，比在长沙时好多了，只是懂得写不成文章，因而喜在未与同志们接洽时写，时时想出隐到本月下旬交稿罢！现时学术界有人仍长于写应景文章，刊物也满是应景文章，郭先生想是有感而发。小说史不提《红楼梦》，是奇了！我拟休养到秋后，俟存稿的整理和补写工作限明春为止，以后做重写《文学史》的准备工作。80年下期开始写，近来愈觉非写不可。听说赵景深写了一部；文化部文艺院原有一部，由游国恩张庚等加以修改付印了四册，不怕多，各有各的特点。自信我的特点在宋前要比人家的详些（这是历来的禁区，原简史已突破了一些）。到秋凉想请校给我一助手或书记派一抄写者给我用，因存稿大致已整理好，仅差《史》的后册几篇（在你处被抄去的须重写）补完之后拟重读《甲骨金文大系》及《卜辞通纂》，也许还可发现点东西，为古代中分铺平道路，这便是功德。梅战期在四川的学生及57前的中大学生有些来看我，都说我精神风貌如昔，腰比往日直些，但往往气候依然在，真想再写十年。一般人总是被压矮了，我的腰反被压直了，这就是奇了。我那首诗（你也见过罢）：“千秋大业付平生，敢与前贤共比高，铸情铸史贯铸魂，老来又试解牛刀。”在长沙我住房叫“谈龟小舍”，现在书房叫“三铸室”了。教育部调大学科研，说着你在国内的用纸张及印刷有困难，可以送香港印（商务、中华），外国没有没有著作的教授，我国大都是空头的，要改变。文革把中大校园的花全毁了，说是资产阶级的一套，现在一园艺家来负责搞起来，教授住屋及外国留学生住房都在建中。天热了，已到卅度，早晚很凉。供应在好转，因将升为中央直辖市，我国的南大门不能不搞好。祝

双好

[signature] 7.14.

站閔78.683

(4)

致朱树人3

4

'作品'销数达38万，'花城'11万，人民日报赞扬了'随笔'，'羊城晚报'预筹班组成了，不久复刊。剧协八月起出'南国戏剧'（双月刊），学术研究八月一期早已付印。现长沙无此种杂志否？'随笔'若买到，定寄给你。米正同志代问好。 8.24.

小朱：我才从旅游肇庆的星湖'七星岩''鼎湖山庆云寺'回来，是应此间'社联'邀请去的，肇庆比广州凉爽，夜可盖呢毯，蚊子少到只一两只，不像中大多。今起剧协开会一周，都要我去讲话，知我身体不好，约22派车来接我去谈半天。忆迅翁稿始终想不起要如何写，目前仅整理'论长生殿的情节结构'，九月交印，十一月科研讨论会用，那时会给你一份。鲁迅研究已分两派，揣李何林的属大学派，大学以外的不知叫什么派，米正同志不知属何派？悼词那句话我完全同意，这是事实，胡公加去掉就是基于实事求是精神。有些人是很健忘的，红时便忘了黑时，我这个人不宜在这个社会混，看到这类无意义的争议，心里就不舒服。剧协出'南国戏剧'双月刊（年内七个发行，明年公开），社联的'学术研究'也是双月刊，我都答应供稿，但不参加开会之类活动。中大学报是全国七个对外发行的学报之一，质量低，明年起想振作一番，我也得给。'随笔'中有赵仲邑文，是系同事，且和我友好，我当托系的女资料员设法买（我买书都托她办的）。从这次游庆云寺看来，我的足力不错，上台阶都行，只气喘还有。昨开始注射'胎盘脂多糖'。气喘病若治好，其他病没有。听说中央强调'三老'（老科学家，老教授，老作家）抢着要这三种人提快写出东西来。印刷和纸张困难，可交香港商务、中华印。昨王季思说教了廿多位讲师副教授来学'中国戏剧史'，拟组一指导小组，你参加。'我说：'我急于要把旧稿重写起来，不能分心，且身体不好，所以不参加。'系主任说向校方提出先派一抄写的人给我，先把已整理好的'西厢记论'抄出来（约14万字）。康濯同志托杜近之同志转告要我重写剧史，办等全部架子搭好才写，有一章写一章先发表一章，这意见值得考虑，不过目前还是先整理'五论'（他不知还有保存的戏曲'五论'），明年秋天才写剧史。我在'星湖'座谈时念了旧作：'千秋大业付吾曹，敢与前贤并比高，胆悸余生贯余勇，春来又试解牛刀。'博得掌声，一位同志就为我写了'三余斋'横幅。看来我的余勇确还有一些。

董每戡 8.18.

稿纸7921121

致朱树人4

5

小朱：来书提到'学术研究'和中大学报，我把它转给学术研究两位副主编去看了，因他们对我好，尊重我，才如此；至于中大，我不想多了，因掌握在一批谈不上水平的人手里，全国七大学报是对外的，中大系其中之一，同时是读人看，各方都提来意见的一种学报，中大一切如是，当会告诉你，我不说，总的一句话在学术上说，中大已不及57前远甚，有水平的学者有之九十归道山了，红人都是三四十岁的，有权势的都是57或大革命期中上来的人物。我反正老了，原该靠钱养老，除去搞科研写作外啥事不管，连每周四下午的学习我都未去参加过，乐得以老病为辞，图个安静。近忙于整理'说剧'，除失了几篇外，尚可凑到30篇，二十多万字，拟在年底交去安排付印。以后就是整理和补写'五大名剧论'，也许到明年初交出去，原是同文井同志谈过也给人文的，将来情况也许会变动，因'戏剧书店'明年恢复，原总编是已故的同班同学孟超，继任也许是葛一虹同志，恐怕要这个稿。明年是'左联''剧联'50周年，要纪念，'左联'初期成员活着的还很多，'剧联'的不多了，因之'董每戡'也得写回忆文，米正同志约的稿，索性在十一月一起写，望告诉他，不过时间上拖一下，债一定还。身体好多了，但气喘总不好，现在讲话也有元气了，最近会搬住新屋，四周都是参天大树，较幽静，宜于静养写作。检剂尚未试，等试用后会告你疗效如何。交的'论长生殿'的读书随笔稿已在印，如有多的会给你一份。来函所谓和李不同的意见，很好，什么派都不属，最好。祝

健福

戡

10.2.

站闵78.865　　第　页

致朱树人5

6

小朱：得你信后已否回你信？我都记不清了。你的信当即给"学术研究"编者看了，他说了实难如你所说的销路不好，应景文多，他们有苦衷，大致都是上面交下要登的。中央宣传部给省宣传部了一文，通知我以后文代大会领导小组决定聘请"特邀代表"（戏剧方面）参加大会，大概月底会飞往赴会，正好换换不合广东水土，回长小住调剂一下。今后文坛也会有新情况，强调"实事求是"。郭老故世后有些人似乎想捧他和鲁迅平行，可是近多关于他的传闻，想长沙也有所听到罢？山大"文史哲"最近会有对李杜评价的不同意见，尤其萧涤非先生大有意见。（年初他来此作过报告）对曹操、对杜甫，我向来不同意郭的见解，总觉得郭有庸俗社会学观点。真的在各方面都能"实事求是"，什么都有希望，否则，什么都不可能令人满意的。"搞组织路线"，也许就开始罢？如不切实动一下，各地有些问题是不会解决的，对"四化"确实不利。戏剧方面工作，广东比湖南好些，教育方面还有待。我老是"向前看"，但熟人中和我相反的不少，足见为了"四化"，须快些动手术才好，年令大了，盼望早些扫除"四化"阻力，知识分子的积极性才能调动起来。因复米正同去信之便，附此一纸。祝

双好

董每戡 10.22.

刻得通知我廿八飞京，想乘廿九夜车回长，我也许在十一月初旬和湖南省代表团同到长沙住一週。又及。

第 页

装 订 线

致朱树人6

1

小朱：借来《新文学史料》5，读了提到我的文，且读到朱正同志和丁聪同志的信。他的《正误》出来后一定走红，我就佩服他有干劲，是要如此，非摆点颜色给右英雄们看看不可，就要埋头写作，今后只要真会写出东西来的人就行。我起码还能奋斗几年，所以这次病后真全心全意疗养，过了年才整理旧稿，同时把答复朱正同志写的短文写起来。《学术研究》一直迄今未见一期，据寄到中文系被人拿去了，昨去信请查询并补寄我家，我那篇旧稿是谈昆腔和魏良辅的。广州印刷和北京一样迟缓，刊物、书籍往往不能按预定时间印出。人文社说我的《说剧》有特色，只想早出，但说至少印六至八个月，张庚们的《中国戏曲通史》（分三册）已印了半年，第一册都未印出，倒是朱正那本的快，大概是湖南唯一的优点。《战地》增刊见到吗？廖沫沙有一首笑谈拍案叫绝的诗很好。（我也是四川的学生抄给我的）还有《读书》第七期有一篇姚雪垠文，我的学生说又有点《打开天窗说亮话》了。我看过了，还是少说亮话好。《人民日报》价增到二元一月，每天仍是各种喜报，像又走当年老路，我根本不看或只看看《文汇》，翻翻就算了，因此连《人民》也不续定。我等《羊城》复刊，快了。《南国戏剧》这期还是对内，明年起对外。中国戏剧出版社已在与人文分家而独立，《戏剧艺术论丛》第一期就由该社出，近半个月正忙于分家。不知朱正有所闻补发廿多年工资及真正的右派即57右派已改否？明年我会到长沙住一个月，不过第一站是长沙，抑最后一站是长沙未定，若第一站当在五月，最后站则在国庆，因我想往老家一次和北京住几月读资料。

祝

阖家康乐

董每戡

12.26.

《论长生殿的演出资料》约四万六千字，今抄完腊纸，印出后当送你一份。28.

站图79.958

致朱树人7

8

小朱：信到。欣慰的是朱正同志能调到京去，他在湖南呆不
久就好，長沙是"硯石池"，非"化龍池"，太缺乏气魄，眷不得蛟
龍。魏作是"引正"，例是目录误为"証"，正曲之事。刘的平反我在
京时就听说了。右派冯佩奇也已"改"了，而且这些人确都是
真正的左派，既非假左，也非極左，我们认为我辈是"预言家"，不
信预言，始有以后的浩劫。"補長生殿的楔子結構"已在油印，
我会和学术六期寄你帶子，油印有你一份。出院后疗养适合，健
康很好，只气喘病是永好不了的。原拟五月出去走走到國慶
后回校，現不可能了，因戲劇史修訂班二月廿四就來，一定要
我参加，推不了，我答應只出席座谈，不上台做报告，因依像
講話半小时都困难，这样一来，七月半后才可离校。我仍樂
觀，80奋斗一年，就够了，再加以后的。"羊城晚报"春节增刊，
定要我一阕贺词，久不写，做得成做不成，还不一定，我已停了
"人民日报"，專定"羊城晚报"，副刊編者和主持报的是有恒都
要比七三年前更进一步："干预生活"，並向國外发行。"谈剧"里
有几篇短的，可能给"花地"用，因"谈剧"要甲寅后才能出书，那得
收稿几个稿费。这里报对我一向是特客气的，便是南方那
篇短文也送十元，比56年只给六元，"学术"就照一般，只给48
元。今后在广州，大致只在羊城及"南国戏剧"（必须支持之故）发表文，
有論文，就想在全國性有权威的发表。　　祝

全家康樂

董每戡

1月[illegible]日

朱正的信我的"征误"，已交鲁迅研究室几位看看了，他们都是雪峰派，非周扬派。

站岗79.958

致朱树人8

1

莫扬：　上午发给苗信，下午收到他信知27时出差，那末信到了时他已走，望你由黄志祥同志，请他收下信交你罢！绿豆及针药都已收到，绿豆够了，不必再设法。又麻烦你妈为我们发新锅，谢谢你伯伯为我们搽脚盆的桐油。你的腰围大小望告，想买件现在穿的裙子（寄给你），夏天穿裙凉爽些。风疸还发吗？苗说你常发痧，发时千万勿扯痧，扯会养成习惯，以后会常发的。有经验，发时吃十几粒仁丹，或十滴水，痧药都行。伏天买个一斤重的水鱼（甲鱼）炖白胡椒（放二三十粒白胡椒，不研碎）吃肉喝汤，把胡椒留下晒干包起来，遇发痧时丢几粒入口咬碎吞下去，可止痧。苗子有个表叔这几天会从安徽来，因他将赴美国儿女处，所以我邀他来住个把月。苗说你有位姓唐的朋友也许到我处来住几天，欢迎！请的保姆不合适，今天退她，已在另找一个，过几天就会来。我们身体都比在长时好些，可勿念！苗说你英文考83分，我高兴！学外文就得每早读，记，晚上练，否则是学不成的。已托人为你买英文字典了。你伯伯，妈妈前带代候安好！这里不热，最高只32°，低時27度，半夜须盖单被。

我

腰围大小？你喜欢什么颜色和花？长沙如有合式的就长沙买，把钱多少告我，汇给你，免得寄麻烦。　7.27.

短袖衬衫大小，长短，颜色？

看一下有没有水井色（豆沙色）尼龙丝绸卖？有告我，以前没有，别人要买。

致董苗、莫扬1

2-1

苗子、莫扬：机票已去定17日的。昨晚有大风雪，很不错，回寓已十一时，服安定片睡觉，今天无事。下午和晚上共四个影片，我都不看，冷到五度，大风刮得倒人，晚零下五度，不过室内有暖气。明上午大会听报告，下午两个片想去看，但五时须赴三所和演剧队同志聚会，也许不能去看电影，晚上两片当然不去看。我确也在长时不怕冷，白天无暖气，我仍未穿借来对门张先生的棉裤，只出门去吃饭时穿一下棉大衣。（11，12）

上午听了三个半钟头钱学森的报告，他穿军服，很会说话。因五时须赴剧队聚会，下午《傲慢和偏见》及《琼宫恨史》两个好片看不成，晚《恐怖是关键》及《莫斯科之恋》当然放弃，这几天是西伯利亚来的寒流，风特大，冷得很。刚才午睡，一个下[illegible]来了，说大百科出版社拟出《百科全书》，大家推荐我为戏曲方面编委之一，我答应了。侯枫同志第二子送为我拍的相片来，牙真是问题，想回去就镶上，附两张给你，另外有三张。中国戏剧出版社编辑曹同志来谈出《戏剧艺术论丛》第一辑又付印，要我写稿，我也答应为纪念写一篇给他。天津市司令员又来一信，说我不能去大失所望，充满了友情，明年若来京，一定和你妈同去看他，你舅舅也认识他。（13下午）

昨晚聚会近二百人，邓大姐答应及周总理出席，临时有外宾来不了。都是从抗战开始（37）已六十岁左右见的朋友，孩子剧团的小姑娘都近五十岁了，画家周令钊（美术学院）那时是小伙子，今六十岁了，他说我认识你怎么腰比38年直了？我说被压直了。赖少其住病院，没有来，杨乃(?)继来了，他去不宽(?)，只有尉(?)蔡四(?)绘画，说他爱人常念你妈，问也回中大没有？饭后拍了许多照，接下茶话会我们不参加，因廖承志有小车，不凌(?)鹤扶两根木棍，两腿全瘫，我走路气喘，就坐他的小车先送我和侯枫回四所，送凌鹤回一所，然后回家，我回来才八时半，我兴奋不够，仍服安定片睡觉。写至此，尹羲来坐，她从十七乘车(?)桂林，再回南宁。今日上下午都是小组讨论，我答应考虑，可自由休息。明下午大概是扩大闭幕，后天也许是中宣部招待茶话，胡乔木在会上讲话，十六日领导们接见，摄影留念，文艺晚会。十七定要走，因住房要让后来(?)，这次我想想碰面的只有三人未见面，即夏衍、阳翰笙、廖沫沙。写至此，中国大百科全书出版社秘书来通知下午二时半要在西苑开会，幸昨晚聚会即在西苑，侯枫带我去去，有学家刊

订
装
线

站岗78.865　　第　　页

致董苗、莫扬2（1）

2-2

给国那么远，否则我还不知道呢，电话铃响，一接就是你们的，我答应一定到会。（14上午）

刚接你信，所以此信就发，我们17号三叉戟机上午十一时起飞，下午两点多到，今晚可能发京钱侯女在北京，她是戏曲学校毕业，参军，云南代表团白桦傅白芒，其他代表都借住北京的，侯女配钱。刚才有些闻名来见我面的来访，精神很好，慢慢走走们行地去开会。保姆是越多人越好，座椅我也坐着名人。

父字　11，14下午

药　7.80
被　19.20
床单　6.35
33.15

783
140
38
961

站岗78.865　　第　页

致董苗、莫扬2（1）

3　乘机上送的小纪念簿，橡皮、香粉，你两人各一份。

苗子、莫扬：明（17）上午约11时坐"三叉戟"机起飞，下午二至三时间可到广州，已发电给楼派车接。昨下午第一次去看电影，第一个是美国的普通以歌舞为主的片子叫"碧云天"，没意思，第二个原名"明天是永远存在的"，现叫"春闺泪痕"，很好，有人情味，也有思想性，演员连小小的小姑娘都好。晚田三峰夫妇的女婿请两席客，都是老朋友，湖南的有省文化局副局长刘斐章及女（在北影）话剧团长叶向荣；电影厂长刘高林。今天上午报告文联委员当选名单，无非是一些现在的名人们，连○都不用投，算全同意。下午闭幕式，是夏衍致辞。晚上也许是中宣部招待茶会，胡部长讲话。或在下午加华主席及一些领导们接见、摄影留念。（晨）机票已拿到，明晨九时动身，因到机场远，11时35分起飞。（16晚）十七日下午二时半到达广州。离京时刮北风，零上三度；到广州廿二度，今起刮风，也近十五度了。蚊子之多是我从未见过的，伸手便可抓到一二十个。最后茶会（实则等于冷餐）上又碰到一些老友，夏衍、徐等等，最隆重一次也是那天，下午二时到大会堂，等接见，摄影到六时半了，茶会完后已八时，楼下日本电影就放弃了。（17.夜）

汪原南150元想不汇到你了，免人家又夸大宣传你们有钱，现在长沙还是少吃"茶饼"，当和小敖谈一下寄她处（像她址告我），只作为朋友托她买东西好了。何的女儿本是合式的，只何先生封建迂腐得很很，好不会成，也不易对付（特殊讲旧礼貌）十二起授奖，科研讨论会，国内外来宾未走，跟后来访我，我很忙。文代会的几根帖子像我留作纪念，一支原子跌下，坏了，因我拆开把一弹簧丢了，你修修看，大概弹簧是里头口子上顶住笔芯的，修得好，你用。农民画册，茶壶也是送的给你和莫扬。最要好一点是莫扬娘家有个亲戚如果家里有人像那样的人料理"坐月子"才好，费用我会寄的。茶壶另包寄。　父字　11.18。

站岗78.865　　第　　页

致董苗、莫扬3

信到，因已将给你信封了，所以不拆开补了。毛线不会浪费，决拆后另叠打大的，还是买毛线，勿用纱线。十日领到钱后汇150元，借厚南100元，余作零碎用。大概你春节来时我已移居，且我的一切可明朗化。郭派进修生二月廿四日即来，王已拟好培训纲要，由他主持，我只在座谈时出席，这样王放心大胆一些，他忽不出的，我帮一手，我这个高姿态，在校方是很满意的。就看他们是否也以高姿态对我？你来时当明白。你广戏完了，最近可能上面已有命令，王想顺水推舟，说已由临小组提出，表示好意。过年车一定挤，你带东西可买卧铺，买嫂嫂给一小罐腊八豆，走时还得买两条烟，放着待客用，洞庭、郴州都行，不要过滤咀。奶油、花生酱后前我不买，只在上年前去买支腊子是需要的。款仍汇袁处？袁地址又忘了，来信告！日内拟汇廖江嫂二、三十元还前垫款及再买白木耳。春节前往渝还陈张，借大伯嫂的100元，未还她。老左已迁入新居，很好，我看形势是好的，补款了，长沙先要程懋筠出的，右若碰到可问他，很有可能。莫扬为我写信给廖江嫂问前买的白木耳多少钱？需要再托买一斤（比前稍贵的也可以）俾便汇款给她。问她几时回长？想回南宁过广州否？告以春节来广州，我家大概春节前迁东北区，可以往。她若来）现在最缺的是'煤'，是少质特坏，新买一铁炉也不好，每月只六十多个煤，实须有八十，又无后门可开，所以必须带十斤炭来，顺不留火，并带一铁茶壶来为炭用。你那个'保温壶'可能是次品，盖都盖不严，当想法买个正品来，你妈用，我现用次品。'球蛋白'一月只需注射一针，最近拟开始注射，从香港寄来（大师兄为我设法弄的）一针花八九元。主要是加强抵抗力，我老弱，咳嗽不管冷热，老流鼻涕，哮喘，容易伤风，想会有些好处，有心脏病的忌用，本拟两人注射，这样四针都给我用。 R.S.

站岗79.958

1.

致董苗、莫扬4（1）

信到。我已给海韵信说已去信要你寄来，但不要紧，我可再去信说你回信云「已转送给朋友了」。录音机决不要他买，你不必教外文为生，只要能译，不必录音机，懂九国文字的都不用它，屡敲人家竹杠，实在不好意思。你妈妈到北京跑买东西，要她去问计算机。我病已好，病得好，证实我不革研究生，实因身体太坏，不是别的原因。现疗养，过了年才整理稿子。现女孩是黄师母友人的姨侄女，家广东台山人，现家住中越边界附近，农村高中毕业，21岁，叫小周，能单独作战，力气也不小，刚到海珠桥边修了那把伞和买菜回来，剥生炒山河粉给我吃，很能做事。广东汉剧院送的晚票来请看「王昭君」，我得转给杨老看。

（10）

海参、虫草已收到。奶油还只吃了两块。这次病跟离长前同样严重，一因马上注射青链霉素，没有拖延时日，二因体健半年来特好，所以恢复得快，且始终精神很好。中大医务所是全国红旗单位之一，设备周全，并有病床30张。今要小周吃过午饭就回她姨妈处玩，明晨到附近赤岗市场为我买河鲜回来。她姨妈就在赤岗猪过去一果木材场当产科医生。我未碰到杨萧孙，所以不知那信如何。要先去陈求改正了，须办法拖过去。每人廿多年损失有补发待说，整个须七十到九十亿元，所以万元以下及万元以上者第一次都发了500元，以后分多次，不给现款，教授等工厂投资；教授银行者存银行要取云。据传此信是组织部长在一个离休老干部人员会上说的。目前小的大致都已改正，大的尚未改正的，如黄药眠、钱伟长（且还会降了级二级工资），长沙魏猛克（湖南文联顾问），杜埃（留中央任研委员），上海陈仁炳一等；但不久也得改。如此看来，我比钱伟长「得路」。从此真是

黄你路也改正。

站岗79.958

致董苗、莫扬4（2）

（59号文是烟台产品）

4-2　　　　　　　　　　　　　　　　2

拿钱养老，可以什么都不做。（校以外的则做）历史系瑞木正(?)即由武汉回（参加世界史会议）来看我，他说："出去走走好，英雄们都没人读，偏读我们这类人。"我说："让英雄们歇歇也好。"有说在组织部长讲另一人讲几句话，博得满堂掌声，主要是一句："我国真正的右派，就只57年的右派。"传闻如此，可信可不信。不过在何会上总只提"四人帮"，这次文代会则屡提57年，这是一大进步。（还说："烟台会议是排除的，是在几是派控制下搞的。"）

今晚不去看戏了，因我对王昭君剧不大感兴趣，且不耐(?)雪夜奔(?)挤。刚才接李桐信，问有没听到补廿多年工资事否？这里长沙也听到了。不管怎么样，形势大好，越来越好。师院周秉钧先生来看我，带了两三斤香肠给我，现就吃着。你妈带来的已抹了酒放进了泡菜坛（大姐借来的）。自己做的驼毛袄不漏(?)，毛都出来不少。你妈棉裤等把这里的旧丝棉拆好寄给你时再告你尺寸。（11傍晚）

这里还是21度，中午更高。曾在市场买了下人做的木沙发二几一，连运费22元，你过春节来时带沙发布(?)来。这里一般可用的沙发一套需三百多元，好的七八百元！。广东、湖南有沙发，都是新移植的，和上海的一样很好，且不贵，元旦一月，今买两个牛角几(?)、皆瓷碟、鱼缸来，[illegible]计算机没有，过去有，须港币买，就是值50人民币的港币，不是直接用人民币。

父字

12.13.

上午参观大学，吃了午饭，同去九路走了，此信明天投。　　14.

你那沙发，在上机路要120元，~~你春节来可为我们买一套来~~。　　15.

别听他的买沙发。今天还得寄百元给秉侄，他说结婚，谁又知道他真假。~~总而言之这几个月比较要用钱(?)的时候，因~~为那件补的工资（借的300元）总务处扣了一百元，还有两百给他们扣，真是无理的做法

站岗79.958

致董苗、莫扬4（3）

5

苗子：昨获信后，晚八时半王夫妇来，我看出他为进修人员事内心有点怕出洋相，来的都是已有一些根底的四五十岁的讲师或副教授，所以来解释前嫌，似带道歉意，既然如此，我不能不高姿态，我说：'过去的我从没放在心上，不必再提了；我已讲不清课，若开座谈方式，我当加好了'；他很高兴，好像有似释重负神情，这样一来，我五月赴温或长不可能了，至早在七月半，那末，你春节要来就作准备，不用布票的毯子等物可买，孩子织衣的线绿也立刻买来织，钱由我给。你那时来，莫扬仍要妹来陪伴，勿住娘家，楼梯不好爬。产前最好吃肚子；鸡以产后吃为宜，晚饭到娘家吃，走走路对生产有利。刚才吉伯母来谈教卫和卫生厅有文，对老教授要特殊照顾，今后一至四级教授病，医务人员须到教授家看病，勿要他们来就诊，这和我在京听说的相同，也就是吉伯母说要把老专家当国家的宝贝。我改正大概快了，前一次王来，我很硬，我说：'中央，省委都认为该改，就改；我并不要稍微不改，所以我一直不提此事，反正我老了，专心写工资材料。'这次我看出他的神态，表示好意说有改意了。你来不买吃的东西，本只要三样：龙牌酱油一瓶；白糖油几块；花生酱两斤，买到就带，买不到也无所谓。临上车前再两支鸭子来，[illegible]等去做吃！腊肉、香肠都不要。这里香肠味比长沙的好比，也只一元四一斤。楼用桐油漆一下算了，或请一般漆，实则此间漆好的只多六七元，我们过了年大概搬家。校长李嘉人心脏病逝世了。五个研究生走了一个，四个反也不想读[illegible]一年，现知教了[illegible]的[illegible]半年，他们也想再读一年了。小胃很好，正做满一月，忽接广西电话说她父亲（生产队长）在几丈高屋上跌下来摔伤，要她立刻回家，她捨不得走却不能不走，我们用人的运真差，黎的

（页边批注：勿吃辣椒！——）

站岗79.958

致董苗、莫扬5（1）

大姐好，也不敢去，偏家人佛她回家；暗铭被她舅父带去；小周老实，要
想出去玩，肯做，听话，偏她父亲跟随，她指不肯去，生气，我说：'你随便
几时再来就来。'背皮箱（先买试试，好才买）买50个，帮忙买車票的人，每件
收十个，得给，其他留着待客。沙发不要了，移家后再买漆好的几张就行，
大客厅，让空着，即使有钱也不买（350或700元一付）。（30）
你读电视大学，那什么进修学院？我并不清楚，修满学科后也要
和大学毕业的同等程度吗？告我！'学术研究'给我的杂志和二
十份抽印本寄中文系都去了，今补寄我，下次寄你，小米如要可借
他看。你和茶寄南方日报都存起来罢。你读完功课有被提升
为技术员的可能吗？必须把本行的书译出一册才行。（31）
来时带十斤菜。你妈要你把莫扬那双高跟鞋给眼底杨三毛穿一下，
知其大小，因为伯妈曾托为三毛买那双式样的，你只说妈来信要
试大小尺码，买了托人带到長沙，不说你来（对任何人不必说到广州，
免去为人买东西，莫扬也勿告诉别人）。你去去前办就行。你失眠是无
营养的结果，千万多食些添点菜，早上千万勿去吃炒饭，莫扬有是美味，但须
有分寸，太有对健康有害，向医务所经常拿B1吃。我现每晨服B1，B6，B杂，
C，各二粒，这些东西，我只要去伯母开就拿到，每顿吃两碗，是B杂之功。
你过去刷牙出血，本有坏血病，须天天服C，我是为了便大便天天通，這里容
易上火。附件李主任是寄照来，表示客气亲热，我对李母的关心态，他们
高兴了，放心了，要不然，培训任务是下给的，他们内心非常着慌。（31晚）
昨下午你妈买到冰冻鸭一只，酱鸭一只，鲜活鱼一条，今元旦，过得不错。这
里鲜鸡蛋每八分一个，長沙的只角二分，你妈说可买五十个，蛋货必须当场试
一个，好则马上买，勿带回来再去买，怕换了一篮，孩子毛线即买一斤半（回
许多东西，如带的东西多，买卧车票好了。 元旦父字

怕孙坐位，过春节车上人一定多。

站岗79.958

致董苗、莫扬5（2）

6-1

六师母要的一斤特辣的干辣椒，必须辣死人，（不辣的不要）一定要办到！

分配给我的原是楼下最不好的，我已提出不要，如二楼都已分配完，我仍坚持要住池边三间一所副教授讲师住的二楼，不仅我，很多人有意见，故打此分配了。刚才系副总书记来说'我们无权，但把您的意见告诉总务处'，我没提起的话，他倒提了：'你没有书架，沙发之类，系可提出请拨，助手问题，正在研究调谁好'。看来，对我的态度大变，也许接近于'改'了。我说：'王起先生希望我搬住东北区，近点，以后称谓商量方便些。其实，我觉得池塘边也可以，问题是总务处依据什么原则分配的？'老实的都吃亏，谢文通过七十岁住四楼，走到二楼就坐楼口歇一下再往上去，他是三级，原说一二三级住，但系主任年青的四级也住二楼。所以有位病号三级的住楼中和我同一层的说：'和大钟楼有关系的人就可住好的'。我是致降级住房，想不到说我要好的。若住池塘边，离系更远，正好我更可不到系里去。信到，吃的什么都不要，皮蛋只要20个，这里贵得不多。你妈衣服尺寸是比有那么大。灯芯绒你来时自己去看。奶油如买到，则多买几块都行。莫扬最好到湖医检查一次。我并没答应带研究生，即来进修的，我也只答应开座谈会时（半年约四五次）我参加，每次谈二十分钟就行，不能推干净，否则会越来越僵。刘后杜也之类，谈何以文与他都未改正，魏则改了。昨开始注射丙种球白球，一月一针。即使说不好哮喘，却可以增强对各种疾病的抵抗力，苏爱人为我注射，她注射过不少，说很有效的，所以每针合九元。系中正在考虑我的助手（研究调何人给我中），房子如二楼没有，我就住池塘边。并说如要沙发，将来系开条子去请领，这都是副系总书记来自己提起的，看来气候有点变了。170元十日即付汇。9日

站岗79.958

致董苗、莫扬6（1）

6-2

你妈说窗帘线好像看到过，要多少尺来信告我去看，有就买下。杜的民盟候补中委恢复后，十二月省政协委员也恢复了，部份未改，听说在审批中，快了。放在墙里的腊肉，香肠也霉了，所以这类东西都不要。只要上车前去两处买：腊八豆，批发部的一斤极辣的'五爪金龙'。奶油、酱油、花生酱有则买点也可，皮蛋好的只要20个。羊绒裤的裆已做成，等月底交去。王是不得已，内心矛盾，怕吃不消，又想我参加座谈，吸引力比他强。我只让了一点步，参加座谈，其他仍不管。这样，校方和各都满意了，比弄得太僵强。你妈上罩衣料用的确良也可。你自己做裤千万勿做小裤脚，此间已过时很久了，最好大点，但勿过分大。 1.10上午 父字

致董苗、莫扬6（2）

7

这里也冷起来，温度降到十度。曾听人说过春节时最冷，气候已和57年以前不同，~~所以你妈常说棉衣、罩衣可等你带来，棉裤[illegible]~~，勿做太薄，衣裤都是八两到一斤棉花也行。我已穿脱毛裤，卫生衣，棉裤。球蛋白针似有效力，我在八日前一周每夜到半夜起膝关节就痛，是北方人说的寒腿。八日注一针，当晚起这个膝盖处就不痛了，原来每晚小便二或三次，且量多，现在只一次，量少，大概它是增加抵抗力的，~~[illegible]~~流涕不管冷热，尤其是鼻，吃饭时必流，倘能不流，就更可证明。还有二针，刚才由六小姐拿去放进冰箱保存，因一月只注一针，倘注完后确对哮喘有效，还须再买两针。钱股张，刚才又汇贝娣20，江嫒20元。想在春节前汇还世泽爸爸100元，能否办到？还不可知，芭叔100元只有春节后汇了。1.14.

你千万勿做小裤脚，已过时。腊肉香肠都臭了，勿带；鸡蛋，皮蛋也不要。六师母说过春节车特挤，须早些买卧票，勿到临时才买。你妈买的那条裤脚太小，今年下乡时就卖去了，千万勿再做小裤脚！！！

致董苗、莫扬7（1）

7-2

~~每年都要买到日历，也没法一本半~~！那些寄我的

米，想已丢了，可惜！只好等一包新药来。书和收音

机（内置）被咬得稀烂。大伯母神通广大，不但为

我设法到日历，而且有月历。听她讲以长来，使我

想起一物，你是时候不一定买到，有则买。可到

腊味店买一、二斤"猪肥肠"来。她讲昨我常追东

西来。弟由大楼不搬家，任拖下去，因东北区那房我

不要，要她后边二楼，他想是怕上边查时碰钉子，

不敢给。信到了。阿良是无锡河埒口农机厂董

静兰[1]。赵五哥的妈女是好人，我记得那天她

随便托给了，应去信谢她关怀。现在不是

我们不熟住址，是总务处怕部或有知道

会发脾气，所以不敢给，说换一个楼下，我

因分配不依规则，所以让拖之再说。附信

转莫伯之。我们现在想通，吃得好，就了

致董苗、莫扬7（2）

7-3

都由小周搞，你妈身体很好，可惜有心脏病不能注射球蛋白。莫扬胎位不正，医生没法想吗？你妈要上问一下六伯妈看，同时她姊姊正在此，（广州军区医院四十年老护士长，早退休住长沙，不久想住上海去）也可问她，下次告诉你。一张伯伯信正来，他认为我对王的处理稍为过偏，我自己也觉如此为好。

父字

1.19，

致董苗、莫扬7（3）

7-4

花生酱、奶油、酱油没有不要紧，只要臨走前鳗鱼（無也行）、虾子、滷肥肠。这里天气真好，温暖得很。臨睡前服一片B1，睡眠極好。大伯母说：胎整不正，不要紧，只要晚上用艾绒薰足小趾三の晚就会正起来。艾绒若没有，可到汉口妇女保健站买。定余兼有，明天会为你买来。秉生来信附。干辣椒只要辣，不一定五斤，寄的这半斤是给大伯母的。此外，买两盏煤油灯来（大的），这里近来常停电。薰艾绒后些时，最好到妇女保健站检查一次，毕竟是专业单位，靠得住些。现在莫扬心中先有个谱，谁来坐月时护理的打算，免临时请不到合适的，钱我出。

父字

1.21.

1980.1.21

致董苗、莫扬7（4）

8

苗子、莫扬：

我因胃病发已躺了几天，昨才起床吃东西了。房子暂搁，等过了春节再说，长沙发这几天就漆。木柴不要了，勿带！煤油灯两盏（大的）要买，六伯母是吃通了的，她有法弄到煤油。如有宁波水磨年糕，要买。这个时候，六伯母一再说，莫扬勿吃肥肉，甚至连饭也勿吃太多，多吃水果，产后吃鸡一类补品。今天你婆生日，中午吃排骨汤面，晚吃饭，红烧大排骨（[illegible]），鸭掌猪肉炖汤，仅此而已。她的棉衣裤旅好是三个角一尺的棉布，买衣用的卡，却不要太贵了，因你交了卅元，就急了！要你切实告诉六伯母。[illegible]蒜，蜂蜜等多带几包！青瓜子，麻团也带点来，前天是买了一个五星蛋糕，花生米也有，是芜湖子女从南京带来的。烟几条。（不要甘（[illegible]））[illegible]。坐床上吃面，收到你俩信，说你和莫扬那天去笑，莫扬肚子越发大了，[illegible]要她骑单车，我也以为坐公共汽车好，但是车就不太挤，让[illegible]点就了，切只想到安全。也许又寄来墨鱼，苗可带些回去留给莫扬坐月中吃。老太信到，你要他写成信把车送我处来，我来时可骑，归时带给去。你来前要买的是鳜鱼，鸭子，（[illegible]）水磨年糕，白粉年糕二斤，凡是肉一概不要，这里多的是。并要你问杨伯妈看三毛买的皮靴多少钱一双还记得否？把莫扬那双给她试一下！来时一定买卧票！梯子已漆好。这里冷了，室内只上八度，夜半五度，长沙如已下雪，路上一定冰冻，莫扬切勿骑车，太冷且冰冻时请假算了！！！不要舍不得那几块钱，如心痛，扣多少，我补她。问小米米近日去家未？《文学遗产》第一季度复刊，不附在光明日报，以杂志形式出现，《文史哲》第一期起又将发行。来时不用带粮票，带一包苹果浓缩料（[illegible]常用）。

父字 [illegible]

站岗79.958 第 页

致董苗、莫扬8

9

苗子：信到，杨些文信早寄到。我坐在床上已十多天，胃痛好了，咳嗽

气喘依旧。今年春节前不搬家，房子不多，棉被不够，已答应廖江

嫂来过春节，那个孩子最好不来。家有客人是麻烦了，我们最怕麻

烦，以后凡是有什么人要来，最好都谢绝。莫扬小米刚才都来了信。

昨去宝华城，邮局说未收通知，但来定的人太多了，这个楼将来会大红。小

廖来住是去年已说定，又来信说好的。你舅舅舅妈未说今年来，我也要

他延到明年再说。舅舅送的东西你带来，不要其他人送东西，什么人的都

谢绝，这里每家可以买肉类60元，我们吃不完，价比长沙差不多。你妈

有一件毛衣未做完的放在高伯伯家，不管已做好未做好都带回来，

因为你妈家有机可除。把下方代你妈写给你舅舅的撕下送去：

致董苗、莫扬9

彝兄：手教到。我一直在养病，气喘曾復发，健康是比在長沙时好多了，但不出外，所以连阿苏兄都未見面，他现已退休，近挂了文化局顾问名义。上个月我離开家门两次，一是应省社联邀到肇庆市区院'星湖'，住了五天；一是省文化局召集戲劇工作干部学习一週，派車来接我去讲一次话。中大十一月纪念校庆55周年举行科研論文討論会，指定我提一篇，所以趕出'論長生殿的情节結构'约三万餘字，一俟印成，拟寄你、古蓁、陈多各一份（已嘱寄戲劇学院），一併恳将地址告示知，俾便通訊。我的'劇史'在66秋已失，秋凉后擬着整理被竊遺下残存稿'五大名劇論'，戲劇出版社为要明春（也许年内）可寄去，（西廂记論、琵琶记論、还魂记論、長生殿論、桃花扇論，共五十餘万字）兄如去信，可先催一下。手头没有什么整稿，戲劇和电影，暫無稿寄。'劇联'五十周，我想写点回忆，不知在几时舉行？希告！令郎来穗，務必到我处来一趟，由市内到中大有两路公共汽車——14路（由北京路坐車）、25路（由南方大厦附近）都到河南'荣軍学校'下車，中大的西南门就在'荣校'对面，进门是一条水门汀路，走到可轉彎处向右轉走到池塘邊，沿池塘走完即我家附近，問一下'77栋甲之三'便可。田洪同志仍在京，云十一月才回長沙（是等文代会开后）讀过一、二期'戲劇艺术'，張庚之文，已讀过。此间劇協印过学习資料，轉載了古蓁兄与張兄之文。'劇協'最近要出双月刊'南国戲劇'。不多写了，祝

儷福

弟董每戡 9.9.

站岗78.865　第　页

（广州中山大学西南区77号甲之三樓下，信可徑寄。）

致赵铭彝1

2

彝兄：复教悉到。这几天我正忙于整理有关戏剧史专题研究的二三十篇论文，因57年人民文学出版社曾印好（当时只九篇），我跌了交，终于回炉化纸浆，现在该社拟重印，所以赶着整理。"剧联"50周年纪念文，决定写两篇：一是关于"C夫人肖像"演出的；一是1932年底至1933正月在新世界连续演出一个月的情况的稿，现活着的同志已不多，写这一段回忆文，我们是"责无旁贷"。令爱回国，她是嫁华侨的吗？如经过广州，望贤婿夫妇俩都到我处玩！古彝同志如体健尚佳，不必萌退休之念，不甘闲散，乐观对待一切，我就是如此，才能我活过来了。武都的刊物，好在明年才出，当想个题目为它写点寄去。（本有一"谈影戏"文中谈到四川皮影正好给该刊，现收入论文集了，所以不寄，怕该刊在书之后才出）剧校的"鄂剧艺术"上有"夏写的文，夏是该院毕业后现在任教的老师吗？我读过他两文（一在"文艺论丛"上），也有些意见。陈多在教学抑编刊物？曹其伟作为退休，抑已收回专任工资为顾问？便告我！（在师大的许燕，施蛰存等同志都又回校任教了）匆此以复，祝

双安

站岗78.865　　　　第　　页

致赵铭彝2

3

铭彝同志：我17来回广州，23就病住医院，12月3日才出院。这两篇稿子是我论文集——《谈剧》的东西，原已交人文出版社，印刷缓慢，恐在明年六月才能出书，所以奉上请转贵院《戏剧艺术》，因我曾答应吴局长给该刊写稿的。

这次会人太多，我有些想见面的朋友未碰面，你和杨村彬同志即其一。你的健康比我好多了，仅眼睛有问题，宽心的人大致都是长寿的。大百科全书方面有若干个去找过你？我在会上提名请你任编委（关于话剧史方面）。病才好，需休养，不多写了。顺

敬礼

董每戡

12.6

12月6日

订

装

线

致赵铭彝3

4

铭彝兄：来教悉。姓吴的要我给稿，已答应，所以寄上，
因忘其名，才托转交，你那样处理就很好。昨晚人找侯
枫任省文化局戏剧研究室主任，很可能，一因他是省委文
教书记把他调来的，二因该室主任本是外行，副主任是
我在四川三台东北大学时的学生，广东人，在此已任此职二
十年。'南国戏剧'对内没有可看的，过年对外发行，那时一
定设法寄给你。在京看过白尘兄的'大风歌'，我认为比
'王昭君'好。写到此，侯枫兄信来了，附上。工作岗位呢
也就是上述所说的那个，这里最有眼力的就是文教书记
既调他来，即使不当主任，也是顾问。我以为目前各文艺界
的就是顾问，不顾不问，竟成养老。我在此虽无此名义，
也不顾不问，把戏剧研究生任务也推掉了。春病过年，明
80年起还准备用一年，整理旧稿。致

敬礼

董每戡

12.15.

站岗79.958

致赵铭彝4

中民同学：信已读到，你在当戏剧工作干了，这次省文化局集中干了学习一周，曾接我去讲话，怎么你没有在内？我是5.4回到中大的，在长沙住了廿多年（58年国庆后离广州的），足不出户，养成了"老僧入定"的习惯，埋头写作，可惜在66年秋天，书籍、手稿、衣物统统被抄没了，两手推写出来的120万字失去是使我最痛心的。《说剧》在57年加四篇印好又因炉变纸浆，近出版社决心重印，将后陆续写去的一些寄来要我整理，这几天正为此而忙，共有三十来篇，明春当可印出。我得了肺气肿气喘病，气候致节可压，动辄喘气，走动困难，所以不出校门，今后只想来搞科研，把失稿及保存而被鼠咬了不成篇的稿整补和重写出来，秋凉以后当开始整补五大名剧论（共约五十万字）希望在明年上期交印。我现住西南区77号甲之三楼下；东北区（元蓉大堂后）新建住宅区成两栋，国庆以后可能要我移那边住。匆复祝

工作顺利

董每戡

9.24.

我爱人同来，多病；董苗在长沙工厂工作，今年35岁，最近才结婚，这几天两人都在此，周后回长。又及

比为　站岗78.865　第　页

1979年9月24日信（注：他于80年2月13日15时30分逝世。陆以嘻）

致梁中民

王同志：两信均收到，忽然忙起来，所以未复。一是人文出版社
拟印我的戏剧史专题论文集《论剧》，催整理和补充旧稿；二是
指定提一篇十一月校庆科研讨论会用的论文；三是欧阳予倩诞辰
学术讨论会一过，在《南方日报》上登了报导，多年关心我存亡的朋友和
学生纷纷来书，忙于写复信；四是全国文代十月要开成，广东省剧协须
交一篇《广东卅年戏剧》的报告，要我提点意见……等等，闹了十几年的
人，因而忙不过来。答应朱正同志的稿债还是还不了，就因忽
由闲到忙，弄得头脑昏乱。平江环境既然清雅，乐得安下心来
干几年再说。我是决心在此养老，过些时就动手整理存
稿，明上期也许可以要写出来的戏展史，培养进修教师及
带研究生的任务都已谢绝了。跟朱同志，先转告，债一定还，只
时间上会再拖一下。我想和两篇回忆左翼剧联文一起写，明年
是剧联50周年纪念，老友来书说：'你必须写点什么纪念，因当
时的朋友许多不在人世了，我们活着的少数人似有义务讲一讲。
记得《C夫人肖像》的演出，给那批所谓艺术家以极大的刺激！
当时把这批家伙的荒谬言论，一一挑出示众，这真快意的。赵
丹最近在戏剧学院讲课也提起过了。'今天来书要我早点动手
写，说自己也写了一些回忆备用，我答应一定写两篇。我在长沙
廿一年是出世，养成了'老僧入定'的习惯，今后还要入世，但出去走
走，只恨气喘病未痊，目前正想办法来医治。你问可喜的消
息，当然有，连我也不太相信，以我们学校而论都原封不动，英
雄们仍有权势，当然一切不能如理想，喜讯只是空想浪得而已。

站岗78.865

撰祺

黄芝岗

第　页

9.30.

致王果1

2

王同志：读手教，始知藩子曾造府拜访一次，你尚未知。因上月忽接中宣部来文以我为"特邀代表"出席四届全国文代会，我在28日飞京，她即抓这个机会于29搭车返长，11月十五日回校，我在十九日回来。在京二十天因心广而脸上长肉了，广东代表团中有些人对我特殊照顾，遇上阶梯总有人搀扶，除每日服几片止喘药外，虽冷到零下，没有发病，但是归校后精神泄下来，躺着休息了两天。碰到了二十、三十年代的老友不少，"劫后重逢"，悲喜交集，走的那天正开冯雪峰同志追悼会，上午八时就赶往机场，未能与会。你搞行政，又要备课，我以为因上年讲课后，还是辞去行政为妙，老手教课可不费大气力，乐得悠闲些。今天校方就与我商量明年带几个研究生，我没答应，我说："身体不好，马上须整理被焚毁的'五大名剧论'，明年下期为了要写'中国戏剧发展史'已和北京文艺研究院及中央戏剧学院负责人（张庚和金山）约好赴京住半年看两院所有的资料，所以不能分心。"计划明年七月回故乡住一个月，出来在金华、杭州、上海各看几天戏，就到长沙住二十天酷暑（长沙比广州热得多），回校后到十二月赴京。因"大百科全书"的"戏曲卷"须上马，我已被邀为编委，全书78卷，索引两卷共80卷约一亿四五千万字，予定十年出齐，"天文卷"因有四稿，整理毕已付印（这一卷编委已死两人，所以中央特强调"抢人"）我愿意多做点有益于后辈的工作。　致

敬礼

董每戡 11.22.

站岗78.865　　第　页

致王果2

后　记

先父于 1980 年 2 月 13 日去世后不久，我便开始搜寻先父的佚文、诗词及信件，每有收获，倍感欣慰，即交与小女董瑄打印成册，后来编入《董每戡集》问世。

由于历史的原因，先父早年与学界人士的书信多已散失，或已付诸丙丁，存世数量极少。我遍问亲朋戚友，终于在父亲早年的学生、鱼雁来往最久的成都大学原中文系主任谢宇衡教授处获得幸存的 19 通原件，从《沈阳日报》原总编辑刘黑枷处获得珍贵的含 20 世纪 40 年代的 6 通原件，从辽宁师范大学原中文系主任李世刚教授处获得 9 通复印件，师生情深。承父亲终身挚友林亦龙先生的侄儿林抗先生交给我 26 通原件，获得最多的是藏在温州任世评表哥处的 47 通原件，并蒙戏剧家胡忌先生在他去世前一年寄来 12 通原件，弥足珍贵。另外在陆键东先生所著《历史的忧伤——董每戡的最后二十四年》一书中获得父亲致冼玉清教授 1 通复印件，在《入粤名人书法》一书中获得致陈中凡先生 1 通复印件，又在赵景深先生为先父遗著《海沫集》所写的序言中获得 3 通信件的文字。以上受信的诸位先生均已作古，令人悲怆！另外还获得先父致朱正先生 5 通复印件和致朱树人兄的 8 通复印件，以及陈寿楠先生搜获的先父致老友赵铭彝先生的 4 通复印件。

这些书信中流露了先父在特殊历史时期的心路历程——他的思考和探索，忧虑和痛苦，无奈与期盼，自信和坚韧。同时由于当时环境恶劣，为避免瓜蔓牵连，先父在与至亲好友通信中署名均为“湛”或“海湛”，并再三叮嘱对方阅后即焚，直到恢复名誉后才复用本名。

由于本书所收书信需要附上原件影印，致赵景深的 3 通因无原件只得忍痛割爱，而致任世评的信遗失 2 通原件，又遗漏了致李世刚的 1 通复印件的扫描，因而这 3 通也不拟收入，特此说明。

本书得以出版，要感谢周吉敏女士、陈建中先生、朱正先生、朱树人兄、陈寿楠先生的大力支持和帮助。

在父亲逝世四十周年之际，本书的出版对他老人家来说就是最好的纪念。

董　苗

2020 年 4 月 10 日